Direito Fundamental à Moradia

visite nosso site
www.editorapillares.com.br

Dados Internacionais de Catalogação na Publicação (CIP)
(Câmara Brasileira do Livro, SP, Brasil)

Nolasco, Loreci Gottschalk
Direito fundamental à moradia / Loreci Gottschalk
Nolasco. -- São Paulo : Editora Pillares, 2008.

Bibliografia.

1. Direito de habitação 2. Moradia I. Título

08-02190 CDU-347:171

Índices para catálogo sistemático:

1. Direito à moradia : Direito civil   347:171
2. Direito de habitação : Direito civil   347:171

ISBN 978-85-89919-57-9

DIREITO FUNDAMENTAL À MORADIA

LORECI GOTTSCHALK NOLASCO

São Paulo – 2008

© Copyright 2008 by Editora Pillares Ltda.

Conselho Editorial:
Armando dos Santos Mesquita Martins
Gaetano Dibenedetto
Ivo de Paula
José Maria Trepat Cases
Luiz Antonio Martins
Wilson do Prado

Revisão:
Lucélia A. Pulzi

Editoração e capa:
Triall Composição Editorial Ltda.

Editora Pillares Ltda.
Rua Santo Amaro, 586 – Bela Vista
Telefones: (11) 3101-5100 – 3105-6374 – CEP 01315-000
E-mail: editorapillares@ig.com.br Site: www.editorapillares.com.br
São Paulo – SP

TODOS OS DIREITOS RESERVADOS. Proibida a reprodução total ou parcial, por qualquer meio ou processo, especialmente por sistemas gráficos, microfílmicos, fotográficos, reprográficos, fonográficos, videográficos. Vedada a memorização e/ou a recuperação total ou parcial, bem como a inclusão de qualquer parte desta obra em qualquer sistema de processamento de dados. Essas proibições aplicam-se também às características gráficas da obra e à sua editoração. A violação dos direitos autorais é punível como crime (art. 184 e parágrafos, do Código Penal, cf. Lei nº 10.695/2003), com pena de prisão e multa, conjuntamente com busca e apreensão e indenizações diversas (Lei nº 9.610, de 19.02.98).

Impresso no Brasil

Dedicatória

"Não que, por nós mesmos, sejamos capazes de pensar alguma coisa, como se partisse de nós; pelo contrário, a nossa suficiência vem de Deus."

Bíblia Sagrada. 2ª Coríntios 3:5.

À Maria Gottschalk, minha mãe, por nunca ter desistido de incentivar-me a prosseguir na busca do conhecimento, dedico este esforço.

Agradecimentos

Ao DEUS, Supremo Senhor da minha vida, pois sem Ele jamais teria chegado até aqui, minha eterna gratidão.

Ao esposo Jeferson, companheiro de todas as horas, amparo seguro nos percalços do meu caminho, todo o meu amor.

À amada filha, preciosa Mylena, minha inspiração.

Ao insigne mestre José Geraldo de Sousa Júnior, orientador deste trabalho, por ter acreditado em mim e, com isto, não poupou esforços no sentido de proporcionar as condições necessárias à sua conclusão, meu respeito e admiração.

Apresentação

Um dos fenômenos políticos mais significativos das últimas décadas do século XX foi a restauração e consolidação do constitucionalismo, como teoria e prática da organização de sociedades justas. Desde que, nos séculos XVII e XVIII, foi gestado e adotado, o constitucionalismo sofreu poderoso abalo a partir da Primeira Guerra Mundial. Mas, só após a Segunda Guerra Mundial que as Constituições começam a incorporar os direitos sociais e econômicos e a garantia dos direitos, submetendo a esse fim a organização política do Estado. As constituições passam a proteger não apenas os direitos individuais liberais, mas também os direitos sociais, econômicos e culturais, tal como o constitucionalismo do entre-guerras já prenunciava e a Declaração Universal dos Direitos do Homem, de 1948, indicara. As Constituições, que antes se limitavam a traçar a estrutura básica do Estado e a garantir direitos individuais, passam a ocupar-se com múltiplos assuntos, assumindo funções dirigentes, arvorando-se no papel de principal diretriz da vida comunitária e valendo-se, com freqüência, de normas de conteúdo programático, que traçam fins e objetivos a serem perseguidos pelo Estado, sem, contudo, especificar, de modo suficientemente preciso, como os mesmos devem ser atingidos. A expansão dos direitos sociais e a integração das várias lutas também sociais, emergentes no final da década de cinqüenta, início de sessenta, aceleram a transformação do Estado liberal em Estado-Providência. A partir da década de setenta do século passado, com a crise do petróleo, acentuada em razão da globalização econômica, inicia-se o processo de esfacelamento do

Estado-Providência, na medida em que vai perdendo o domínio sobre as variáveis que influem na sua economia. Deteriora-se a sua capacidade de formulação e implementação de políticas públicas, de regulamentação e fiscalização do seu mercado interno e, com isso, o seu poder de garantir a eficácia dos direitos sociais. Por outro lado, apesar de toda a evolução dos organismos supranacionais competentes, estes ainda estão longe do ponto em que poderão substituir o Estado, no papel de responsável primário pela promoção dos direitos sociais. Para resolver a crise dos paradigmas do Direito, o pós-modernismo propõe um sistema jurídico voltado para a auto-regulação e resolução consensual dos conflitos, mais flexível e menos autoritário, que, em vez de obrigar, o Estado procura soluções negociadas com as partes interessadas. Neste ponto, a análise das restrições e os limites à aplicação do direito à moradia, em face da Constituição vigente, assumem importância, uma vez que é justamente na sua limitação constitucional que se estabelecem o conteúdo e o alcance dos direitos humanos e compreende-se o sentido objetivo de sua efetividade na ordem social. Em respeito à dignidade da pessoa humana, ao Estado cabe, além de legislar e aplicar as leis, a tarefa de programar e executar as grandes políticas nacionais, especialmente na promoção do direito à moradia, que, como integrante da categoria dos sociais, para ter eficácia jurídica e social, pressupõe a ação positiva do Estado, por meio de execução de políticas públicas.

Sumário

Introdução..................................... 15

Capítulo 1
Cidade, Cidadania e Moradia: a Perspectiva Histórica da Instituição de Direitos 35

Capítulo 2
Movimentos Sociais e a Criação de Direitos............ 69

   2.1 Movimentos Sociais e Democratização no Brasil........ 69

   2.2 A intervenção consciente de novos sujeitos sociais e a criação de direitos. A conquista do direito à moradia.... 76

   2.3 O Direito Fundamental Social à Moradia............. 87

   2.4 O Sistema Financeiro de Habitação (SFH)............. 94

   2.5 Diretrizes de Política Habitacional. O Estatuto da Cidade 103

      I   Aspectos gerais sobre o Estatuto da Cidade 108

      1.   As diretrizes gerais do Estatuto da Cidade encontram-se nos arts. 2º e 3º................ 108

      2.   O Plano Diretor......................... 110

      3.   O Estatuto da Cidade traz inovações e institutos jurídicos importantes, que servem como instrumento à implementação da política urbana.......... 113

Capítulo 3
Constitucionalismo e Direitos Fundamentais 117

3.1 A Organização do Estado e a definição da cidadania ... 117

3.2 Constitucionalização e Fundamentação dos Direitos Humanos. 127

3.3 Direitos Materializantes da Cidadania: Direitos Sociais e Coletivos 130

Capítulo 4
Crise dos Paradigmas do Direito e o "Estatuto Reflexivo" do Constitucionalismo Pós-moderno 139

4.1 Constituição Dirigente: do Nascimento à Crise........ 139

4.2 Os Direitos Sociais sob o Impacto da Globalização Econômica. 151

4.3 O Direito em Crise: Fim do Estado Moderno? 155

4.4 Um Direito Reflexivo 162

Capítulo 5
O Poder Judiciário e a Efetividade dos Direitos Sociais: Aplicação e Limites do Direito Social à Moradia.......... 175

5.1 "Teoria Jurídico-Constitucional dos Direitos Fundamentais" 175

5.2 "O Princípio da Proibição do Retrocesso Social e sua Função Limitadora dos Direitos Fundamentais"....... 182

5.3 O Regime Jurídico dos Direitos Sociais............... 192

5.3.1 Objeções à Justiciabilidade dos Direitos Sociais .. 196

5.4 Aplicação e Limites do Direito Social à Moradia. A Relação Jurídica de Direito à Moradia. A Responsabilidade do Estado Brasileiro 212

5.5 Direito Subjetivo e Direitos Sociais: O Dilema do Judiciário no Estado Social de Direito. 229

5.5.1 Direitos sociais são direitos subjetivos?......... 229

5.5.2 Direitos sociais: da garantia da liberdade individual à promoção das condições de liberdade social ... 230

5.5.3 O Judiciário como arena de conflitos distributivos: a política pública como objeto de demandas populares 235

5.6 Nova compreensão da teoria da Separação dos Poderes; controle judicial de políticas e orçamentos públicos.... 242

Considerações Finais 257

Bibliografia..................................... 267

Introdução

Os seres vivos, mesmo os irracionais, abrigam-se em defesa do seu corpo, seja num tronco, galho de árvore, buraco no chão ou até numa singela moradia, como a feita pelo pássaro joão-de-barro. Na natureza, os seres procuram proteção como e onde se abrigar, guiados pelo seu instinto irracional; uma vez, porém, destruído seu *habitat* natural, invadem, inclusive, espaços urbanos em busca de sobrevivência.

O homem não age diferente; também busca o seu espaço físico, agindo conforme os ditames de sua natureza. O espaço por ele conquistado costuma chamar-se de *casa*, lugar que lhe garante proteção contra intempéries e serve de repouso, de estoque de alimentos, de local de reprodução, de abrigo à sua prole; é na *casa* que objetiva proteção e vive sua privacidade, dando seqüência à luta pela sobrevivência, enfim, a casa é o asilo inviolável do cidadão, a base de sua individualidade, é, acima de tudo, como apregoou Edwark Coke, no século XVI: *"A casa de um homem é o seu castelo."* É essa a sua moradia, direito fundamental à perpetuação da vida na Terra.

Apoiada em Lewis Mumford[1], vimos que, desde os mais distantes tempos, o homem procurou espaço físico ou construiu abrigo para garantir o direito de sobrevivência, protegendo-se das intempéries e dos predadores, seja em cavernas, árvores, gelo, casas ou barracos. Nos primórdios da história, contudo, o homem possuía todos os espaços e materiais à sua disposi-

---

1. MUMFORD, Lewis. *A Cidade na História: suas origens, transformações e perspectivas.* São Paulo: Martins Fontes, 1998.

ção, o que não acontece nos tempos atuais. As dificuldades de espaços livres foram levando os menos favorecidos a *habitar*, até mesmo, nos espaços públicos, nas ruas, praças e calçadas, como ocorre, diariamente, nos grandes aglomerados humanos.

A carência de moradias é um fato histórico e social contristador. Não é difícil localizar pessoas que vagam pelo mundo à mercê de uma sobrevivência improvisada e imediatista. Por isto, Rui Geraldo Camargo Viana denunciou que:

> O problema da moradia não é só nosso; o déficit mundial de habitações é de um bilhão, chegando o pátrio a uma carência de 15 milhões, computadas nesta cifra aquelas moradias inadequadas por falta de água, luz, banheiro, coleta de lixo e demais equipamentos urbanos. Em São Paulo, estima-se que 600 mil famílias vivem em cortiços, dois milhões em loteamentos clandestinos e dois milhões em favelas, em precárias condições de habitabilidade.[2]

Significa dizer que é enorme o número de carentes que não têm onde morar e improvisam seus próprios abrigos. Tal situação clama por uma solução inspirada, além da lógica da sobrevivência, no princípio da dignidade humana.

No mesmo sentido, afirma Luiz Paulo Conde:

> [...] sem um teto onde morar e vítima de um déficit habitacional estimado em 10 milhões de unidades, o brasileiro foi buscar nas favelas e nas construções clandestinas a solução de seus problemas de moradia. A ausência do poder público, extremamente burocratizado e elitizado, contribuiu para estimular o processo de favelização das cidades.[3]

A burocracia exige demais do candidato a um financiamento público, reclama Conde. "Ele quase tem que contratar uma empresa para satisfazer o número de papéis e solicitações feitas pelo Estado. E só uma parcela mais organizada da sociedade, que tem um padrão de renda mais alto, pode se dar ao luxo de atender a essas exigências", conclui Luiz Conde.

Quanto à situação atual da moradia no Brasil, Nelson Saule Jr. e Maria Elena Rodriguez relatam que a carência de moradias adequadas, o chamado "déficit quantitativo", oficialmente pu-

---

2. VIANA, Rui Geraldo Camargo. O direito à moradia. *Revista de Direito Privado*, p. 9-16, abr./jun. 2000.
3. In: *Cadernos de Ciência*, São Paulo: FINEP, n. 28, p. 13-15, jul./ago./set. 1992.

blicado "é de 5,6 milhões de novas unidades (quatro milhões de novas habitações nas áreas urbanas e mais 1,6 milhão nas áreas rurais)". No entanto, alertam:

> [...] existem, ainda, cinco milhões de moradias com infra-estrutura inadequada que possuem água, mas ela não é tratada; com solução de esgoto, mas inapropriada. Constam também 2,4 milhões de domicílios inadequados por adensamento excessivo ou pelo uso de materiais precários na sua construção.[4]

No estudo do **Capítulo Primeiro**, denominado "Cidade, cidadania e moradia: a perspectiva histórica da instituição de direitos", veremos que as cidades oferecem múltiplas possibilidades, atrações, progresso e prestígio social, cristalizados, enfim, em torno da rua, que emergiu como símbolo fundamental da vida moderna. Por isso, em Berman[5], observamos que a rua foi experimentada como meio no qual a totalidade das forças materiais e espirituais modernas podiam encontrar-se, chocar-se e misturar-se para produzir seus destinos e significados últimos. Assim, a partir de 1789, ao longo de todo o século XIX e nos grandes levantes revolucionários do final da Primeira Guerra Mundial, as ruas pertencem ao povo.

O protesto revolucionário que transforma a multidão de solitários urbanos em povo, reivindica a rua da cidade para vida humana. José Geraldo de Sousa Júnior – Coordenador de uma importante linha de pesquisa denominada "O Direito Achado na Rua", organizada na Universidade de Brasília, – em lição preciosa, percebeu claramente que, a rua, neste sentido, "é o espaço público, o lugar do acontecimento, do protesto, da formação de novas sociabilidades e do estabelecimento de reconhecimentos recíprocos na ação autônoma da cidadania". Nessa perspectiva, a rua é o espaço da cidadania ativa, "da criação dos direitos, da garantia desses direitos e da intervenção, da participação direta

---

4. SAULE JÚNIOR, Nelson; RODRIGUEZ, Maria Elena. Direito à Moradia. In: LIMA Jr., Jayme Benvenuto; ZETTERSTRÖM, Lena (Org.). *Extrema Pobreza no Brasil: a situação do direito à alimentação e moradia adequada*. São Paulo: Loyola, 2002, p. 109-160.
5. BERMAN, Marshall. *Tudo que é sólido desmancha no ar: A aventura da Modernidade*. São Paulo: Cia. das Letras, 1999, p. 160-162 e 300.

no espaço da decisão política."⁶ O direito, aí, é modelo legítimo de organização social da liberdade; como afirmou o professor José Geraldo de Sousa Júnior, apoiado em Lyra Filho, "nasce na rua, no clamor dos espoliados e oprimidos".⁷

Por isso, a questão urbana não pode mais ser tratada em termos funcionais e utilitaristas. O homem concreto quer determinar-se de alguma forma e isto significa também determinar seu ambiente de moradia. Mais ainda, não aceita ser marginalizado física e geograficamente de sua cidade. Quer participar dela. Nesse sentido, Lefebvre destacou: surgem direitos; direitos das idades e dos sexos (a mulher, a criança, o velho), direitos das condições (o proletário, o camponês), direitos à instrução e à educação, direito ao trabalho, à cultura, ao repouso, à saúde, à habitação.⁸

No **Capítulo Segundo**, intitulado "Movimentos sociais e a criação de direitos", veremos que a permanente mobilização da população, no que diz respeito às questões políticas e sociais, recoloca, de forma crucial, a problemática da democracia. Os movimentos associativos urbanos, que ganharam novo impulso a partir de meados dos anos setenta do século passado, constituem-se em um exemplo da quebra do monopólio da representação política clássica. Merece atenção particular a demanda dessas organizações, pois aí revela-se que a preocupação dos associados não se restringe à demanda por bens e serviços coletivos, mas inclui desde a defesa das condições ambientais da vida até a luta pela defesa dos direitos humanos, passando por questões feministas e pacifistas.

De qualquer forma, o que é apresentado como traço inovador da participação popular, é a sua espontaneidade e o seu senso de justiça que garantem, ao mesmo tempo, sua independência

---

6. SOUSA JÚNIOR, José Geraldo de. Movimentos Sociais e Práticas Instituintes de Direito: Perspectivas para a Pesquisa Sócio-Jurídica no Brasil. In: *Conferências na Faculdade de Direito de Coimbra 1999/2000*. Universidade de Coimbra: Coimbra, 2000, p. 233-253.
7. *Ibidem*, p. 251.
8. LEFEBVRE, Henri. *O Direito à Cidade*. Trad. de Rubens Eduardo Frias. São Paulo: Centauro, 2001, p. 115.

das elites e dos partidos. A partir daí, os movimentos populares são apresentados como instrumentos políticos novos porque: a) questionam o Estado autoritário, obrigando a uma democratização; b) fazem reconhecer a presença dos oprimidos; c) como novos atores, colocam-se ao lado dos partidos e sindicatos, renovando-os, porque têm a capacidade de intervir autonomamente na correlação de forças.

Todas as lutas que marcaram os movimentos sociais no Brasil, incluindo os denominados de novos, nas décadas de setenta e oitenta do século passado, tinham também, na sua extrema diversidade, esta marca: eram lutas pela integração social. Seus objetivos eram os de serem reconhecidos, os de terem direitos, os de ingressarem no mundo da cidadania. Entendidos em seu sentido mais amplo, incluíam o direito aos bens indispensáveis a uma vida humana digna. Portanto, direito à terra, moradia, transporte, educação, saúde, voto, participação política, organização partidária, dentre outros.[9]

Com efeito, a participação popular, segundo José Geraldo de Sousa Júnior, "começou a divisar um projeto de organização de direitos e liberdades fundamentais, de instrumentos e de mecanismos eficazes para a garantia desses direitos e liberdades básicos e, sobretudo, a constituir os novos sujeitos autores autônomos deste processo"[10], que se descobrem capazes, auto-organizados, determinados e decididos, "a agir em conjunto, defender seus interesses, expressar suas vontades e assim conquistar lugares novos, desenvolver uma linguagem comum, definir valores, em suma, criar direitos".[11]

---

9. NASCIMENTO, Elimar Pinheiro do. Dos excluídos necessários aos excluídos desnecessários. In: BURSZTYN, Marcel (Org.). *No meio da Rua: Nômades, Excluídos e Viradores*. Rio de Janeiro: Garamond, 2000, p. 56-87.
10. SOUSA JÚNIOR, José Geraldo de. *Movimentos Sociais e Práticas Instituintes de Direito, op. cit.*, p. 249.
11. SOUSA JÚNIOR, José Geraldo de. Movimentos Sociais – Emergência de Novos Sujeitos: O Sujeito Coletivo de Direito. In: SOUTO, Cláudio e FALCÃO, Joaquim (Org.). *Sociologia e Direito: Textos básicos para a disciplina de sociologia jurídica*. São Paulo: Pioneira, 1999. p. 254-263.

Particularmente, no tocante ao direito à habitação, a luta pela moradia popular, em quase todo o País, é tão antiga quanto o próprio processo de urbanização da cidade. Trata-se de uma sucessão de atos de resistência e busca de condições mínimas de sobrevivência no cenário precário e espoliativo do espaço, que se foi tornando o eixo da acumulação capitalista. Cenário este composto de cortiços, porões, viadutos, casebres, barracos de favelas, casas precárias na periferia, acampamentos, invasões, conjuntos embriões construídos pelo Poder Público e tantas formas com as quais nos acostumamos a conviver na paisagem urbana.

Essa experiência para o professor José Geraldo de Sousa Júnior, fundamentado em Marilena Chauí, exprime-se no exercício da cidadania ativa, a qual permite dar um salto na criação e garantia de direitos, bem como possibilita, ao novo ator social intervir e participar diretamente no espaço da decisão política, como "[...] sujeitos *auto nomos*, isto é, que se dão a si mesmos o direito, porque o vão constituindo nos seus movimentos, a partir das referências de exclusão da juridicidade, que servem de horizonte para novas demandas de direitos ainda não legislados".[12]

Por isso, José Geraldo de Sousa Júnior argumenta que:

> No plano constitutivo da criação de direitos, a designação do direito de morar orienta a experiência social e a cidadania ativa, na medida em que os sujeitos coletivos – classes e grupos excluídos e oprimidos – definem a constituição deste direito, por meio de ações coletivas e a sua representação na sociedade, num processo de legítima organização social da liberdade.[13]

Os movimentos sociais no Brasil, independentemente de suas deficiências e limitações, cada vez mais manifestas ao longo da redemocratização, significaram uma novidade extraordinária na história nacional. Substancialmente, foram uma oportunida-

---

12. SOUSA JÚNIOR, José Geraldo de. Novas Sociabilidades, novos conflitos, novos direitos. In: PINHEIRO, José Ernanne; SOUSA JÚNIOR, José Geraldo de; DINIS, Melillo; SAMPAIO, Plínio de Arruda (Org.). *Ética, Justiça e Direito: reflexões sobre a reforma do Judiciário*. Petrópolis: Vozes, 1997, p. 91-99.
13. SOUSA JÚNIOR, José Geraldo de. *Movimentos Sociais – Emergência de Novos Sujeitos, op. cit.*, p. 262.

de para que grupos explorados (economicamente) e oprimidos (social, cultural e politicamente) pudessem tomar a palavra no espaço público, segundo José Reinaldo de Lima Lopes. Para ele, esse espaço público foi inicialmente paralelo e clandestino, em relação ao espaço político tradicional e formal. Com o tempo e a redemocratização, vieram a aproximar-se. De qualquer maneira, esses movimentos de base e, inicialmente, ligados a aspectos do cotidiano deram um primeiro lugar em que, pelo uso do discurso, da fala e da interação, houvesse uma consciência de sujeito, subjetiva e ativa.[14]

As ações e reivindicações dos grupos sociais marginalizados que vivem nas cidades (moradores de favelas, de cortiços, meninos de rua) envolvem a busca de uma identidade construída na noção do direito à cidade, que compreende o direito de exercitar plenamente a cidadania, a qual deve ser compreendida quanto à sua dimensão política, na efetiva participação e intervenção dos sujeitos na definição das ações e políticas que interfiram em suas vidas, na garantia do exercício dos direitos fundamentais como condição de respeito à dignidade da pessoa humana.

Neste contexto, surge, após longa tramitação no Congresso Nacional Brasileiro, a Lei nº 10.257, de 10 de julho de 2001, autodenominada *Estatuto da Cidade*, que estabelece normas que regulam o uso da propriedade urbana em prol do bem coletivo, da segurança e do bem-estar dos cidadãos, bem como do equilíbrio ambiental.

A aprovação do Estatuto da Cidade revestiu-se do maior interesse, não só para os municípios e suas lideranças políticas, mas também para os movimentos populares e organizações comunitárias de todo o País empenhadas na solução de seus problemas de moradia e serviços urbanos.

No **Capítulo Terceiro**, intitulado "Constitucionalismo e Direitos Fundamentais", descobrir-se-á que a institucionalização dos direitos fundamentais na ordem política e social visou

---

14. LOPES, José Reinaldo de Lima. Justiça, Identidade e Liberdade: Uma Perspectiva Jurídico-Democrática. *Revista da Procuradoria Geral do Estado de São Paulo*, nº 42, p. 182-215, dez. 1994, p. 209.

à criação, colocação em prática e manutenção dos pressupostos elementares à vida e liberdades inerentes à pessoa e dignidade do homem. No entanto, o Estado somente passou a preocupar-se com a tutela normativa do ser humano e dos seus direitos fundamentais, inclusive, sociais, após o segundo grande conflito bélico, apesar de, desde a época das primeiras revoluções modernas, assistir-se a um processo de progressiva ampliação dos direitos fundamentais garantidos pelas constituições dos diversos países como parte da cidadania. Esse processo de ampliação dos direitos na Inglaterra e, em momentos distintos, em outros países, segundo T. H. Marshall, levou "ao reconhecimento de novos direitos políticos e sociais", tornando possível assegurar sucessivamente o *status* de cidadãos nas sociedades ocidentais nos últimos dois ou três séculos.

A extensão paulatina do direito de sufrágio a parcelas cada vez mais amplas da população acabava permitindo que demandas por mudanças no *status quo* também viessem à tona no universo normativo. Surge, então, na virada para o século XX, o Estado do Bem-Estar Social e, com ele, a consagração constitucional de uma nova constelação de direitos que demandam prestações estatais positivas, destinadas à garantia de condições mínimas de vida para a população (direito à saúde, previdência, educação, habitação, etc.).

Os direitos sociais, incluindo os econômicos e culturais, que são de legislação mais recente, aparecem com a Constituição mexicana de 1917 e, em seguida, a de Weimar de 1919. Com a concepção dos direitos sociais, passa-se a considerar o homem para além de sua condição individual, impondo ao Estado o dever da prestação positiva, visando à melhoria das condições de vida e à promoção da igualdade material. Fica clara a distinção: enquanto os direitos individuais funcionam como proteção ao indivíduo que o Estado liberaliza, os direitos sociais defendem o indivíduo contra o poder da dominação econômica dos outros indivíduos e do próprio poder estatal.

Dentro da nova conjuntura, o Estado é chamado a intervir na vida social e os limites da administração ultrapassam, definitivamente, a sua condição de segurança de polícia e de provedor da repartição das finanças. Passou-se, então, a exigir do Estado-administração (Estado liberal) medidas econômicas e sociais, com intervenção direta na economia e com controle diretivo de um sistema completo de prestações em todos os níveis da vida social. Assim, os movimentos reivindicatórios organizam-se e requerem dos poderes públicos uma intervenção efetiva que transforme as estruturas sociais dos direitos humanos fundamentais individuais, também chamados de direitos fundamentais de *primeira geração*, ou seja, direitos-garantia, de cunho individualista (direitos da liberdade e direitos civis e políticos).

Nessa perspectiva, os direitos sociais surgem como frutos de variadas reivindicações, que incluem desde o direito a condições dignas de vida, a uma justa remuneração pelo trabalho rural ou urbano, "até o direito à educação, saúde, previdência social, moradia, etc., como forma de realização de uma idéia de justiça social, que procura diminuir as desigualdades".[15]

Esse fato, segundo Hannah Arendt, deu-se a partir dos problemas jurídicos suscitados pelo totalitarismo, onde: o primeiro direito humano é o "direito a ter direitos." Ou seja, "pertencer, pelo vínculo da cidadania, a algum tipo de comunidade juridicamente organizada e viver numa estrutura onde se é julgado por ações e opiniões, por obra do princípio da legalidade." Todavia, em Celso Lafer ver-se-á que o "direito a ter direitos", de H. Arendt, só poderá existir e ser assegurado "por meio de acordo e garantias mútuas, pois não se trata de algo dado, mas construído", na esfera do público, para alcançar-se a democracia e o princípio da igualdade, que não é dado, mas resulta da organização humana, como, por exemplo, da *polis*, "que torna os homens iguais por meio da lei".[16]

Nesse passo, em Claude Leford, o direito é dito pelos homens: "poder de se dizerem, de se declararem como humanidade, na sua existência de indivíduos, no seu modo de coexistên-

---

15. QUIRINO, Célia Galvão; MONTES, Maria Lúcia. *Constituições Brasileiras e Cidadania*. São Paulo: Ática, 1987, p. 33.
16. LAFER, Celso. *A reconstrução dos direitos humanos: um diálogo com o pensamento de Hannah Arendt*. São Paulo: Cia. das Letras, 1988, p. 152.

cia, na maneira de estarem agrupados na cidade", cabe dizer, à existência de um espaço público: "um espaço tal que cada um é suscitado a falar, a ouvir, sem estar sujeito à autoridade de um outro, o poder que lhe é dado, é induzido a *querê-lo*", em outras palavras, a sobrevivência e alargamento do espaço público – cerne da democracia – é questão política.[17]

Com isso, Habermas sustenta que o poder político:

> [...] surge do modo mais puro, nos instantes em que revolucionários assumem o **poder que está na rua**; quando as pessoas decididas à resistência passiva opõem-se aos tanques estrangeiros, tendo como armas apenas as mãos; quando minorias convencidas não aceitam a legitimidade das leis existentes e se decidem à desobediência civil; quando, em meio aos movimentos de protesto, irrompe o 'puro prazer de agir'.[18] (grifei)

Vimos, então, com o professor José Geraldo de Sousa Júnior, que "a experiência de luta pela construção da cidadania expressa-se como reivindicação de direitos e liberdades básicos e de instrumentos de organização, representação e participação nas estruturas econômico-sociais e políticas da sociedade".[19] Para ele, o direito sempre encontrou resistências que retardaram o processo de construção social da cidadania. Contudo, salienta que a experiência constituinte brasileira, da luta pela cidadania, marcada pela liberdade "do povo como sujeito histórico emergente no contexto das lutas sociais [...] abriu perspectivas avançadas para a reorganização de forças sociais nunca inteiramente contidas nos esquemas espoliativos e opressores de suas elites", os quais exigirão novas concepções de justiça capazes de assegurar "a criação permanente de direitos novos no processo de reinstituição contínua da sociedade".[20]

---

17. LEFORT, Claude. *Pensando o Político: ensaios sobre democracia, revolução e liberdade*. Rio de Janeiro: Paz e Terra, 1991, p. 57 e 59.
18. HABERMAS, Jürgen. *Direito e Democracia: entre facticidade e validade*. v. I. Rio de Janeiro: Tempo Brasileiro, 1997, p. 187 e 188.
19. SOUSA JÚNIOR, José Geraldo de (Org.). *O direito achado na rua*. Brasília: Universidade de Brasília, 1990, p. 34.
20. SOUSA JÚNIOR, José Geraldo de. *Movimentos Sociais e Práticas Instituintes de Direito, op. cit.*, p. 245-247.

Com efeito, segundo clássica lição de Marilena Chauí, é preciso que a "cidadania ativa", capaz de fazer o salto do interesse ao direito, "o da criação dos direitos, da garantia desses direitos e da intervenção, da participação direta no espaço da decisão política, opere para interferir no Interior do Estado"; ao contrário, da "cidadania passiva", que, espera a garantia dos direitos sociais por meio do Estado, o que, aliás, sustenta a "ideologia social-democrata", ou seja, o Estado é tutelar social-democrata e age em nome dos cidadãos, que pouco a pouco são anulados e encolhidos, destruindo "a política como uma ação comum dos cidadãos, como luta de classes e de grupos, como pluralidade de movimentos sociais e dos sujeitos sociais criadores de novos direitos".[21]

No mesmo sentido, Menelick de Carvalho Netto, para o qual o grande problema do paradigma constitucional do Estado Social foi prometer o acesso pleno à cidadania, de uma ou de outra forma, viabilizando uma democracia efetiva e materializando direitos, enquanto que o povo esperava suas garantias. Afirma Menelick:

> Temos que aprender a fazer democracia e, ao contrário do que a ditadura afirmava, não temos que esperar qualquer bolo crescer, até porque esse bolo jamais vai crescer como democrático, se de seu crescimento não formos o fermento, se não atuarmos efetivamente na construção e reconstrução cotidiana do regime como sujeitos ativos e destinatários ao mesmo tempo.[22]

De fato, incumbido de realizar o crescimento econômico do País e a proteção social dos indivíduos, regular e transformar todos os setores socioeconômicos, o Estado de Bem-Estar Social tornou-se incapaz de solucionar, seja impondo ou negociando com os diversos atores sociais, os problemas socioeconômico-jurídicos, pois, segundo Habermas:

---

21. CHAUÍ, Marilena. Sociedade – Estado – OAB. In: *Anais da XIII Conferência Nacional da Ordem dos Advogados do Brasil*, p. 115-121, set. 1990, p. 117-118.
22. CARVALHO NETTO, Menelick de. A contribuição do Direito Administrativo enfocado da ótica do administrado para uma reflexão acerca dos fundamentos do controle de constitucionalidade das leis no Brasil: um pequeno exercício de teoria da constituição. Não-publicado.

[...] a tensão entre um alargamento da autonomia privada e cidadã, de um lado, e a normalização foucaultiana do gozo passivo de direitos concedidos paternalisticamente, de outro lado, está introduzida no próprio status de cidadãos das democracias de massa do Estado social.[23]

No **Capítulo Quarto,** denominado "Crise dos paradigmas do direito e o 'estatuto reflexivo' do Constitucionalismo pós-moderno", veremos que, com o passar do tempo, especialmente após a Primeira Guerra Mundial, tornou-se claro que a simples abstenção estatal não seria suficiente para assegurar a dignidade da vida humana. A exploração do homem pelo homem, realizada sob o pálio do constitucionalismo liberal, atingira o paroxismo, despertando a necessidade de redimensionamento das funções estatais. A miséria e a desigualdade social campeavam, e imperativos éticos e pragmáticos passaram a impor uma atuação mais marcante do Poder Público na arena econômico-social.

A expansão dos direitos sociais e a integração das várias lutas sociais, emergentes no final da década de cinqüenta, início da década de sessenta: negros, estudantes, segurança social, habitação, educação, transportes, meio ambiente e qualidade de vida aceleraram a transformação do Estado liberal em Estado-Providência: um Estado ativamente envolvido na gestão dos conflitos entre as classes e os grupos sociais, apostando na minimização possível das desigualdades sociais no âmbito do modo de produção capitalista dominante nas relações econômicas.[24]

Essas alterações do perfil do Estado refletiram-se, como não poderia deixar de ser, sobre o constitucionalismo. As constituições, que antes se limitavam a traçar a estrutura básica do Estado e a garantir direitos individuais, tornam-se mais ambiciosas, passando a ocupar-se de uma multiplicidade de assuntos, assumindo funções dirigentes e arvorando-se no papel de principais diretrizes da vida comunitária. No afã de conformar a realidade social, as constituições passam a valer-se, com freqüência, de normas de conteúdo programático, que traçam fins e objetivos

---

23. HABERMAS, Jürgen. *Direito e Democracia. op. cit.*, p. 109 e 110.
24. SANTOS, Boaventura de Sousa. *Pela Mão de Alice: O social e o político na pós-modernidade*. São Paulo: Cortez, 1999, p. 165.

a serem perseguidos pelo Estado, sem especificar, de modo suficientemente preciso, como os mesmos devem ser atingidos.

Sem embargo, a partir das duas crises do petróleo na década de setenta do século passado, instaura-se uma crise no *Welfare State*, que põe em cheque a lógica do dirigismo estatal. O Estado, que se havia expandido de modo desordenado, tornando-se burocrático e obeso, encontrava enormes dificuldades para desincumbir-se das tarefas gigantescas que assumira. A explosão de demandas reprimidas, gerada pela democratização política, tornara extremamente difícil a obtenção dos recursos financeiros necessários ao seu atendimento. Por outro lado, o envelhecimento populacional, decorrente dos avanços na medicina e no saneamento básico, engendrou uma perigosa crise de financiamento na saúde e previdência social – pilares fundamentais sobre os quais se assentara o Estado Social.

Essa crise, acentuada em razão da globalização econômica, alimenta o processo de esfacelamento do Estado-Providência, na medida em que vai corroendo o seu poder de, efetivamente, subordinar, de modo soberano, os fatores econômicos e sociais, que condicionam a vida de cada comunidade política. Cada vez mais avulta a importância de variáveis exógenas sobre a economia nacional, sobre as quais o Estado-Nação não tem nenhum poder.

Esses e outros fatores levaram autores progressistas, como o professor português Canotilho, a proclamar que "A constituição dirigente morreu!"[25]. Para ele, o problema estava em pretender-se judicializar questões que não são justiciáveis e que devem ter respostas políticas, isto é, "[...] el Derecho está sujeto a la globalización, a la desregularización, el Derecho – como dice el título de

---

25. CANOTILHO, J. J. Gomes. Da Constituição dirigente ao Direito Comunitário dirigente. In: *Mercosul, Integração Regional e Globalização*. CASELLA, Paulo Borba (Org). RJ: Renovar, 2000, p. 205-217. Antes disso, em outro artigo intitulado Rever ou romper com a Constituição dirigente? Defesa de um constitucionalismo moralmente reflexivo. In: *Revista dos Tribunais: Cadernos de Direito Constitucional e Ciência Política*, n. 15, p. 7-17, 1998, o prof. Canotilho já expressara suas novas idéias sobre a crise do constitucionalismo social.

una colección brasileña – está 'Achado na Rua' y vds continúan com una Constitución dirigente que no sirve para nada?"[26]

Nesse passo, Canotilho declara-se adepto de um "constitucionalismo moralmente reflexivo" em virtude do "descrédito de utopias" e da "falência dos códigos dirigentes" que causariam a preferência de "modelos regulativos típicos da subsidiariedade", de "autodireção social estatalmente garantida".[27] O "entulho programático" e as "metanarrativas" da Carta Portuguesa, segundo ele, impediriam aberturas e alternativas políticas, tornando necessário "desideologizar" o texto constitucional.[28]

Nessa perspectiva, Jorge Miranda assinala que a Constituição confere ao legislador uma margem substancial de autonomia na definição da forma e medida em que o direito social deve ser assegurado ("livre espaço de conformação"). Essa função legislativa seria degradada se entendida como mera função executiva da Constituição. Num sistema pluralista, as normas constitucionais sobre direitos sociais devem ser abertas para receber diversas concretizações consoante às alternativas periodicamente escolhidas pelo eleitorado. A apreciação dos fatores econômicos para uma tomada de decisão quanto às possibilidades e aos meios de efetivação desses direitos cabe, principalmente, aos órgãos políticos e legislativos.[29]

Dessa forma, a efetividade dos direitos econômicos e sociais em cada país depende, em grande parte, da adoção de múltiplas e variadas medidas complementares, na maioria dos casos, de caráter promocional, em todos os campos de ação: político, jurídico, social, econômico, cultural, sanitário, tecnológico, etc. Sem dúvida, as normas sociais programáticas requerem uma política

---

26. GARCÍA, Eloy. El Derecho Constitucional cómo un compromiso permanentemente renovado: conversación com el profesor José Joaquim Gomes Canotilho. In: *Anuário de Derecho Constitucional y Parlamentario*, n. 10, p. 7-61, 1998, p. 45.
27. CANOTILHO, J. J. Gomes. *Rever ou romper com a Constituição Dirigente?... op. cit.*, p. 8ss.
28. CANOTILHO, J. J. Gomes. *Direito Constitucional e Teoria da Constituição*. 3ª ed. Coimbra: Almedina, 1998, p. 201ss.
29. MIRANDA, Jorge. *Manual de Direito Constitucional*. 2ª ed. reimp. Tomo IV. Coimbra: Coimbra, 1998, p.105s, 348ss.

pertinente à satisfação dos fins positivos nela indicados[30] e a implementação das políticas públicas necessárias ao atendimento dos chamados direitos de *segunda geração* depende, naturalmente, de recursos públicos disponíveis.

Nesse contexto, a tutela dos direitos humanos assume contornos ainda mais dramáticos, no que tange aos direitos sociais, que, por definição, pressupõem uma intervenção ativa do Estado no domínio econômico, que, todavia, se encontra impossibilitado de implementar as políticas públicas necessárias à garantia dos direitos de segunda geração, pois seu poder foi drasticamente reduzido ao mínimo pelas políticas econômicas postas em prática a partir dos anos setenta do século passado.

Nessa perspectiva, para resolver a crise que atravessa o direito, o pós-modernismo propõe, em apertada síntese, a substituição do modelo jurídico da modernidade, fundado no monopólio estatal do uso legítimo da força e da produção de normas jurídicas, por um sistema jurídico policêntrico, voltado para a auto-regulação e resolução consensual dos conflitos. O direito pós-moderno torna-se mais flexível e menos autoritário. O Estado, cada vez menos, dita normas imperativas de conduta, de baixo para cima e, cada vez mais, procura soluções negociadas com as partes interessadas. Em vez de obrigar, por meio de regras coercitivas, o Estado tenta induzir os atores sociais à observância de comportamentos que considera positivos. Em outras palavras, o direito estatal é reduzido ao mínimo, a partir da constatação de que ele, além de ineficiente, sufoca e engessa a sociedade.

Com isso, em Gunther Teubner, a "era do instrumentalismo jurídico 'pelo alto' terminou", o que o faz sugerir o chamado "direito reflexivo", o qual quer dar ao Estado-Providência uma capacidade, não de direção e sim de guia para a sociedade, mas, para que o Estado e o direito tenham essa capacidade de pilotagem social, necessita-se conseguir uma via alternativa à pilotagem central ou à auto-regulação pelo mercado: "O direito refle-

---

30. SILVA, José Afonso da. *Aplicabilidade das Normas Constitucionais*. 4ª ed. São Paulo: Malheiros, 2000, p. 84.

xivo, baseado não sobre o poder e o dinheiro, mas sim sobre o saber..."[31], segundo André-Nöel Roth.

Com essa evolução, o direito estatal deixaria de promulgar proibições (direito negativo), para tomar uma forma mais positiva (leis de incitação), indicando e incitando os atores a tomarem decisões em conformidade com as metas escolhidas. Este sistema deve, assim, segundo André-Noël Roth, permitir a cada subsistema subsistir de maneira autônoma, no entanto, o direito volta-se como um instrumento que pode ser utilizado e não que deve ser utilizado. Para ele, a teoria do direito reflexivo legitima a multiplicação das instâncias de negociações entre os atores sociais, inclusive o Estado, o qual se limita, "por um lado, a dar indicações ou promover incitações (não-coativas), quanto ao conteúdo das regras, e por outro lado, a controlar a conformidade dos procedimentos de negociações".[32]

Ao estudar o **Capítulo Quinto**, denominado "O Poder Judiciário e a efetividade dos direitos sociais: aplicação e limites do direito social à moradia", veremos que, embora tenham as Constituições sociais elevado os direitos sociais e econômicos no nível de norma fundamental, havendo uma ampliação do leque de direitos fundamentais, somando-se estes ao núcleo liberal de direitos individuais e políticos, a leitura oferecida a estes direitos faz-se ainda numa perspectiva liberal. Os direitos individuais ainda são vistos como direitos contra o Estado e a liberdade fundamental existe se o Estado não intervém no livre espaço de escolha individual. Os direitos individuais e políticos são direitos de implementação imediata e os direitos sociais e econômicos aparecem como normas programáticas, de implementação gradual e quando necessário.

Nesse sentido, é fácil inferir que o direito à moradia, assunto antigo, mas ainda pouco conhecido na forma jurídica de sua solução estatal, acrescido à Constituição Federal de 1988, como

---

31. ROTH, André-Noël, O Direito em Crise: Fim do Estado Moderno? In: FARIA, José Eduardo (Org.). *Direito e Globalização Econômica: Implicações e Perspectivas*. São Paulo: Malheiros, 1996, p. 15-27.
32. ROTH, André-Noël, *op. cit.*, p. 24.

direito social, e parte integrante dos direitos enumerados no artigo 6º, surgem as seguintes dúvidas e questionamentos que envolvem os direitos sociais: a) se os indivíduos, considerados singularmente ou como coletividade possuem direitos subjetivos a prestações estatais e políticas públicas de conteúdo social; b) se o Poder Judiciário tem legitimidade e competência para assegurar a fruição de direitos sociais e provocar a execução das prestações e políticas sociais do Estado.

Referidas questões são preocupações nacionais que a dissertação pretende tratar; mais do que preocupações refletem uma responsabilidade pública, política e social acerca do grave problema habitacional que o Brasil enfrenta.

Dessa forma, Cláudio Ari Mello procurou demonstrar a possibilidade de responder afirmativamente às questões, utilizando-se da teoria do agir comunicativo de J. Habermas, cujo objetivo é explicar que é possível, ante um conflito normativo, obter um acordo racionalmente motivado, por meio de um modelo de diálogo aberto e irrestrito, ao qual todos os possíveis afetados pela decisão têm igual acesso e onde, no final, prevalece a força do melhor argumento.[33]

Mello sustenta que, numa abordagem judicial conduzida pela teoria pragmática ou discursiva das normas constitucionais de direitos sociais, os autores que propuseram as ações poderão apresentar provas, por exemplo, da necessidade da habitação ou do programa,

> [...] da viabilidade técnica, financeira e orçamentária do seu custeio através de recursos públicos e o ente federativo poderá oferecer, se assim entender, argumentos e materiais em sentido contrário, no sentido da possibilidade de soluções alternativas mais acessíveis ou da impossibilidade de custeio através de recursos públicos, em face das limitações orçamentárias ou da existência doutras prioridades na aplicação de recursos públicos.[34]

Todavia, persistem os seguintes questionamentos: Como deveria comportar-se o magistrado, uma vez que defrontado por uma questão que envolva a concretização de direitos econômi-

---

33. MELLO, Cláudio Ari. Os direitos sociais e a teoria discursiva do Direito. *Revista de Direito Administrativo*, nº 224, p. 239-284, abr./jun. 2001.
34. MELLO, Cláudio Ari, *op. cit.*, p. 265 e 266.

co-sociais de necessária mediação pela Administração Pública ou, ainda, de normas programáticas? E, mais de que instrumentos, valer-se-á o Judiciário, então, para decidir? Como coibir a Administração Pública a realizar uma política pública? Como fazer, no caso concreto, observar-se uma norma programática? Ou, mais concretamente, como compelir a Administração Pública a executar programas de erradicação da miséria (art. 3º, III da CF)? Como analisar e atuar para evitar os efeitos deletérios à economia nacional de uma lei que aprove um determinado "plano econômico", que aumente o fosso de desigualdade social ou o desemprego?[35]

Em Habermas, veremos que a fonte de toda legitimidade do direito positivo está no processo democrático da legiferação; e esta apela, por seu turno, para o princípio da soberania do povo. Segundo ele, portanto, a atuação do Poder Judiciário deveria limitar-se aos casos "nos quais se trata da imposição do procedimento democrático e da forma deliberativa da formação política da opinião e da vontade."[36]

Nesse passo, "os direitos sociais ficam dependentes, na sua exata configuração e dimensão, de uma intervenção legislativa, concretizadora e conformadora, só então adquirindo plena eficácia e exeqüibilidade", segundo lição de Canotilho[37], ou seja, ao contrário dos direitos de liberdade que não custam, em geral, muito dinheiro, podendo ser garantidos a todos os cidadãos sem se sobrecarregarem os cofres públicos, os direitos sociais "pressupõem grandes disponibilidades financeiras por parte do Estado. Por isto, rapidamente se aderiu à construção dogmática da **reserva do possível** para traduzir a idéia de que os direitos sociais só existem quando e enquanto existir dinheiro nos cofres públicos." Assim, para ele, não haverá um direito fundamental à moradia ou à saúde, mas um conjunto de direitos fundados nas leis reguladoras dos serviços de saúde ou de política habitacional. Não existirá um direito fundamental à segurança social,

---

35. PEREZ, Marcos Augusto. O papel do poder judiciário na efetividade dos direitos fundamentais. *Cadernos de Direito Constitucional e Ciência Política*, n. 11, p. 237-246, dez. 2000, p. 245.
36. HABERMAS, Jürgen. *Direito e Democracia. op. cit.*, p. 122, 346 e 347.
37. CANOTILHO, J. J. Gomes. *Direito Constitucional... op. cit.*, p. 526.

mas apenas um conjunto de direitos legais sociais.[38] No mesmo sentido, em Gustavo Amaral, a postura de "máxima eficácia" de cada pretensão, leva à falência do Estado pela impossibilidade de cumprir todas as demandas simultaneamente e rompe com a democracia, pretendendo trazer para o ambiente das Cortes de Justiça "reclamos que têm seu lugar nas ruas, na pressão popular e não na tutela paternalista dos 'sábios'".[39]

Não foi sem razões políticas internas que a Comissão brasileira relutou em incluir a expressão direito à moradia na Carta de intenções da Conferência Habitat II, realizada em Istambul (Turquia), de 3 a 14 de junho de 1996. Segundo Rui Geraldo Camargo Viana, um diplomata presente ao evento teria afirmado: "durante os debates concluímos que o direito à moradia é um direito de natureza programática, será obtido progressivamente e não pode ser cobrado na justiça".[40]

Apesar disto, a Emenda Constitucional nº 26, de 14 de fevereiro de 2000, que alterou a Constituição Federal de 1988, trouxe à categoria de direitos sociais a moradia, junto com a educação, saúde, trabalho, lazer, segurança, previdência social, a proteção à maternidade e à infância e a assistência social aos desamparados. Com a inclusão do direito à moradia no texto constitucional, no campo dos direitos sociais, o Brasil resgata o compromisso firmado com a comunidade das nações, na Assembléia Geral da ONU, de 10 de dezembro de 1948, em que estava previsto o direito à moradia como inerente à dignidade humana, que requer e impõe a toda pessoa a faculdade de assegurar a si e a sua família, dentre outros, o direito à habitação (Declaração Universal dos Direitos do Homem, art. 25). Ademais, é na Declaração Universal dos Direitos do Homem, assinada em 10 de dezembro de 1948, e no Pacto Internacional de Direitos Econômicos, Sociais e Culturais que estão presentes os fundamentos do reconhecimento do direito à moradia, como um direito humano e que deve ser promovido e protegido pelo Brasil.

---

38. CANOTILHO, J. J. Gomes. *Direito Constitucional... op. cit.*, p. 450.
39. AMARAL, Gustavo. Interpretação dos Direitos Fundamentais e o Conflito entre Poderes. In: TORRES, Ricardo Lobo (Org.). *Teoria dos Direitos Fundamentais*. 2ª ed. Rio de Janeiro: Renovar, 2001, p. 99-120.
40. VIANA, Rui Geraldo Camargo, *op. cit.*, p. 10.

Capítulo I

Cidade, Cidadania e Moradia: a Perspectiva Histórica da Instituição de Direitos

Para entendermos e compreendermos o que é a cidade, como começou, que processos promove, que funções desempenha, que finalidades preenche, é preciso, antes de tudo, conhecermos sua história, até chegarmos aos seus componentes originários, ou seja, da vida social do homem com os outros animais ao cemitério final, a Necrópole em que uma após outra civilização tem encontrado o seu fim.[1]

O historiador acrescenta ainda que:

> [...] Se quisermos identificar a cidade, devemos seguir a trilha para trás, partindo das mais completas estruturas e funções urbanas conhecidas, para os seus componentes originários, por mais remotos que se apresentem no tempo, no espaço e na cultura, em relação aos primeiros *tells* que já foram abertos. Antes da cidade, houve a pequena povoação, o santuário e a aldeia; antes da aldeia, o acampamento, o esconderijo, a caverna, o montão de pedras; e antes de tudo isso, houve certa predisposição para a vida social que o homem compartilha, evidentemente, com diversas outras espécies animais.

O primeiro espaço arquitetônico que o homem conquistou foi a caverna, onde intensificava a receptividade espiritual e a exaltação emocional, uma vez que os aspectos originais da colonização temporária não vislumbravam apenas sobrevivência física, mas, muito mais valioso e significativo, era conservar uma consciência entre passado e futuro, envolvendo o prazer do sexo e da morte e do após morte. E, enquanto a cidade toma forma,

---

1. MUMFORD, Lewis, *op. cit.*, p. 11.

outros fatores serão acrescentados, fundamentando a própria razão da sua existência, entre eles, o econômico.[2]

A ascensão das cidades deu-se pelo ajuntamento dentro da reclusão de suas muralhas de vários elementos, tais como: santuário, fonte, aldeia, mercado e fortificação, ampliando todas as dimensões da vida, passando a ser um símbolo do possível, do utópico para a realidade, anteriormente idealizada pelas pequenas comunidades.

As cidades, nesse sentido, são verdadeiras instituições, não são aglomerados de casas. Lembrando uma frase importantíssima de Rousseau, podemos dizer: "Casas fazem uma cidade, mas cidadãos fazem uma civilidade".[3] As cidades são, portanto, um espaço humano que se opõe e distingue-se do espaço natural, meramente geográfico. A praça e o fórum, criados pelos gregos e romanos, são verdadeiras invenções sociais e humanas, que têm a mesma importância que a invenção da roda ou da escrita. Os palácios, templos e cemitérios das cidades orientais antigas, especialmente no Egito e Mesopotâmia, constituem novidades insubstituíveis na vida e na história da humanidade.

As marcas características da nossa cultura urbana são: redução da distância física, concentração da população na cidade, combinando concentração e mistura, com isolamento e diferenciação. As cidades criam, progressivamente, algumas novidades importantíssimas. Do ponto de vista do Direito, é preciso destacar duas: a) nas cidades, dissolvem-se, naturalmente e progressivamente, os laços de sangue, de família, de tribo e de clã; b) nas cidades, estabelece-se a diferença entre ricos e pobres.

Evidentemente, a dissolução dos laços de sangue varia muito e tem graus diferentes em cada época histórica. Mas a cidade só pode constituir-se em espaço de cidadania se a solidariedade para com a família for limitada, ou melhor, se a solidariedade para com a família estender-se para além da própria família e tornar-se uma solidariedade para com os outros habitantes da cidade. É muito significativo que, na história do Direito das cida-

---

2. *Ibidem*, p. 16.
3. *Apud* MUMFORD, Lewis, *op. cit.*, p. 108.

des ocidentais, este movimento apresente-se com muita clareza. Para ficar com dois exemplos apenas, vamos lembrar que nas cidades greco-romanas as primeiras leis impuseram a dissolução dos laços tribais. As leis de Drácon e de Sólon na Grécia dissolveram esses laços ao proibirem a vingança familiar e impor a aplicação de decisões dos magistrados e da assembléia da cidade acima da justiça privada, ou seja, da vingança tribal/familiar. Em Roma, da mesma maneira, a Lei das Doze Tábuas e a Constituição Monárquica já organizam a convivência das tribos (gens) de uma maneira totalmente nova. No outro grande e insuperável período de organização urbana que o Ocidente conheceu, as comunas medievais eram normalmente *conjurações* de defesa mútua, organizadas em guildas[4] e associações que ultrapassavam outra vez os limites estreitos da defesa familiar. A carta ou foral da cidade medieval levava a sério a defesa da cidade, acima da defesa do parente. As rixas familiares destruíam as cidades.

Com a civilização e, por conseguinte, com o crescimento do número de habitantes e o aumento da riqueza, surgiu na cidade outra espécie de divisão, que nasce com outra inovação da vida urbana, acorrentando o trabalhador à sua tarefa, para que os excedentes pudessem garantir a fartura do homem rico, a propriedade, que no sentido civilizado da palavra, não existia nas comunidades primitivas, a divisão entre os ricos e os pobres. Na vida tribal, no ritmo natural do pastoreio, da coleta, da aldeia simplesmente, a partilha na penúria ou na abundância parece ser a característica principal. Mas na cidade, num espaço delimitado e fechado, a partilha torna-se um problema novo e a solução de tal problema vem definida na instituição da propriedade.[5] Esta propriedade atravessa muitas formas e vicissitudes. Na verdade, não se trata da propriedade dos bens de uso e consumo pessoal. Esta nunca foi um problema. Mesmo nas sociedades tribais, há

---

4. MUMFORD, Lewis, *op. cit.*, p. 296. Salienta o autor que guilda era "[...] um corpo geral, organizando e controlando a vida econômica da cidade como um todo: regulava condições de venda, protegia o consumidor contra a extorsão e o artífice honesto contra a competição desigual, defendia os comerciantes da cidade contra a desorganização de seu mercado por influências vindas de fora".
5. MUMFORD, Lewis, *op. cit.*, p. 123.

um respeito pelas coisas alheias. Mas, como não há grandes diferenças entre as coisas detidas por um ou outro, a propriedade não é um problema especial.

Nas cidades, estabelece-se um ritmo de acumulação que se faz apenas se houver privação de uns. As cidades são recipientes de coisas e de idéias, de riqueza e de poder, de instituições. O autor argumenta que:

> A cidade e o urbano não podem ser compreendidos sem as instituições oriundas das relações de classe e de propriedade. Ela mesma, a cidade, obra e ato perpétuo, dá lugar a instituições específicas: municipais. As instituições mais gerais, as que dependem do Estado, da realidade e da ideologia dominante, têm sua sede na cidade política, militar, religiosa. Elas aí coexistem com as instituições propriamente urbanas, administrativas, culturais. Donde certas continuidades notáveis através das mudanças da sociedade.[6]

Nas cidades começa a haver um controle dos ritmos da natureza. Pode-se criar um celeiro e armazenar trigo. Isto é um problema absolutamente novo. O trigo só pode ser armazenado se houver um excedente: natural, se a colheita for farta; artificial, se o consumo for restringido de algum modo. Para promover colheitas fartas é preciso criar novas condições: um incentivo ao trabalho ou um incremento das técnicas de produção ou o trabalho forçado. Muitas vezes o que ocorreu foi a combinação diferente das três formas.

Aparentando segurança e proteção, a cidade, quase desde seus primeiros momentos, trouxe consigo a expectativa não apenas de ataques exteriores, mas, igualmente, da intensificação da luta interior: guerras eram travadas no mercado, nos tribunais, no certame de danças ou na arena. "Exercer o poder sob todas as formas constituía a essência da civilização: a cidade encontrou uma vintena de maneiras de expressar a luta, a agressividade, o domínio, a conquista – e a servidão."[7]

A despeito de suas negações, a cidade produziu uma vida dotada de finalidade, que, em muitos pontos, de maneira magnífica, superou os objetivos originais que a tinham feito existir.

---

6. LEFEBVRE, Henri, *op. cit.*, p. 53.
7. MUMFORD, Lewis, *op. cit.*, p. 62.

Aristóteles transforma em palavras a natureza dessa transição dos processos e funções urbanas predatórias para os processos humanos emergentes, quando afirma: "Os homens ajuntam-se na cidade para viver; ali permanecem a fim de viver a boa vida"[8], sendo inquestionável que a "boa vida" somente seria possível se ele vencesse a necessidade, condição essencial para o exercício da liberdade.

Aristóteles definia duas esferas relacionadas com as atividades humanas: a *oikia* (casa), cujo centro era a vida familiar e privada com o domínio de uma só pessoa, e a *polis*, que dava ao indivíduo uma vida em comum e que era governada por muitos. Na *oikia*, o homem realizava as atividades ligadas às necessidades de seu corpo para manter-se vivo e nela estavam as mulheres responsáveis pela procriação e os escravos responsáveis pela supressão das necessidades da vida.[9]

Em contraposição, na *polis*, os homens relacionavam-se com os seus iguais por meio de palavras e do discurso, exercitando-se continuamente na arte do acordo e da persuasão e não da violência: somente por meio da constante criação de novas relações, os homens autogovernam-se sem se dominarem uns aos outros ou se deixarem dominar uns pelos outros.[10]

Nas comunidades primitivas, o molde era comum para todos os homens. Na cidade, entretanto, durante toda a sua evolução exigiu-se uma formulação e reformulação das identidades, descobrindo-se novos papéis, novas potencialidades, produzindo "mudanças correspondentes no direito, nas maneiras, nas avaliações morais, no costume e na arquitetura e, finalmente, transformam a cidade numa totalidade viva".[11]

A transformação sofrida pela cidade mudou também o modo de vida dos citadinos. A cidade deixou de ser o palco de

---

8. MUMFORD, Lewis, *op. cit.*, p. 128.
9. *Apud*. FIORATI, Jete Jane. Os direitos do homem e a condição humana no pensamento de Hannah Arendt. *Revista de Informação Legislativa*, n. 142, p. 53-63, abr./jun. 1999, p. 54.
10. FIORATI, Jete Jane, *op. cit.*, p. 54.
11. MUMFORD, Lewis, *op. cit.*, p. 132.

um drama significativo, no qual cada um teria um papel, com falas a dizer, para ser um mostruário de poder.

Salienta José Reinaldo de Lima Lopes que as cidades, mesmo com suas diferenças e distribuição desigual de riquezas, continuam a atrair gente. Certamente, porque a penúria na cidade ainda pode ser mais suportável que o abandono à sua própria sorte no campo, quando calamidades naturais são de uma força tal que o núcleo da aldeia não pode resistir. Na cidade, a acumulação de trabalho de todos permite, algumas vezes, a sobrevida de um grupo. Entre as narrativas da tradição bíblica, relata Lopes, há uma particularmente importante: é a de José e seus irmãos. A fome que assola as tribos (os irmãos de José) faz com que elas procurem o Egito (isto é, o sistema urbano em que havia trigo, os silos e os armazéns). José, por seu turno, era o administrador justo e sábio, que previu a fome e preveniu-se contra ela. Os irmãos de José instalam-se no Egito, mas com o passar do tempo dão-se conta de que em troca de trigo perderam definitivamente a liberdade e ficam condenados ao trabalho forçado. A seqüência da história conhecemos: os hebreus rebelam-se e fogem do Egito. Seu drama será sempre este: construir cidades em que a justiça na distribuição das riquezas seja possível, de modo a não repetir a experiência do Egito ou, mesmo, das cidades dos cananeus. De qualquer maneira, a cidade cria novas facilidades. É certo que a imensa maioria da humanidade vive nos campos ou nas aldeias. A urbanização que hoje se vê no Ocidente (Europa, EUA, América Latina) é muito recente.[12]

Mas a propriedade privada não gera apenas a riqueza. Gera também, sempre, um certo isolamento do indivíduo. Ele separa-se do clã, da tribo, da família e adquire potencialidades insuspeitadas. Por quê? Não devido ao isolamento, pura e simplesmente, mas devido ao contato diversificado com outros grupos e pessoas. As cidades tendem a criar um certo cosmopolitismo. Esta é, talvez, uma contradição também inerente à vida das cidades: mantém-se quando há solidariedade entre seus membros, mas é

---

12. LOPES, José Reinaldo de Lima. Cidadania e Propriedade: Perspectiva Histórica do Direito à Moradia. *Revista de Direito Alternativo*, n. 2, p. 114-136, 1993, p. 117.

uma solidariedade que tem sua origem no rompimento de laços estreitos e deseja permanentemente superar a estreiteza de todos os laços. As cidades multiplicam a solidariedade humana, apesar de tudo. Para quem vive no campo, o mundo reduz-se aos vizinhos. Os outros são estranhos, são ameaça. Na cidade, o outro, embora possa ser ameaçador, pode ser também alguém interessante, pode ser fonte de novas idéias, de curiosidade, pode ser um inovador. Assim, a cidade, que tende a ser um espaço definido, tende também a ser um espaço de abertura. O ar das cidades faz mais livre.

Entre os séculos XV e XVII, tomou forma na Europa um novo complexo de traços culturais, alterando a forma e o conteúdo da vida urbana, em decorrência de um novo padrão econômico, a do capitalismo mercantilista; de uma nova estrutura política, a do despotismo[13] ou da oligarquia centralizada; de uma nova forma ideológica, que se derivava da física mecanicista, cujos postulados fundamentais haviam sido lançados muito tempo antes, no exército e no mosteiro. Toda essa transformação começou a desfazer a ordem medieval corrompida interiormente; desde então a religião, o comércio e a política seguiram seus caminhos separados.

Com o advento do capitalismo, a liberdade torna-se liberdade das restrições municipais e liberdade para o lucro e acumulação privados.[14] Isto envolve o seguinte movimento: a criação da cidade medieval é uma tarefa coletiva, em que a segurança e a organização estão a cargo da comuna e, sobretudo, das guildas e corporações que compõem a comuna. O mercado urbano é um mercado fechado, organizado. A vida urbana é uma vida organizada e, pois, limitada. A liberdade é compreendida como segurança. Assim, a estrutura física da cidade tem a ver com a estrutura institucional e sua arquitetura denuncia o seu modo de produção. Fiquemos com algumas características: a casa do mercador é também o local de trabalho, a oficina. Muitas vezes o mercador e o artesão se confundem; assim, a casa é também o local onde

---
13. IANNI, Octavio. *Teorias de estratificação social: leituras de sociologia*. São Paulo: Nacional, 1978, p. 23 e 24.
14. MUMFORD, Lewis, *op. cit.*, p. 450.

convivem mestres, jornaleiros e aprendizes. As casas são espaçosas para abrigar convenientemente todos estes que convivem quase que familiarmente. Os domésticos, serviçais, compartilham até da intimidade de seus patrões: dormem no mesmo quarto, muitas vezes. Além disso, desse aspecto de unidade da vida privada, as cidades medievais são marcadas por obras públicas financiadas pelos mercadores ou corporações: a sede municipal é um edifício erguido com a cooperação das guildas, as igrejas (cada guilda tem seu patrono e sua paróquia pessoal), os orfanatos, os asilos e os hospitais também são construídos e mantidos por corporações, por homens de fortuna, pelo bispo, etc. Combinam-se aí espontaneidade, dever moral e senso estético. As construções são feitas para durar, para serem belas e como reconhecimento dos benefícios que cada um recebe da comuna.

As cidades capitalistas perdem progressivamente sua função de proteção e transformam-se em aglomerados comerciais. A cidadania já não se exerce na sua cidade, mas no Estado Nacional. Ora, a cidadania no Estado é, como o próprio Estado, abstrata, formal, distante. A cidadania na cidade era exercida com alguma forma de participação imediata, mesmo que subalterna. De um lado, eram as corporações que dominavam a cidade, mas, de outro, criavam também as obras públicas e qualquer cidadão sentia-se orgulhoso de participar da ronda noturna e da segurança da cidade. O crescimento de fortunas individuais dos mercadores e banqueiros, gerando condições para a acumulação inicial do capitalismo mercantil, torna o espaço urbano muito limitado e é preciso organizar o Estado nacional.

O capitalismo, dessa maneira, por sua própria natureza, solapou a autonomia e auto-suficiência local, introduzindo um elemento de instabilidade, aliás, de corrosão ativa, nas cidades existentes, tudo em nome do dinheiro e do lucro, causando, segundo lição de Marcelo José Lopes de Souza, um subdesenvolvimento, por meio "[..] da exploração, da opressão e da subordinação por parte dos interesses econômicos, poderes políticos e da pasteurização cultural representados pelo modelo civilizatório capitalista".[15]

---

15. SOUZA, Marcelo José Lopes de. *Urbanização e desenvolvimento no Brasil atual*. São Paulo: Ática, 1996. p. 10.

Dominando os interesses da terra – por especulação imobiliária e financeira –, a que antes tinha escapado à detenção feudal que apenas detinha concessão por tempo limitado, que favorecia a continuidade e equilibrava seus preços, torna-se, agora, mais um meio de fazer dinheiro, no traçar e construir os novos bairros da cidade, tendo como limites apenas o céu e o horizonte que, segundo Aldo Rossi, "Em grande parte, o fato histórico que inicia esse processo de desmembramento do solo urbano se deve à Revolução Francesa, quando, em 1789, o solo se torna livre; as grandes propriedades da aristocracia e do clero são vendidas a burgueses e camponeses".[16]

Por isso, F. Engels argumenta que a burguesia tem apenas um método para resolver à sua maneira a questão da habitação, isto é, resolvê-la de tal forma que a solução produza a questão sempre de novo. Este método chama-se "Haussmann":

> "Por 'Haussmann' entendo não apenas a maneira especificamente bonapartista do Haussmann parisiense de abrir ruas compridas, direitas e largas pelo meio dos apertados bairros operários e de guarnecê-las de ambos os lados com grandes edifícios de luxo, com o que se pretendia não só atingir a finalidade estratégica de dificultar a luta nas barricadas, mas também formar um proletariado da construção civil especificamente bonapartista e dependente do governo e transformar a cidade numa pura cidade de luxo. Por 'Haussmann' entendo também a prática generalizada de abrir brechas nos bairros operários, especialmente nos de localização central nas nossas grandes cidades, quer essa prática seja seguida por considerações de saúde pública e de embelezamento ou devido à procura de grandes áreas comerciais centralmente localizadas ou por necessidades do trânsito, tais como vias-férreas, ruas, etc. O resultado é em toda a parte o mesmo, por mais diverso que seja o pretexto: as vielas e becos mais escandalosos desaparecem ante grande autoglorificação da burguesia por esse êxito imediato mas [...] ressuscitam logo de novo em qualquer lugar e freqüentemente na vizinhança imediata."[17]

Engels sustenta, ainda, que uma questão muito mais profunda: a superação da oposição entre cidade e campo e:

> [...] enquanto o modo de produção capitalista existir, será disparate pretender resolver isoladamente a questão da habitação ou qualquer

---

16. ROSSI, Aldo. *A arquitetura da cidade*. Trad. de Eduardo Brandão. São Paulo: Martins Fontes, 1995, p. 233.
17. ENGELS, F. *Para a questão da habitação*. Lisboa: Avante, 1984, p. 76.

outra questão social que diga respeito à sorte dos operários. A solução reside, sim, na abolição do modo de produção capitalista, na apropriação pela classe operária de todos os meios de vida e de trabalho.[18]

Com efeito, o capitalismo é anti-histórico e destituído de patriotismo, pois suas bases eram tão somente especular com vistas ao lucro e ao dinheiro fácil, buscando resultados imediatistas, sem medir esforços para destruir as estruturas urbanas antigas, a bem da sua lucrativa substituição por rendas ainda mais altas. O capitalista não se preocupava em investimentos a longo prazo por não lhe ser atraentes, desde que este se havia emancipado da preocupação com um lucro seguro e, por isto, apressava o ritmo de destruição sem reparos e renovação. Esta mentalidade perdurou e chegou aos nossos dias, pois, em pleno século XX, a incessante destruição e substituição tornou-se o novo ritmo de desenvolvimento de cidades. Nisto, o papel do capitalismo era o de liquidar o recipiente.

Com o industrialismo, a especulação, que, antes era basicamente comercial, em pouco tempo passou à exploração industrial, alcançando ainda maior engrandecimento financeiro, chegando-se, entre 1820 e 1900, à destruição e desordem total dentro das grandes cidades, semelhante a de um campo de batalha. Agora, definitivamente, todas as funções originais da cidade perdem sentido. A nova doutrina projetada pelos utilitaristas não se apoiava nos prazeres tangíveis da caça ou da mesa de jantar ou da cama, mas na doutrina da produção, avareza consumidora e negação fisiológica. Salienta ainda o autor que:

> "Os novos mestres da sociedade desdenhosamente voltavam as costas ao passado e a todos os ensinamentos acumulados pela história, dedicando-se à criação de um futuro que, segundo a sua própria teoria do progresso, seria igualmente desprezível, uma vez que também houvesse passado – e seria arrasado de maneira igualmente impiedosa."[19]

Dickens chamou a nova imagem da cidade capitalista de Coketown, tendo como agentes geradores e principais elementos do novo complexo urbano a mina, a fábrica, a estrada de ferro e

---

18. *Ibidem*, p. 38 e 79.
19. MUMFORD, Lewis, *op. cit.*, p. 484.

o cortiço e, com isto, "o industrialismo, a principal força criadora do século XIX, produziu o mais degradado ambiente urbano que o mundo jamais vira; na verdade, até mesmo os bairros das classes dominantes eram imundos e congestionados".[20]

Talvez, o fato mais importante de toda a transição urbana fosse o deslocamento de população que ocorreu em todo o planeta, crescendo vertiginosamente a densidade demográfica quase em proporção direta à industrialização, proporcionando um alargamento da área dos centros urbanos maiores, transformando a cidade, que outrora foi aldeia, em metrópole, negando as necessidades elementares da vida, tais como a luz e o ar, que até mesmo aldeias atrasadas ainda possuíam.

Na verdade, em conseqüência da ganância, tanto os poderosos investidores quanto o funcionário municipal produziram a nova espécie de cidade: caótica e desplanejada, composta, segundo Mumford, de "um amontoado humano fundido e desnaturado, adaptado não às necessidades da vida, mas à mítica 'luta pela existência'; vivendo em um ambiente cuja própria deterioração testemunhava o quanto era impiedosa e intensa aquela luta".[21]

A parcela mínima de interferência da parte dos governos locais e nacionais, em relação aos problemas sociais, levou a uma crença na revolução da tecnologia, de livre competição, que, com o tempo, podia desenvolver e criar um padrão social coerente, naturalmente, criou expectativas de que todas as empresas deveriam ser dirigidas por pessoas privadas, até mesmo a construção de habitações para os trabalhadores, o suprimento de água e a coleta de lixo.

Todavia essa doutrina destruiu a autoridade municipal que havia sobrevivido. No século XVIII, antes que a Revolução Francesa tivesse sido consumada, foi comum desacreditar as autoridades municipais e, hoje, os Estados, mesmo os republicanos, interessam-se apenas pelos assuntos de grande interesse nacional, organizados pelos partidos políticos, esquecendo-se dos pro-

---

20. *Apud* MUMFORD, Lewis, *op. cit.*, p. 484.
21. MUMFORD, Lewis, *op. cit.*, p. 490.

blemas que tiram as esperanças ou os sonhos dos homens, como na época do Iluminismo.[22]

Quanto às habitações humanas da cidade paleotécnica, nunca o homem morou tão mal, nem mesmo o aldeão, quando habitava a mais degradada cabana, nem mesmo o servo na Europa medieval tinha ao seu redor uma cidade carbonífera, onde a cor predominante era o negro. Complementa que:

> As casas costumavam ser construídas bem junto das usinas siderúrgicas, fábricas de tintas, gasômetros ou cortes ferroviários. Era muito freqüente serem construídas em terras cheias de cinzas, vidros quebrados e restos, onde nem mesmo a grama podia deitar raízes; podiam estar ao pé de uma pirâmide de detritos ou junto de uma enorme pilha permanente de carvão e escória; dia após dia, o mau cheiro dos dejetos, o negro vômito das chaminés e o ruído das máquinas martelantes ou rechinantes acompanhavam a rotina doméstica.[23]

Na cidade da tecnologia e do desenvolvimento, paradoxalmente, os lugares destinados à moradia eram, muitas vezes, situados dentro dos espaços que sobravam entre as fábricas, galpões e pátios ferroviários, e as pessoas eram acomodadas em alojamentos de aluguel, quando as cidades industriais não cresciam com base em fundações antigas: eram de construção barata, sem alicerces encravados no solo.

Ao contrário de Mumford, Aldo Rossi, sustentado em Engels, argumenta que a problemática das grandes cidades precede o período industrial:

> Esta penúria de habitações não é algo particular da época presente, nem é um mal particular do proletariado moderno que o distinga de todas as classes oprimidas que o precederam; ao contrário, ela atingiu todas as classes oprimidas de todos os tempos de uma maneira bastante uniforme.[24]

Para Mumford:

> Não ocorria simplesmente serem as novas cidades, em seu todo, soturnas e feias, ambientes hostis à vida humana, mesmo no nível fisiológico mais elementar; também o sobrepovoamento padronizado dos bairros pobres repetia-se nas moradias da classe média e nos alojamentos

---

22. MUMFORD, Lewis, *op. cit.*, p. 492.
23. *Ibidem*, p. 509.
24. ROSSI, Aldo, *op. cit.*, p. 240 e 241.

dos soldados, classes que não estavam sendo diretamente exploradas com objetivos de lucro. Cortiços, semicortiços e supercortiços – a isso chegou a evolução das cidades.[25]

Com efeito, tal fato aplica-se inexoravelmente ao novo ambiente, que atingia quarteirão após quarteirão com as mesmas ruas tristes, os mesmos becos soturnos e cheios de lixo, a mesma ausência de espaços abertos para o brinquedo das crianças e de jardins; a mesma falta de coerência e de individualidade em relação à vizinhança local.

Destarte, nem as autoridades, nem muito menos a indústria, que, na loucura de constituir uma massa de trabalhadores em reserva e na ativa, jamais atentaram para o valor institucional da cidade: proporcionara vida social e o desenvolvimento da personalidade humana.

A condição das cidades que, em época industrial, viram o número de habitantes multiplicar-se por dez e por vinte, é quase desesperadora; solidificadas por imundo magma de construções, não deixando espaço para os serviços sociais, nem para o verde público, onde moram, em objetiva condição de inferioridade, milhões de pessoas. Giulio Carlo Argan argumenta que, após a guerra mundial, muitas cidades européias destruídas ou mutiladas pelo crescimento da população voltaram a crescer rapidamente, formando um enorme complexo patrimonial, proporcionando ganhos a proprietários agiotas, que, favorecidos por administrações políticas conservadoras e corruptas, praticavam livremente a especulação, esvaziando o campo e criando um problema rural não menos angustiante que o da cidade.[26]

Segundo Hermes Ferraz, o desenvolvimento da indústria – fruto da tecnologia e atividade essencialmente urbana – deveria, necessariamente, proporcionar ao homem, não somente o uso dos bens e instrumentos que fabrica, mas também condições para adquiri-los, a fim de trazer-lhe, conforto e alimentos indispensáveis à própria vida biológica; tudo isto marca uma época na história humana, na qual se acentua o importante papel das

---

25. MUMFORD, Lewis, *op. cit.*, p. 501 e 502.
26. ARGAN, Giulio Carlo. *História da Arte como História da Cidade*. São Paulo: Martins Fontes, 1998, p. 240 e 241.

cidades, como elemento predominante da civilização moderna; contudo, a atividade urbana, produto de um inter-relacionamento constante entre os homens, tendo em vista a produção daquilo que é necessário à vida, exige, por outro lado, um planejamento urbano estabelecido sob a ótica do homem responsável pelo processo produtivo, o homem social, "não do homem como uma simples peça, o homem matéria, sem espírito, sem alma, sem ideais nem direitos".[27]

Nesse sentido, argumenta Maria Adélia de Souza:

> O desafio urbano, inegavelmente, está presente na vida do cidadão, da sociedade, do Governo, enfim das Instituições, sejam elas públicas ou privadas. Sua dimensão, sua conotação, seus males e benefícios interferem na vida de todos. Governantes e governados, necessariamente, terão de viver, enfrentar, discutir e manipular o desafio urbano. Ele passa a ser motor reitor de qualquer plataforma ou diretriz de governo, em qualquer nível e em qualquer lugar, pautado pela saturação ou pela escassez do seu fato nobre: o crescimento urbano.[28]

Durante toda a história, o aumento da área de terras aráveis, o aperfeiçoamento da agricultura, a difusão demográfica e a multiplicação de cidades verificaram-se lado a lado; nunca porém, tanto como durante o século XIX, pelo enorme aumento da população, que, certamente, ultrapassou o que se deu nos tempos neolíticos e que tornou possível as conquistas originais do urbanismo. A nova doutrina mundial é que a população urbana será tão maior e ainda se tornará rival da população rural. Surge então a Megalópole[29] que, "[...] está rapidamente se tornando uma forma universal e a economia dominante é uma economia metropolitana, na qual não é possível qualquer empreendimento eficiente que não se ache firmemente ligado à grande cidade".[30]

Essa nova forma universal, que teve início no século XX, generalizada em marcas, tanto comerciais quanto culturais da metrópole, com a exclusão dos produtos locais, em vez de promover o desenvolvimento e as relações do homem com a água,

---

27. FERRAZ, Hermes. *Cidade e Vida*. São Paulo: Scortecci, 1996, p. 9 e 10.
28. SOUZA, Maria Adélia de. *Governo Urbano*. São Paulo: Nobel, 1988, p. 29.
29. MUMFORD, Lewis, *op. cit.*, p. 573.
30. *Ibidem*, p. 567.

o ar, o solo e seus componentes orgânicos, a tecnologia industrial de nossa época dedica-se a imaginar meios de substituí-los mecanicamente, mais controláveis e lucrativos, mais produtivos e de fácil consumo, levando não vida, mas esterilidade ao campo e finalmente, morte à cidade, conformada à máquina, insensível e aniquiladora do próprio homem.[31]

Enfim, o recipiente originário desapareceu completamente, já não existe divisão entre o campo e a cidade. Mas para Mumford, "[...] à medida que se afasta do centro, o crescimento urbano torna-se cada vez mais desorientado e descontínuo, mais difuso e sem um ponto de foco, exceto onde alguma cidade sobrevivente tenha deixado a marca original de uma vida mais ordenada".[32]

Destarte, "nas grandes cidades onde se concentra a massa humana, a cidade de grande população, a vida humana é a mais precária", pois aumenta o número de inter-relacionamentos, enquanto que a estrutura física da cidade não está preparada para oferecer melhorias do modo de vida, pois os planejadores oferecem à população, não técnicas de desafogo urbano, mas de atração às metropóles, que, com seus avanços tecnológicos, "tem conduzido a humanidade à beira do colapso no modo de vida urbano, a massificação", argumenta Ferraz. O autor enfatiza ainda que:

> A cidade, que na história da humanidade foi um centro de humanização, constitui hoje o fator mais determinante da desumanização do homem. Outrora a cidade era considerada um pólo de atração, mas as grandes aglomerações de corpos humanos transformaram-na em centro de repulsão. Sua imagem antiga tem sido levada à degeneração pelos efeitos das tecnologias livres, triunfantes, das habitações e dos transportes, permitindo a acumulação, sempre crescente, de pessoas nas metrópoles, nos subúrbios, nas áreas metropolitanas e nas favelas, reduzindo, ao mesmo tempo, a área disponível para cada um, até o momento de tornar a área urbana 'um campo de concentração, em toda a expressão do termo'.[33]

---

31. *Ibidem*, p. 570.
32. MUMFORD, Lewis, *op. cit.*, p. 586.
33. FERRAZ, Hermes, *op. cit.*, p. 37.

É possível compreendermos que a complexidade das situações urbanas atuais, a extensão e a densidade dos aglomerados, a quantidade das exigências tornem necessária a figura do especialista, do administrador dos valores culturais da cidade, que têm como tarefa, não criar uma cidade, mas formar um conjunto de pessoas que tenham o sentimento da cidade. E a esse sentimento confuso, fragmentado em milhares e milhões de indivíduos, dar uma forma em que cada qual possa reconhecer a si mesmo e à sua experiência da vida associada.[34]

Nessa perspectiva, a cidade, dizia Marsílio Fiscino, "'não é feita de pedras, mas de homens'. São os homens que atribuem um valor às pedras e todos os homens, não apenas os arqueólogos ou os literatos".[35] Conseqüentemente, a tarefa da cidade vindoura, na visão de Mumford:

> [...] é colocar as maiores preocupações do homem no centro de todas as suas atividades; é unir os fragmentos dispersos da personalidade humana, transformando homens artificialmente mutilados – burocratas, especialistas, 'peritos', agentes despersonalizados – em seres humanos completos, reparando os danos que foram causados pela divisão vocacional, pela segregação social, pelo cultivo exagerado de uma função predileta, pelos tribalismos e nacionalismos, pela ausência de associações orgânicas e finalidades ideais.[36]

Segundo ele,

Devemos agora conceber a cidade não, em primeiro lugar, como um local de negócios ou de governo, mas como um órgão essencial de expressão e atualização da nova personalidade humana – a do "Homem de um Mundo Só." A antiga divisão entre homem e natureza, citadino e rústico, grego e bárbaro, cidadão e forasteiro já não pode ser mantida: quanto às comunicações, o planeta inteiro está se transformando numa aldeia e, em conseqüência, até a menor vizinhança ou distrito há de ser planejado como um modelo funcional do mundo maior. Hoje, não é a vontade de um único governante deificado, mas a vontade individual e corporificada de seus cidadãos, tendo em mira o au-

---

34. ARGAN, Giulio Carlo, *op. cit.*, p. 240 e 241.
35. *Apud* ARGAN, Giulio Carlo, *op. cit.*, p. 228.
36. MUMFORD, Lewis, *op. cit.*, p. 618.

to-conhecimento, autogoverno e auto-realização, que se devem incorporar à cidade. Em lugar da indústria, a educação é que será o centro das suas atividades. Cada processo e função serão avaliados e aprovados na justa medida em que promovem o desenvolvimento humano, ao passo que a própria cidade proporciona um vívido teatro para os espontâneos encontros, desafios e contatos íntimos da vida diária.

As inovações que urgentemente se anunciam não são na extensão e perfeição do equipamento físico, pelo contrário, os melhoramentos significativos só virão pela aplicação da arte e do pensamento aos interesses humanos centrais da cidade, com uma nova dedicação aos processos cósmicos e ecológicos que abrangem toda a existência, restituindo à cidade as funções maternais, nutridoras da vida, as atividades autônomas, as associações simbólicas, que, por muito tempo, têm estado contidas ou esquecidas.

Destarte, a grande missão da cidade, hoje, em última análise, é, nas palavras de Lewis Mumford:

> [...] incentivar a participação consciente do homem no processo cósmico e no processo histórico. Graças a sua estrutura complexa e durável, a cidade aumenta enormemente a capacidade de interpretar esses processos e tomar neles uma parte ativa e formadora, de tal modo que cada fase do drama que desempenhe vem a ter, no mais elevado grau possível, a iluminação da consciência, a marca da finalidade, o colorido do amor. Esse engrandecimento de todas as dimensões da vida, mediante a comunhão emocional, a comunicação racional e do domínio tecnológico, e, acima de tudo, a representação dramática tem sido na história a suprema função da cidade. E permanece como a principal razão para que a cidade continue existindo.[37]

Percebemos que nossas cidades não têm um sentido de espaço público. Elas são apenas um ajuntamento de moradores, mas estes não são cidadãos no sentido pleno. A pergunta que fazemos é a seguinte: o simples ajuntamento transforma um aglomerado urbano em cidade? Creio que a resposta ensaiada por Aristóteles há mais de dois mil anos continua válida e ela é claramente negativa. Uma cidade, ensinava ele, não é nem uma liga militar para defesa mútua nem um simples mercado de trocas

---

37. *Ibidem*, p. 621.

para utilidade mútua. Ela depende, para constituir-se em cidade, de duas virtudes cívicas: amizade e justiça. A amizade e a justiça transformam um aglomerado numa cidade. Desaparecendo elas, desaparece a *pólis*.

Segundo José Reinaldo de Lima Lopes, as cidades brasileiras têm sua especificidade. Sem compreender sua história mais remota e mais recente será impossível explicar as relações entre cidadania, propriedade e reforma urbana ou, mesmo, compreender simplesmente o que se passa. Eis algumas de suas características: são cidades coloniais; são entrepostos comerciais; estabelecem-se por determinações do rei ou por um senhor; não contam com um campo cultivado à sua volta; nascem numa sociedade escravocrata; nascem num ambiente absolutamente não-urbano; são, muitas vezes, portos; são redutos militares; sofrem limitações nas suas instituições (sem escolas livres, sem ofícios industriais, etc.). Com o passar dos tempos, serão acrescidas algumas notas distintivas, em função das novas condições econômicas, políticas e sociais. Assim, no império: são cortesãs; são núcleos residenciais de latifundiários; são, mais tarde, refúgio de escravos libertos progressivamente. Na república e nos últimos tempos: tornam-se núcleos de atividade industrial; criam-se escolas; refúgio dos camponeses sem terra, flagelados, etc.; são, particularmente, feias, sem espaços públicos embelezados; são verdadeiros depósitos de gente e coisas. Até bem mais de duas décadas atrás, o Brasil era um país rural. Hoje, já tem maioria de sua população vivendo em cidades. Mas há notórias diferenças regionais. As diferenças assentam-se, em grande parte, na relação que as cidades mantêm com o campo à sua volta e a forma de exploração do campo determina a face que a cidade terá. As cidades brasileiras distinguem-se das suas contemporâneas européias porque não são resultado de um impulso livre e dinâmico no sentido da urbanização. Não têm vida própria. São simples núcleos residenciais de gente que vem para explorar as riquezas da terra. São colônias no sentido grego, isto é, fundações de cidades que repetem em si as liberdades e instituições de seus fundadores, cidades criadas para responder ao esgotamento da terra e do espaço da metrópole. Não, as cidades coloniais do Novo Mundo português são simples entrepostos comerciais, controlados em tudo pela Coroa. São, quando muito, no início, um ajuntamento de casas, não uma civilidade.[38]

Neste ponto quero fazer a ligação necessária entre o direito de propriedade e o direito de moradia. Na verdade, é isto o que interessa discutir, ou seja, o direito de moradia, direito que inclui o de ocupar um lugar no espaço e direito às condições que tornam este espaço um local de moradia. Salienta José Reinaldo de Lima Lopes que: "Morar é um existencial humano. O homem não apenas ocupa lugar, ele mora, ele cria seu ambiente humano, ele não se submete à natureza. [...] O espaço material da cidade é um espaço histórico-social."[39]

O direito à moradia causa, hoje, problema para os juristas e políticos por uma razão histórica. Nossas cidades foram transformadas, desde o advento do capitalismo propriamente dito, em aglomerados de gente, em mercadoria, e perderam a característica de centros de vida e habitação tranqüilos para transformarem-se em sedes de indústrias e serviços: a produção capitalista ganhou a cidade.

O advento de uma cidade que já não é autônoma, mas subordinada ao Estado nacional, vem acompanhado de transformações também no direito. A propriedade torna-se alienável e desaparecem os direitos tradicionais. Antes do advento do capitalismo a terra, mesmo urbana, não era alienável facilmente. Sobre ela eram constituídos direitos com prazo certo (de 99 anos ou mais) ou a título precário. Isto significa que não havia interesse nem possibilidade de acumulação de terras de maneira especulativa. As posturas municipais, o controle da transferência da terra, dificultavam sua alienação e, portanto, a idéia de que a terra era um bem como qualquer outra mercadoria. Ganhar dinheiro pela terra era muito mais difícil. Certo que, com a monetarização crescente das economias, os direitos eram transformados em prestações em moeda. Mas as prestações não eram

---

38. LOPES, José Reinaldo de Lima. *Cidadania e Propriedade*, p. 118 e 119.
39. *Ibidem*, p. 121.

reajustáveis, eram fixas e, assim, ninguém especulava sobre a terra propriamente.

No Brasil, até hoje, por exemplo, segundo José Reinaldo de Lima Lopes:

> [...] todos os que têm direitos sobre um terreno de marinha sabem que o laudêmio que se paga anualmente é fixo ou é irrisório, mesmo quando reajustado. Este direito que a União conserva sobre os terrenos de marinha mostra como o 'proprietário' antes do capitalismo não lucrava com especulação. A sociedade medieval era uma sociedade toda voltada para a segurança, antes que para a aventura da especulação.[40]

Com o advento da Declaração dos Direitos do Homem e do Cidadão, de 1789, firmou-se para o mundo moderno, dentre os direitos naturais e essenciais do homem, a propriedade.

Essa concepção de propriedade veio restaurar o conceito unitário da propriedade, oriunda dos romanos, numa reação necessária e radical ao fragmentado direito de propriedade do regime feudal.

Espelhando a concepção unitária da propriedade, encontra-se o art. 544, do Código Napoleão, de 1804, segundo o qual: "A propriedade é o direito de gozar e de dispor das coisas da maneira mais absoluta, desde que dela não se faça uso proibido pelas leis ou pelos regulamentos."

A concepção absolutista e individualista do direito de propriedade, preceituada pelo Código Napoleão, espraiou-se, de forma análoga, pelos Códigos de diversos países[41], inclusive para o nosso Código Civil, de 1916.[42]

De fato, essa estrutura do pensamento jurídico liberal veio a sofrer profundas alterações, em decorrência direta das mutações sociais e econômicas advindas da Revolução Industrial, que, com o aparecimento das máquinas, trouxe o desemprego em massa,

---

40. LOPES, José Reinaldo de Lima. *Cidadania e Propriedade*, p. 122 e 123.
41. CARDOSO, Sônia Letícia de Mello. A função social da propriedade urbana. *Revista CESUMAR/Centro de Ensino Superior de Maringá*, v. 4, n. 1, p. 63-84, mar. 2001, p. 65.
42. Veja-se o Título II – do Livro II do referido Código, especialmente o art. 524, o qual preconiza: "A lei assegura ao proprietário o direito de usar, gozar e dispor de seus bens, e de reavê-los do poder de quem quer que injustamente os possua".

a divisão do trabalho, a concentração de riquezas nas mãos de poucos, sendo que a grande maioria nada possuía, pontificando, assim, as injustiças sociais.

Com isso, inúmeros pensadores responsabilizaram a instituição da propriedade privada pela desigualdade e, conseqüentemente, pela miséria social existente. Tal concepção, em 1840, ficou expressa na obra de Proudhon, onde declarou que "a propriedade é um roubo." Passou-se a defender, entre os socialistas, a supressão da propriedade privada sobre os meios de produção. Aliás, é o que propunha Karl Marx, no "Manifesto Comunista", em 1848. Dizia ele: a teoria comunista pode ser resumida nesta frase: abolição da propriedade privada.[43]

Por outro lado, tanto as falhas perpetradas pelo liberal-capitalismo, em concentrar a riqueza, causando a "exploração do homem pelo homem", e as do totalitarismo-socialista em suprimir a propriedade privada e subjugar os homens ao Estado, quanto às desigualdades econômicas e sociais, levaram a uma reformulação do direito de propriedade. Por isto, salientou Duguit que a propriedade não é um direito do indivíduo, é uma função social do possuidor da riqueza.[44]

De qualquer maneira, a repercussão do instituto da propriedade é de suma importância no mundo contemporâneo, isto por que a propriedade é fonte geradora de riqueza necessária à sobrevivência humana. Sendo assim, o Estado tem sido compungido, cada vez mais, a regular o direito de propriedade para proporcionar o bem-estar geral[45], pois a propriedade gera o fenômeno econômico e este é fonte de grande poder para o homem moderno.[46]

---

43. *Apud* CARDOSO, Sônia Letícia de Mello, *op. cit.*, p. 66.
44. *Ibidem*, p. 67.
45. Nesse sentido, após longa tramitação no Congresso Nacional, foi instituída a Lei nº 10.257, de 10 de julho de 2001, autodenominada *Estatuto da Cidade*, a qual regulamenta os arts. 182 e 183, da Constituição Federal Brasileira de 1988, estabelecendo "normas que regulam o uso da propriedade urbana em prol do bem coletivo, da segurança e do bem-estar dos cidadãos, bem como do equilíbrio ambiental". Referida Lei será objeto de estudo no capítulo segundo desta dissertação, para onde remetemos o leitor.
46. CARDOSO, Sônia Letícia de Mello, *op. cit.*, p. 66.

Contudo, é o cumprimento do princípio da função social, na ordenação das cidades, expresso no plano diretor – expressão datada, correspondendo a uma situação contemporânea e designada no Brasil a partir das diretrizes de direito urbano moderno e, sobretudo, a partir do marco da Constituição de 1988 – que dará concreção ao bem-estar dos cidadãos, pois "ordenar" significa colocar as coisas no lugar, planejar a cidade, viabilizar as condições para que o ser humano tenha uma vida digna.

No Brasil, a ordenação das cidades não constitui uma tradição. As grandes cidades enfrentam, diariamente, as conseqüências do crescimento desordenado, causador do caos urbano. Há uma imensa massa de pessoas que vivem em extrema pobreza, em condições sub-humanas, a começar pelos cortiços, constituídos por um pequeno espaço com elevado número de pessoas vivendo em situações promíscuas – favelas compostas de barracos, construídas com restos de materiais de toda espécie, sujeitas a constantes deslizamentos, causando mortes e dores para uma classe socialmente marginalizada, além dos loteamentos clandestinos, que levam à insegurança jurídica aos inúmeros despossuídos – contrastando com a situação de poucas pessoas, proprietárias, que se encontram em situações privilegiadas e que, muitas vezes, estocam os terrenos urbanos, destinando-os unicamente à especulação imobiliária, para a obtenção de lucros, na proporção direta dos investimentos públicos, fruto da contribuição de todos.

A especulação urbana, hoje, no Brasil, depende de um regime de financiamento da construção, ou seja, o direito de moradia está intimamente vinculado ao modelo de ligação entre Bancos e construtoras, patrocinado pelo Estado. Em outras palavras, a indústria da construção civil e do sistema de financiamento, um complexo financeiro-industrial de apropriação da cidade. Nesse sentido argumenta José Reinaldo de Lima Lopes que:

> De um certo ponto de vista, o direito de moradia não passa de ser um direito à propriedade de uma casa, um objeto ou bem imóvel. Esta é a perspectiva que anima uma fase extraordinária de nosso crescimento urbano. Eu diria que esta é a perspectiva do BNH, no auge da construção civil. Dar direito à casa (enquanto mercadoria) é considerada tarefa do Estado. Mas como o núcleo desta perspectiva é um núcleo clara-

mente individualista e capitalista, ele não pode separar-se de uma certa forma de solução que é capitalista, em que a lógica da mercadoria se impõe sobre uma lógica da cidade ou do bem comum. Assim, para dar casa, nestes termos, nada mais evidente e óbvio do que estimular uma indústria da construção civil. E não só estimular esta indústria, como associá-la a um sistema financeiro. Vejam a lógica deste sistema: moradia reduz-se a propriedade de uma coisa (bem imóvel), coisa é mercadoria, o sistema de mercado é o que mais consegue produzir mercadorias, logo, estabeleçamos um sistema de mercado. Mas o sistema de mercado só produz mercadorias e só mercadorias que se pagam. Então é preciso torná-lo atraente. Resultado: cria-se um sistema de financiamento, que é o financiamento pelo próprio trabalhador e duplamente. Pelo FGTS, que é uma parte de seu salário poupada forçosamente, e pelos incentivos e subsídios públicos, que é dinheiro dos tributos pagos, afinal, também pelos trabalhadores enquanto contribuintes. Mas tal esforço redunda, como todos sabemos, na produção de casas e prédios que vão cada vez mais servindo a classes superiores. E mesmo o benefício que os mutuários conseguem (no Brasil, nos anos 1980) terminam por beneficiar cada vez mais as classes superiores, paradoxalmente. Isto porque, na luta para defender um direito que é abstratamente de todos ou dos mais necessitados (direito a financiamento barato para a casa própria), acaba-se por beneficiar concretamente os menos necessitados, que compõem uma parcela não desprezível dos mutuários do SFH. Ora, a redução do problema da moradia a um problema de propriedade, entendida como domínio sobre uma coisa, teve esta conseqüência. Com efeito, há limites materiais e políticos ao direito de moradia. Como direito de cidadania que é, só pode ser conquistado no avanço do processo de democratização que ainda estamos por fazer e do qual a parte não menor é a democracia econômica.[47]

Além disso, vale lembrar que há o regime de impostos, de limitações municipais ao direito de construir, etc. Tudo isto torna muito complexo o planejamento urbano, que não é e não pode ser apenas uma questão de arquitetura. José Reinaldo de Lima Lopes cita a cidade de Brasília como um exemplo típico do ápice do capitalismo e do utilitarismo. Para ele, Brasília é a cidade sem dimensões humanas por excelência, que eleva ao máximo os equívocos do planejamento urbano concentrado sobre uma visão individualista e utilitarista do homem. Se cada edifício de Brasília é uma obra de arte belíssima, o conjunto é incompreensível. É o paradoxo da cidade que se impõe ao cidadão, fato, aliás, compreensível, porque ela é a celebração em cimento e

---

47. José Reinaldo de Lima Lopes, In: *Cidadania e Propriedade. op. cit.*, p. 126.

mármore do Estado desenvolvimentista. Relata ainda que o projeto da cidade segue "[...] um plano ideológico que se expressa como apelo mitológico eficaz para organizar os vínculos de solidariedade à proposta de construção. Porém, o sistema urbano que pretende instalar realiza, objetivamente, a centralização de poder, na cidade que emerge como a capital do modelo de Estado garante do processo capitalista de acumulação na concepção desenvolvimentista."

Em contraponto, Paolo Portoghesi argumenta que Brasília foi uma dessas cidades construídas do zero e projetadas a partir de estruturas da cidade antiga; o modelo urbano implantado fala às pessoas, mesmo que seu espaço urbano seja metassubdividido em cidade dos monumentos, cidade-residência, cidade-administrativa, cidade-satélite, etc.[48]

Contudo, Carlos Henrique Araújo relata que:

> Dos anos 60 aos anos 90, a história da capital da República tornou-se uma amostra importante dos contrastes sociais vividos na sociedade brasileira. Brasília, por muito tempo, foi o símbolo da modernidade do Brasil. Viveu quase que exclusivamente do setor público e da construção civil e exibiu suas potencialidades de crescimento em um ritmo acelerado, tanto econômica quanto demograficamente. Entretanto, esse mesmo crescimento trouxe consigo as estruturais contradições econômicas e sociais do tipo de desenvolvimento implementado no Brasil ao longo de sua história econômica. [...] Ao lado do crescimento econômico durante as duas primeiras décadas de sua existência, ficava evidente o tipo de desenvolvimento em emergência: excludente, tanto espacial quanto economicamente. [...] Nas últimas duas décadas constitui-se em um centro urbano com graves problemas sociais e econômicos e, sobretudo, uma cidade-estado de grande desigualdade social e de renda.[49]

Nada disso deve apagar de nossa visão aquilo que Brasília tem de positivo: um certo respeito à paisagem local, uma beleza plástica definitiva e, especialmente, um esforço histórico de cria-

---

48. In: Arquitetura da Reconstrução. *Folha de São Paulo*, São Paulo, 09 dez. 2001. Caderno Mais, p. 5-10.
49. ARAÚJO, Carlos Henrique. Migrações e vida nas Ruas. In: BURSZTYN, Marcel. (Org.). *No Meio da Rua: Nômades, Excluídos e Viradores*. Rio de Janeiro: Garamond, 2000, p. 88-120.

ção de uma cidade num País que sempre abandonou as massas urbanas à sua própria sorte.[50]

De fato, segundo o relatório da Comissão Justiça e Paz de Brasília, a cidade de Brasília parece encerrar uma ambigüidade:

> [...] por um lado, ela teria sido edificada como utopia que anteciparia um futuro mais igualitário para a sociedade brasileira; e, por outro lado, ela se apresentaria hoje como cidade-capital bastante apropriada para o funcionamento do Estado tecnocrático pelo seu relativo isolamento frente às grandes concentrações demográficas do País, pelo cinturão militar de proteção que a envolve, pela natureza de seu espaço urbano – que facilita a repressão aos movimentos contestatórios e a vigilância sobre o cotidiano dos indivíduos. O imaginário idealizador da cidade na configuração de uma alternativa de vida urbana democrática e participativa encontra seu limite nas condições da sociedade capitalista, injusta e desigual. O próprio sucesso de desenvolvimento urbano da cidade gradativamente desarticulou a lógica da utopia original e operou a segregação das camadas populares reorientando o espaço urbano com a estratificação das classes sociais na península e nas cidades satélites.[51]

Com efeito, fora de seus muros invisíveis, o tempo e espaço são outros. "Fora a Plebe; fora, o mundo imundo; fora, Taguatinga, Ceilândia, Gama, Sobradinho, Formosa; fora, o real que dá substância ao irreal de Brasília".[52]

A arquitetura, nas palavras de Paolo Portoghesi:

> Deve dar uma resposta aos problemas do homem, sobretudo aos problemas das cidades – que neste momento vivem um momento dramático. Enquanto isso, há aqueles que se ocupam de coisas que não têm nada a ver com esses problemas. Às vezes eles até fazem obras de arte de valor inquestionável, de grande qualidade estética, mas que, em certo sentido, extrapolam os domínios da arquitetura, já que manifestam um intencional alheamento em relação aos problemas da cidade.[53]

Para eles, argumenta Portoghesi, o mundo mudou:

> Mudou, mas não segundo a vontade dos homens, mas sim da de poucos, que terminaram impondo seus grandes interesses. [...] O terrível de tudo isso é que a lógica do desenvolvimento é puramente econômica, as indústrias fazem apenas o que lhes possibilita ganhar mais. E

---
50. LOPES, José Reinaldo de Lima. *Cidadania e Propriedade*, p. 123 e 124.
51. *CADERNOS DE JUSTIÇA E PAZ: CIDADANIA E PARTICIPAÇÃO*, op. cit., p. 7.
52. *Ibidem*, p. 8.
53. PORTOGHESI, Paolo, op. cit., p. 5-10.

a liberdade, aliás, o liberalismo, tornou-se um dogma: parece uma panacéia extraordinária, mas, na verdade, nos dirige para o abismo. Com isto, os grandes valores modernos, como a liberdade, já não significam mais nada, porque eles só existem se estiverem inseridos no espaço e no tempo, adquirindo significados específicos.[54]

Por isso, a questão urbana não pode mais ser tratada em termos funcionais e utilitaristas, como no caso de Brasília. O homem concreto rejeita-a, como rejeita os conjuntos habitacionais, mas rejeita por razões diversas: estéticas, religiosas, simbólicas, práticas e políticas. O homem concreto quer determinar-se de alguma forma e determinar-se significa também determinar seu ambiente de moradia. Não aceita ser marginalizado física e geograficamente de sua cidade. Quer participar dela.[55] Nesse sentido, Lefebvre salientou que:

> No seio dos efeitos sociais, devidos à pressão das massas, o individual não morre e se afirma. Surgem direitos; esses entram para os costumes ou em prescrições mais ou menos seguidas por atos, e sabe-se bem como esses 'direitos' concretos vêm completar os direitos abstratos do homem e do cidadão inscritos no frontão dos edifícios pela democracia quando de seus primórdios revolucionários: direitos das idades e dos sexos (a mulher, a criança, o velho), direitos das condições (o proletário, o camponês), direitos à instrução e à educação, direito ao trabalho, à cultura, ao repouso, à saúde, à habitação. Apesar, ou através das gigantescas destruições, das guerras mundiais, das ameaças, do terror nuclear. A pressão da classe operária foi e continua a ser necessária (mas não suficiente) para o reconhecimento desses direitos, para a sua entrada para os costumes, para a sua inscrição nos códigos, ainda bem incompletos.[56]

Brasília construiu para si um espaço adequado para o exercício pleno do autoritarismo monumental, isolacionista, porque nega aos habitantes o espaço de "rua" e das "esquinas" e porque

---

54. *Ibidem*, p. 8.
55. LEFEBVRE deixa claro que a sociedade urbana possui necessidades sociais, as quais têm um fundamento antropológico; "opostas e complementares, compreendem a necessidade de segurança e de abertura, a necessidade de certeza e a necessidade de aventura, a da organização do trabalho e a do jogo, as necessidades de previsibilidade e do imprevisto, de unidade e de diferença, de isolamento e de encontro, de trocas e de investimentos, de independência (e mesmo de solidão) e de comunicação, de imediaticidade e de perspectiva a longo prazo." *op. cit.*, p. 103.
56. *Ibidem*, p. 114-116.

separa "pobres" de "ricos", tornando-se uma cidade desumanizante e composta de cidadãos submetidos e isolados. Todavia, a Comissão Justiça e Paz de Brasília, DF, destaca:

> [...] vivencia a eclosão de movimentos populares e manifestações públicas, demonstrando, no plano da política, a capacidade de organização e mobilização, que, no passado populista, caracterizaram a luta dos brasilienses em movimentos urbanos e rurais, de categorias profissionais, de moradores e funcionários, tecendo uma história local de intensa participação pelo direito à cidade.[57]

Com efeito, as múltiplas possibilidades de nossas cidades, as atrações oferecidas, as possibilidades dadas a cada um em seu progresso, em seu prestígio social, em suas inclinações e aptidões são realmente fantásticas!

A par disto, Hoffmann declarou que:

> O catálogo das possibilidades de gozar a vida é quase sem limitação. Podemos entregar-nos às mais altas especulações espirituais e artísticas em uma grande cidade ou encantar-nos com as de outras pessoas. Também temos campo aberto para tentar sucessos materiais de forma nunca imaginada. Podemos ser ricos ou pobres por acaso, pelo crime ou pelo nosso esforço. Podemos ser cidadãos respeitados com uma boa reputação, e podemos entregar-nos praticamente a qualquer perversidade, a qualquer vício. E as duas coisas na mesma pessoa também constituem uma 'variação picante'. Podemos pertencer à multidão dos anônimos ou brilhar na ribalta da fama. Não há nada que não possa ser oferecido no 'grande mercado'.[58]

Esta celebração da vitalidade urbana, de sua diversidade e plenitude é, na verdade, um dos temas mais antigos da cultura moderna, o qual se cristalizou em torno da rua, que emergiu como símbolo fundamental da vida moderna. Da "Rua Principal" das pequenas cidades à "Grande Via Branca" ou à "Rua do Sonho" das metrópoles, a rua foi experimentada como um meio no qual a totalidade das forças materiais e espirituais modernas

---

57. *CADERNOS DE JUSTIÇA E PAZ: CIDADANIA E PARTICIPAÇÃO*, op. cit., p. 10.
58. In *Nova Antropologia: o homem em sua existência biológica, social e cultural*; organizada por H. G. GADAMER; P. VOGLER. São Paulo: EPU/UDSP, 1977, p. 235.

podia encontrar-se, chocar-se e misturar-se para produzir seus destinos e significados últimos.[59]

De fato, depois de narrar a cena de Baudelaire "Os Olhos dos Pobres" *(Spleen de Paris, nº 26)*, que acontece no Bulevar parisiense – a mais espetacular inovação urbana do século XIX, decisivo ponto de partida para a modernização da cidade tradicional e uma maneira de reunir explosivas forças materiais e humanas – o qual força os personagens a reagirem politicamente, Berman conclui que a rua é o ponto de encontro entre duas pessoas ou entre pessoas de diferentes classes sociais, que termina em confrontação que o ambiente impõe ao sujeito. Para ele, "na calçada, pessoas de todas as classes se reconhecem comparando-se umas às outras, segundo o modo como se sentam ou caminham".[60]

Todavia, na rua o encontro não se dá somente entre duas pessoas ou entre pessoas de diferentes classes sociais, mas é também ponto de encontro entre um indivíduo isolado e as forças sociais, abstratas, embora concretamente ameaçadoras, como retratado em outro poema de Baudelaire "A Perda do Halo". Afirma Berman: "Na sarjeta, pessoas são forçadas a se esquecer do que são enquanto lutam pela sobrevivência".[61] Ou seja, o homem da rua moderna, vê-se remetido aos seus próprios recursos e forçado a explorá-los de maneira desesperada, a fim de sobreviver.

---

59. BERMAN, Marshall, *op. cit.*, p. 300. Em Berman, que estuda culturalmente a rua, o que está em causa é inferir a partir desse espaço urbano o lugar do acontecimento, no qual a multidão, em seus encontros e desencontros, pela mediação do direito, pela sua reivindicação, se transforma em povo. Para o filósofo, espelhando-se em Jane Jacobs, "a rua ideal está cheia de estranhos que passam, de pessoas de muitas classes diferentes, de idades, grupos étnicos, crenças e estilos de vida diversos; sua família ideal é aquela na qual as mulheres saem para trabalhar, os homens gastam uma boa parte de tempo no lar, ambos os pais trabalham em unidades pequenas, próximas de casa, de tal forma que as crianças podem descobrir e se desenvolver num mundo em que há dois sexos e onde o trabalho desempenha papel central na vida cotidiana". Tanto a rua quanto a família de Jacobs "constituem microcosmos de toda a plenitude e diversidade do mundo moderno em seu conjunto".
60. *Ibidem*, p. 153.
61. *Ibidem*, p. 153.

Nesse sentido, Elimar Pinheiro do Nascimento relata que a rua, hoje, nos centros das grandes cidades brasileiras reflete a imagem da exclusão social: "homens e mulheres que não são mais vistos como tais por seus semelhantes. E, talvez, já não se sintam também como tais." Afirma Nascimento:

> Os mendigos dormindo nas ruas, em pleno dia, e as pessoas que vão às compras ou ao trabalho passando por cima deles ou evitando-os é uma imagem emblemática. Os prostrados no solo não são vistos como semelhantes, mas como bichos, espécies distintas. Estão sujos, cheiram mal e são feios. Não são homens ou mulheres, embora um dia talvez o tenham sido. Pedaços perdidos da humanidade. Invadem as calçadas, incomodam. Os que vão às compras ou ao trabalho sentem-se indiferentes ou incomodados. Procuram não ver, escondem a irritação, o desagrado. Reclamam a si mesmos, no máximo, 'desta polícia que não faz nada', ou, os de esquerda, 'desta sociedade injusta'. Falam entre si como se no chão, ao lado, não existisse ninguém. Não são homens ou mulheres efetivamente, pois não são assim representados pelos que vão às compras ou ao trabalho.[62]

Em outro sentido espacial: os excluídos não têm lugar. Nas palavras de Elimar Pinheiro do Nascimento:

> Vagabundeiam pelos interstícios das cidades [...] São os sem-teto, sem-moradia, sem-trabalho, com seus vínculos familiares rompidos, que fazem do espaço da rua sua morada. Ou, os sem-terra, que percorrem o país em busca de um lote para plantar e comer. Ou, ainda, os trabalhadores migrantes de todo o mundo que vivem em movimento constante, expulsos pelos deslocamentos do capital, que se implanta hoje aqui, amanhã acolá. Os citados modernômades.[63]

Então, diferentes perfis e redes de sociabilidade podem ser encontradas nas ruas das grandes cidades, tais como os sem-teto: os que moram nas ruas: "[...] têm por trás de sua situação uma longa história e causas sociais determinadas que se ligam a questões econômicas, de migração, de desagregação familiar, de desemprego, de violência urbana, de drogadição, de alcoolismo, entre outras", segundo Carlos Henrique Araújo.[64]

Destarte, segundo argumentos de Marshall Berman:

---

62. NASCIMENTO, Elimar Pinheiro do, *op. cit.*, p. 56.
63. *Ibidem*, p.66.
64. ARAÚJO, Carlos Henrique. *op. cit.*, p. 88 e 89.

A vida na cidade moderna força cada um a realizar esses novos movimentos; mas mostra também como, assim procedendo, a cidade moderna desencadeia novas formas de liberdade. Um homem que saiba mover-se dentro, ao redor e através do tráfego pode ir a qualquer parte, ao longo de qualquer dos infinitos corredores urbanos onde o próprio tráfego se move livremente. Essa mobilidade abre um enorme leque de experiências e atividades para as massas urbanas.[65]

Conseqüentemente, vemos classes e massas inteiras movendo-se na direção das ruas, unidas, e,

> [...] durante um momento luminoso, as multidões de solitários, que fazem da cidade moderna o que ela é, se reúnem, em uma nova forma de encontro, e se tornam *povo*. 'As ruas pertencem ao povo': assumem controle da matéria elementar da cidade e a tornam sua. Por um breve momento, o caótico modernismo de bruscos movimentos solitários cede lugar a um ordenado modernismo de movimento de massa.[66]

A Revolução não pode ser evitada. A partir de 1789, ao longo de todo o século XIX e nos grandes levantes revolucionários do final da Primeira Guerra: as ruas pertencem ao povo.[67]

Assim, as contradições sociais e psíquicas fundamentais da vida moderna continuam atuantes, em permanente ameaça de erupção. Mas o protesto revolucionário, que transforma a multidão de solitários urbanos em povo e reivindica a rua da cidade para vida humana, faz desaparecer a voz pessoal. Agora, em vez de sentir-se ameaçado, ele se sente imerso, crente, participante.

A rua aí, então, nas palavras do professor José Geraldo de Sousa Júnior: "é o espaço público, o lugar do acontecimento, do protesto, da formação de novas sociabilidades e do estabelecimento de reconhecimentos recíprocos na ação autônoma da cidadania". Nesta perspectiva, a rua é o espaço da cidadania ativa, "da criação dos direitos, da garantia desses direitos e da intervenção, da participação direta no espaço da decisão política".[68]

José Geraldo de Sousa Júnior, apoiado em Roberto Lyra Filho, argumenta que o direito é modelo legítimo de organização

---

65. BERMAN, Marshall, *op. cit.*, p. 154.
66. *Ibidem*, p. 158.
67. BERMAN, Marshall, *op. cit.*, p. 160-162.
68. SOUSA JÚNIOR, José Geraldo de. *Movimentos Sociais e Práticas Instituintes de Direito*, *op. cit.*, p. 233-253.

social da liberdade, o qual se constrói no processo histórico de libertação: "nasce na rua, no clamor dos espoliados e oprimidos".[69]

É nesse sentido que se dirige "O Direito Achado na Rua", título que designa, atualmente, uma importante linha de pesquisa e um curso organizado na Universidade de Brasília, coordenado pelo professor José Geraldo de Sousa Júnior, o qual expressa e reflete "a atuação jurídica dos novos sujeitos coletivos e das experiências por eles desenvolvidas de criação de direito", redefinindo a construção de parâmetros públicos que reinventem a política no reconhecimento de direitos, como medida de negociação e deliberação de políticas que afetam a vida de todos.[70]

Além de espaço público, concomitante a rua é "lugar simbólico, a impregnar o imaginário da antropologia e da literatura, em arranjos sutis de natureza explicativa dos acontecimentos".[71] Veja-se em Julio Cortázar:

> Quando abrir a porta e assomar à escada, saberei que lá embaixo começa a rua; não a norma já aceita, não as casas já conhecidas, não o hotel em frente; a rua, a floresta viva onde cada instante pode jogar-se em cima de mim como uma magnólia, onde os rostos vão nascer quando eu os olhar, quando avançar mais um pouco, quando me arrebentar todo com os cotovelos e as pestanas e as unhas contra a pasta do tijolo de cristal, e arriscar minha vida enquanto avanço passo a passo para ir comprar o jornal na esquina.[72]

Assim também em Ítalo Calvino (As cidades e o Desejo 1), quando faz a articulação dialética entre "cidade" e "rua", para esclarecer comportamentos culturais. Relata:

> Cheguei aqui na minha juventude, uma manhã; muita gente caminhava rapidamente pelas ruas em direção ao mercado, as mulheres tinham lindos dentes e olhavam nos olhos, três soldados tocavam clarim num palco, em todos os lugares ali em torno rodas giravam e desfraldavam-se escritas coloridas. Antes disso, não conhecia nada além do deserto e das trilhas das caravanas. Aquela manhã em Dorotéia senti que não havia bem que não pudesse esperar da vida. Nos anos seguintes meus

---
69. *Ibidem*, p. 251.
70. *Ibidem*, p. 252.
71. *Ibidem*, p. 251.
72. CORTÁZAR, Julio. *Histórias de Cronópios e de Famas*. 5ª ed. Rio de Janeiro: Civilização Brasileira, 1994, p. 4-5.

olhos voltaram a contemplar as extensões do deserto e as trilhas das caravanas, mas agora sei que esta é apenas uma das muitas estradas que naquela manhã se abriam para mim em Dorotéia.[73]

Ítalo Calvino descreve também no tema "As Cidades e as Trocas", que na cidade grande as pessoas que passam pelas ruas não se reconhecem, mas, quando o solitário pára e aglomera-se, consumam-se encontros, seduções, abraços, orgias, sem que se troque uma palavra ou se toque um dedo ou quase sem levantar os olhos, desmoronando o carrossel da fantasia. Destaca que:

> Em Cloé, cidade grande, as pessoas que passam pelas ruas não se reconhecem. Quando se vêem, imaginam mil coisas a respeito umas das outras, os encontros que poderiam ocorrer entre elas, as conversas, as surpresas, as carícias, as mordidas. Mas ninguém se cumprimenta, os olhares se cruzam por um segundo e depois se desviam, procuram outros olhares, não se fixam. [...] Existe uma contínua vibração luxuriosa em Cloé, a mais casta das cidades. Se os homens e as mulheres começassem a viver os seus sonhos efêmeros, todos os fantasmas se tornariam reais e começaria uma história de perseguições, de ficções, de desentendimentos, de choques, de opressões e o carrossel das fantasias teria fim.[74]

Por isso, ao contrário de Le Corbusier – que, claramente, disse em 1929: "Precisamos matar a rua!"[75]– Berman argumenta que devemos empenhar-nos para manter vivo:

> Esse 'velho' ambiente, por sua capacidade peculiar de alimentar as experiências e os valores modernos: a liberdade da cidade, uma ordem que existe num estado de perpétuo movimento e mudança, a comunhão e a comunicação face a face, evanescente, mas intensa e complexa. [...] Assim se passaram os anos 60, o mundo da via expressa funcionando em uma expansão e crescimento ainda mais gigantescos, mas vendo-se atacado por uma multidão de gritos apaixonados vindos da rua, gritos coletivos que podiam se tornar um grito coletivo, irrompendo através do coração do tráfego, obrigando as máquinas imensas a parar, ou pelo menos a refrear radicalmente seu ritmo.[76]

---

73. CALVINO, Italo. *As Cidades Invisíveis*. Trad. de Diogo Mainardi. 14ª reimp. São Paulo: Cia. das Letras, 2000, p. 13.
74. *Ibidem*, p. 51-52.
75. In: BERMAN, Marshall, *op. cit.*, p. 162.
76. BERMAN, Marshall, *op. cit.*, p. 301 e 312.

Desse modo, a sociedade urbana caminha em busca não do direito à cidade arcaica, mas à vida urbana. Nesse sentido, argumenta Lefebvre, o direito à cidade resume-se no direito:

> [...] à centralidade renovada, aos locais de encontro e de trocas, aos ritmos de vida e empregos do tempo que permitem o uso pleno e inteiro desses momentos e locais, etc. A proclamação e a realização da vida urbana como reino do uso (da troca e do encontro separados do valor de troca) exigem o domínio do econômico (do valor de troca, do mercado e da mercadoria) e, por conseguinte, inscrevem-se nas perspectivas da revolução sob a hegemonia da classe operária.[77]

Por isto, não é demais afirmar que o ser humano, hoje, mais do que "*sapiens*" é "urbano", o homem da cidade, que vive na cidade, que depende da cidade. A cidade ainda significa o sonho, o "*glamour*", a fuga, a liberdade. Para ela acorreram dezenas de milhões de pessoas em busca, sobretudo, de sociabilidade e bem-estar.

Pela carência de planejamento[78], de investimento, de visão, de uma política ética séria e adequada, a cidade bem-estar transformou-se em cidade do mal-estar individual e coletivo. Agigantou-se, tornou-se caótica e protagonista de dramas, de miséria, de solidão, de "stress", de desumanidade.

Este panorama aliado, no século passado, ainda tão perto e já tão distante, aos movimentos da sociabilização (dos sentimentos, da propriedade, da empresa), da democratização e do ressurgimento da ênfase nos direitos humanos e sociais são condutores de disposições expressas na Constituição brasileira sobre a função social da propriedade, sobre a urbanização e a exigência de lei federal disciplinadora e garantidora da vida nas cidades.

Deste modo, podemos concluir que somente com a valorização do homem, enquanto ser que sobrevive, trabalha, cria um espaço comum no qual interage com outros, e a compreensão de sua totalidade, desse ser pelo direito é que conseguiremos construir um mundo onde todos os homens sintam-se à vontade.

---

77. LEFEBVRE, Henri, *op. cit.*, p. 143.
78. Sobre a institucionalização e a trajetória do planejamento urbano, no Brasil, veja-se o artigo de ROLNIK, Raquel. O sonho possível do povo oprimido nas vilas, filas, favelas... *Revista Diálogos e Debates*, n. 1, p. 58-61, set. 2001.

Nas palavras de Jane Victal Duduch: "A questão fundiária nos centros urbanos, sendo uma das vertentes da questão mais geral da constituição dos territórios, atribui valor mercantil às localidades, desconsiderando valores culturais mais amplos, marginais ao capitalismo". Para ela: "A casa, como espaço privado, abrigo do direito do ser individual, deve ser concebida considerando-se os valores pessoais"[79] de cada homem.

---

79. DUDUCH, Jane Victal. *Territorialidade e Permanência*. Revista de Arquitetura e Urbanismo, PUC de Campinas, n. 01, p. 136-138, dez. 2000.

Capítulo 2

Movimentos Sociais e a Criação de Direitos

2.1 Movimentos Sociais e Democratização no Brasil

A permanente mobilização da população, no que diz respeito às questões políticas e sociais, recoloca, de forma crucial, a problemática da democracia. Os movimentos associativos urbanos, que ganharam novo impulso a partir de meados dos anos setenta do século passado, constituem-se em um exemplo da quebra do monopólio da representação política clássica. Merece atenção particular a demanda dessas organizações, pois aí se revela que a preocupação dos associados não se restringe à demanda por bens e serviços coletivos, mas inclui desde a defesa das condições ambientais da vida até a luta pela defesa dos direitos humanos, passando por questões feministas e pacifistas.

De qualquer forma, o que é apresentado como traço inovador da participação popular, é a sua espontaneidade e o seu senso de justiça, que garantem, ao mesmo tempo, sua independência das elites e dos partidos. A partir daí, os movimentos populares são apresentados como instrumentos políticos novos porque: a) questionam o Estado autoritário, obrigando a uma democratização; b) fazem reconhecer a presença dos oprimidos; c) como novos atores, colocam-se ao lado dos partidos e sindicatos, renovando-os, porque têm a capacidade de intervir autonomamente na correlação de forças.

A Constituição de 1988, voltada a construir uma sociedade pluralista (Preâmbulo), tratou de institucionalizar uma democracia participativa. Pode esta ser caracterizada como um modelo de organização democrática, com fundamento não apenas na representação popular, mas também na participação ativa e organizada do povo na administração dos assuntos de seu interesse. Assim, o art. 29, tratando dos municípios, exigiu, no inciso XII, a "cooperação das associações representativas no planejamento municipal".

A nova Carta Política procurou revalorizar os grupos como entidades intermediárias entre o Estado e os indivíduos. Algumas atividades estatais passaram a ser compartilhadas com os grupos. A educação, por exemplo, é "direito de todos e dever do Estado e da família, será promovida e incentivada com a colaboração da sociedade" (art. 205). De fato, a Constituição Federal de 1988 trouxe condições para que as regras jurídicas positivas deixem de resultar de meditações de alguns exercentes do poder do Estado, como os membros de sua tecnoburocracia, e passem a ostentar o selo legitimador da participação popular. Como escreveu Silvio Dobrowolski:

> Em uma democracia verdadeira, é possível observar a existência de muitos poderes sociais (partidos políticos, sindicatos, igrejas, grupos de pressão), em diálogo participativo, compartindo a soberania do Estado, a quem cabe a função de árbitro, para manter a integração da sociedade. Os múltiplos centros de poder tomam parte na produção jurídica, por meio da criação de normas, dentro dos seus âmbitos específicos, e pela efetiva participação na escolha da regra, quando da positivação do direito estatal. Tem-se, aí, uma poliarquia, com pluralismo de poderes ativos e multiplicidade de fontes do direito, que, embora imperfeito como toda obra humana, deve servir, não a um grupo privilegiado, mas a todo o corpo social.[1]

Segundo bem expressou Hannah Arendt, "o poder brota onde as pessoas se unem e atuam em conjunto". Com a soma das forças de cada um, é possível superar a situação de dependência, equilibrando a relação de anterior inferioridade. A for-

---

1. DOBROWOLSKI, Sílvio. O pluralismo jurídico na Constituição de 1988. *Revista de Informação Legislativa*, nº 109, p. 127-136, jan./mar. 1991, p. 132.

mação de grupos é, portanto, modo de criar centros de poder[2]. Para Arendt, o poder constitui-se na ação comunicativa, é um efeito coletivo da fala, na qual o entendimento mútuo – opinião em torno da qual muitos se puseram publicamente de acordo – é um fim em si para todos os participantes. "O poder resulta da capacidade humana, não somente de agir ou de fazer algo, como de unir-se a outros e atuar em concordância com eles."[3]

O que importa ressaltar, portanto, é que os movimentos sociais vão redefinir o significado da política e do próprio conceito de democracia. E é exatamente isto que surpreenderá os cientistas sociais, na medida em que as massas marginais deixam de assumir seu papel histórico e, apesar do autoritarismo ainda vigente na metade dos anos setenta do século passado, passam a organizar-se para reivindicar maior igualdade, sentindo-se parte desse sistema político.

Os movimentos sociais urbanos vão fundamentalmente quebrar a visão dicotômica de um Estado, por um lado, e de uma sociedade, por outro. Daí, o fato da política ser capaz de tornar-se uma dimensão constitutiva de toda prática social, cujo elemento essencial é a produção de sentido acerca da ordem justa imperante na sociedade.

De fato, a década de setenta, principalmente a partir de seus meados, define-se por um quadro pautado pela crise de legitimidade do regime, que tem, como reflexo, mudanças na atitude dos setores liberais, à volta do Estado de Direito e o início do debate em torno da questão dos direitos humanos, simultaneamente a uma crescente deterioração das condições de vida nos grandes conglomerados urbanos. A conjuntura da época caracteriza-se pela contradição entre a política oficial de liberalização, permitindo um espaço maior de organização da Sociedade Civil, e os temores dos setores mais estreitamente identificados com a doutrina de Segurança Nacional.

Na conjuntura da crise do autoritarismo, a ascensão dos movimentos e das organizações políticas de oposição vai confi-

---

2. *Apud* DOBROWOLSKI, Sílvio, *op. cit.*, p. 131.
3. *Apud* FREITAG, Bárbara; ROUANET, Sérgio Paulo. *Habermas*. São Paulo: Ática, 1993, p. 101-103.

gurando a consolidação de espaços de articulação de diferentes formas de organização de moradores na luta pelo direito à cidadania. Muitos movimentos tornam-se catalisadores de um discurso antiestado em escala nacional, como reflexo do corte que se opera entre a sociedade civil e o Estado, estimulando a emergência de diversas formas de resistência. As mudanças políticas posteriores implicam num paulatino processo de redemocratização da sociedade, colocando em pauta a permanente tensão existente entre o caráter de resistência do movimento social e a sua institucionalização.

O Estado capitalista contemporâneo está dividido entre tarefas dificilmente conciliáveis, onde a questão central é sua incapacidade em desempenhar seu papel de capitalista coletivo ideal. Evidentemente, não se trata de uma simples fantasia, mas da ideologia do Estado-Providência, que encontra sua base material numa relação específica das classes oprimidas com o aparelho de Estado. Assim, as políticas governamentais resultam freqüentemente de combinações ecléticas, nas quais se acertam ao acaso medidas, por vezes, incompatíveis entre si, que encontram seu reflexo e ambigüidade no que Habermas e Offe denominam de uma "crise de legitimação". A crise de legitimação surge assim que as demandas por recompensas crescem mais rapidamente do que a quantidade disponível de valor ou quando crescem expectativas que não podem ser satisfeitas com tais recompensas[4]. Explicita-se, portanto, uma situação onde o Estado, usando mecanismos seletivos, constitui-se como realidade contraditória que deve resolver suas próprias contradições. O Estado funciona como um mecanismo de filtro de seleção, por onde as diferentes demandas sociais são aceitas ou negadas ou mascaradas, por meio da construção do interesse geral defendido pelo Estado neutro, acima das classes, mantido por meio de instrumentos ideológicos, tais como o consenso e a legitimação.[5]

---

4. HABERMAS, Jürgen. *A Crise de Legitimação no Capitalismo Tardio*. Rio de Janeiro: Tempo Brasileiro, 1980.
5. OFFE, Claus. *Problemas Estruturais do Estado Capitalista*. Rio de Janeiro: Tempo Brasileiro, 1984.

Assim, a contradição entre o que Offe denomina de processos controlados pelo poder, decorre do crescimento do setor de bens e serviços, em face do setor da produção, provocando novas demandas e modificando o seu papel. O Estado deve atender aos grupos sociais cuja existência, não estando organizada pela produção de mercadorias, tende a ser um forte elemento de desestabilização social e política. A legitimação da ação estatal depende basicamente da capacidade do Estado em responder às demandas sociais, tornando-se um eficiente administrador e interventor para manter a acumulação e a reprodução e suportar o peso da contradição entre a esfera da produção e as esferas exteriores a ela.

Nessa perspectiva, mudando a ideologia dominante, muda a forma de conceber-se o Estado e a Administração Pública. Não se quer mais o Estado prestador de serviços, mas, segundo Maria Sylvia Zanella Di Pietro:

> Quer-se o Estado que estimula, que ajuda, que subsidia a iniciativa privada; quer-se a democratização da Administração Pública pela participação dos cidadãos nos órgãos de deliberação e de consulta e pela colaboração entre político e privado na realização das atividades administrativas do Estado; quer-se a diminuição do tamanho do Estado para que a atuação do particular ganhe espaço; quer-se a parceria entre o público e o privado para substituir-se a Administração Pública dos atos unilaterais, a Administração Pública autoritária, verticalizada, hierarquizada.[6]

Com a emergência da crise de legitimidade do regime, que se inicia a partir do ano de 1974, somada a uma maior visibilidade do fracasso do "milagre econômico" refletido no aumento tanto dos índices de mortalidade e morbidade quanto das reivindicações sociais, as políticas públicas procuram maior efetividade na resolução da questão social. Além disso, a intensificação do processo de urbanização configura uma agravante das desigualdades, estabelecendo cada vez maiores distâncias e segregação do nível de apropriação dos serviços de consumo coletivo entre o centro e a periferia.

---

6. *Apud* LIMA, Rogério Medeiros Garcia de. Neoliberalismo e Globalização: Para entender o mundo em que vivemos. *Revista de Direito Administrativo*, nº 225, p. 131-141, jul./set. 2001, p. 133.

Nesse cenário, surge um grande número de movimentos sociais. Foram movimentos de classe – sindicais, urbanos e rurais; movimentos com caráter de classes – a partir das camadas populares e ao âmbito do local de moradia, lutando por bens de consumo coletivo, nos setores de infra-estrutura urbana, saúde, educação, transportes, habitação, etc. e também movimentos sociais com problemáticas específicas sem serem de classe, tais como os movimentos feministas, ecológicos, dos negros, dos homossexuais, dos pacifistas, etc.

Particularmente, no tocante ao direito à habitação, a luta pela moradia popular, em quase todo o País, é tão antiga quanto o próprio processo de urbanização da cidade. Trata-se de uma sucessão de atos de resistência e busca de condições mínimas de sobrevivência no cenário precário e espoliativo do espaço que se foi tornando o eixo da acumulação capitalista. Cenário esse composto de cortiços, porões, viadutos, casebres, barracos de favelas, casas precárias na periferia, acampamentos, invasões, conjuntos embriões construídos pelo Poder Público e tantas formas com as quais nos acostumamos a conviver na paisagem urbana.

Esses movimentos têm sua base na população excluída dos bens urbanos básicos. As pessoas afetadas na esfera do cotidiano aperceberam-se de que o Estado não lhes assegura o bem-estar comum, sendo, então, necessário que a população pressione os órgãos públicos para resistir à pauperização e exclusão.

A sua dinâmica de ação configura um quadro onde a maioria das práticas reivindicatórias não se têm pautado no sentido de transformar a sociedade, imprimindo-lhe um sentido novo. Estas lutas pouco afetam a esfera política, mas têm representado uma pressão permanente, marcada por conjunturas de fluxo e refluxo sobre o Estado, para obter respostas concretas às suas demandas por lógicas específicas de funcionamento, pautadas por um maior ou menor enquadramento institucional.

Os movimentos urbanos têm tornado manifesta uma identidade que se concretiza a partir da construção coletiva de uma noção de direito, que, relacionada diretamente à ampliação do espaço da cidadania, dá lugar ao reconhecimento público das suas carências.

Neste aspecto, o caráter e o papel dos movimentos sociais, têm constituído, no Brasil e em toda a parte, a expressão de novas formas de sociabilidade básica, destacada pela elevação do grau de participação popular a diferentes níveis do processo de decisão, elaboração e implementação das políticas. As associações de vizinhança, de moradia, os organismos comunitários, as organizações voluntárias de todo tipo, que se formaram *nas* e para *as* políticas sociais, expressam aquele movimento social mais profundo de "contínua reorganização do tecido social".[7]

Noutras palavras, não se trataria apenas de novas formas de fazer política, mas também de novas formas de relações e de organização social; o que se estaria transformando ou engendrando seria uma sociedade, mais do que uma política nova.

Importa dizer nas palavras de Fernando Calderón e Elizabeth Jelin que:

> [...] o significado e interesse analítico dos movimentos sociais reside em buscar neles evidências de transformações profundas da lógica social. O que está em questão é uma nova forma de fazer política e uma nova forma de sociabilidade. Porém, mais profundamente, o que se intui é uma nova maneira de relacionar o político e o social, o mundo público e a vida privada, na qual as práticas sociais cotidianas se incluem junto a, e em direta interação com, o ideológico e o institucional-político.[8]

Colocados esses pressupostos, é fácil correlacionar os grupos e o Direito. Em vista da ubiquidade do poder no meio social, o Direito, pauta da conduta em sociedade, há de estar com ele relacionado. Com efeito, na produção da norma, vários moldes podem compor o seu conteúdo. Entre as muitas soluções, o poder intervém para escolher a que se lhe configurar mais apropriada. Esse momento decisório, da interferência do poder, é o ponto culminante do processo nomogenético na lição de José Eduardo

---

7. DRAIBE, Sônia Miriam. O 'Welfare State' no Brasil: Características e Perspectivas. *Revista Ciências Sociais Hoje*, p. 13-61, 1989, p. 44.
8. CALDERÓN, Fernando e JELIN, Elizabeth. Classes Sociais e Movimentos Sociais na América Latina: perspectivas e realidades. *Revista Brasileira de Ciências Sociais*, n. 5, v. 2, p. 67-85, out.1987, p. 77.

Faria.[9] Como os grupos são focos de poder, detêm, do mesmo modo que o Estado, a faculdade de dar à luz regras jurídicas.

2.2 A intervenção consciente de novos sujeitos sociais e a criação de direitos. A conquista do direito à moradia

Enfraquecido o Estado, avulta o papel da sociedade civil, mediante organizações nacionais e transnacionais. Observa percucientemente Alain Touraine:

> A democracia está ameaçada, por um lado, pelos regimes autoritários que utilizam o liberalismo econômico para prolongar seu próprio poder, e, por outro, pelos Estados comunitários que se encontram tanto no Leste como no Oeste, no Sul como no Norte. Contra essas duas ameaças, as sociedades políticas democráticas reagem sem vigor, sobretudo, no plano das opiniões públicas, mais preocupadas com o consumo ou emprego do que com a política, enquanto as instituições nacionais estão absorvidas por tarefas de gestão econômica.
>
> A ação democrática, que parece estar presente em toda a parte, refugia-se à margem das instituições oficiais, nas associações voluntárias que, tendo surgido a partir de objetivos humanitários, tornaram-se as principais defensoras dos direitos das minorias e das nações e categorias sociais oprimidas ou excluídas.[10]

Conseqüentemente, argumenta Paulo Lopo Saraiva: "Só haverá participação real no processo político se as classes oprimidas e exploradas avançarem nas suas reivindicações, determinando, assim, que as elites dirigentes passem a entender as mudanças como progresso e não como ameaça." Então, o Direito não é apenas produto legislativo, normado e positivado, mas a realidade jurídica é também encontrada "no meio social, no meio da rua, onde estão, também, as necessidades e as angústias do povo sofrido e explorado".[11]

---

9. FARIA, José Eduardo. *Poder e Legitimidade*. São Paulo: Perspectiva, 1978.
10. *Apud* LIMA, Rogério Medeiros Garcia de, *op. cit.*, p. 138.
11. SARAIVA, Paulo Lopo. A soberania popular e as garantias constitucionais. In: SOUSA JÚNIOR, José Geraldo de (Org.). *O Direito Achado na Rua, op. cit.*, p. 142.

Com a Constituição Federal de 1988, pela primeira vez, o sufrágio universal real é estabelecido. A cidadania política é extensiva a toda a Nação. Como o operário, o trabalhador rural, que passara a "ter o direito de ter direitos" como resultado das lutas dos anos 1950-1960, vem a ser reconhecido como cidadão, pois agora é tido no mundo da política como sujeito legítimo.

Todas as lutas que marcaram os movimentos sociais no Brasil, incluindo os denominados de novos, nas décadas de setenta e oitenta do século passado, tinham também, na sua extrema diversidade, esta marca: eram lutas pela integração social. Seus objetivos eram os de serem reconhecidos, os de terem direitos, os de ingressarem no mundo da cidadania. Entendidos em seu sentido mais amplo, incluíam o direito aos bens indispensáveis a uma vida humana digna. Portanto, direito à terra, moradia, transporte, educação, saúde, voto, participação política, organização partidária, dentre outros.[12]

Na verdade, o Estado Social apresenta-se como um passo da burguesia no reconhecimento de direitos ao proletariado, buscando, dessa forma, amenizar as nefastas conseqüências da própria estrutura vigente. Bonavides sobre o tema esclarece:

> Quando o Estado, coagido pela pressão das massas, pelas reivindicações que a impaciência do quarto estado faz ao poder político, confere, no Estado constitucional ou fora deste, os direitos do trabalho, da previdência, da educação, intervém na economia como distribuidor, dita o salário, manipula a moeda, regula os preços, combate o desemprego, protege os enfermos, dá ao trabalhador e ao burocrata a casa própria, controla as profissões, compra a produção, financia as exportações, concede crédito, institui comissões de abastecimento, provê necessidades individuais, enfrenta crises econômicas, coloca na sociedade todas as classes na mais estreita dependência de seu poderio econômico, político e social, em suma, estende sua influência a quase todos os domínios que dantes pertenciam, em grande parte, à área de iniciativa individual, nesse instante o Estado pode, com justiça, receber a denominação de Estado social.[13]

Foi pela literatura sociológica feita entre 1977 e 1978, que se constatou o nascimento dos novos movimentos operários e po-

---

12. NASCIMENTO, Elimar Pinheiro do. *op. cit.*, p. 74.
13. BONAVIDES, Paulo. *Teoria do Estado*. São Paulo: Malheiros, 2001.

pulares rompendo, em ação coletiva, o autoritarismo que imobilizava as organizações sociais, instaurando, efetivamente, práticas políticas novas, abrindo novos espaços sociais, revelando novos atores na cena política, "capazes de se auto-organizarem e de se auto-determinarem, à margem ou até mesmo em contraposição aos espaços constituídos para a sua expressão tradicional".[14]

A participação popular, segundo José Geraldo de Sousa Júnior, "começou a divisar um projeto de organização de direitos e liberdades fundamentais, de instrumentos e de mecanismos eficazes para a garantia desses direitos e liberdades básicos, e, sobretudo, a constituir os novos sujeitos autores autônomos deste processo"[15], que se descobrem capazes, auto-organizados, determinados e decididos, "a agir em conjunto, defender seus interesses, expressar suas vontades e assim conquistar lugares novos, desenvolver uma linguagem comum, definir valores, em suma, criar direitos".[16]

Eder Sader, referindo-se ao pluralismo jurídico, como sendo um "novo sindicalismo", autônomo – independente do Estado e dos partidos – contestador da ordem estabelecida; os "novos movimentos de bairro", auto-organizados, reivindicando direitos e não trocando favores, fazendo emergir uma "nova sociabilidade", por meio de associações comunitárias solidárias e de auto-ajuda; enfim, são os "novos movimentos sociais" que faziam "emergir os novos sujeitos coletivos, que criavam seu próprio espaço e requeriam novas categorias para sua inteligibilidade".[17]

Vera da Silva Telles, quando se refere à emergência de novos sujeitos, indica a classe de trabalhadores como sujeitos autônomos, coletivos, solidários, sociais e irredutíveis às tendências do modo de produção capitalista.[18]

---

14. SOUSA JÚNIOR, José Geraldo de. *Movimentos Sociais – Emergência de Novos Sujeitos*. op. cit., p. 254.
15. *Ibidem*, p. 249.
16. *Ibidem*, p. 259.
17. SADER, Eder. *Quando Novos Personagens Entraram em Cena*. Rio de Janeiro: Paz e Terra, 1995.
18. *Apud* SOUSA JÚNIOR, José Geraldo de. *Movimentos Sociais – Emergência de Novos Sujeitos*. op. cit., p. 257.

É neste sentido que Eder Sader conceitua sujeito coletivo, como sendo: "uma coletividade onde se elabora uma identidade e se organizam práticas mediante as quais seus membros pretendem defender interesses e expressar suas vontades, constituindo-se nessas lutas."[19]

Identificando as comunidades eclesiais, Leonardo Boff, diz ser aquelas que correspondem ao povo organizado, como sujeito histórico emergente da sociedade e da Igreja, como sendo: "'a massa, mediante as associações, se transforma num povo que começa a recuperar a sua memória histórica perdida, elabora uma consciência de uma situação de marginalização, constrói um projeto de seu futuro e inaugura práticas de mobilização para mudar a realidade circundante'."[20]

Para a Conferência Nacional dos Bipos do Brasil – CNBB, segundo José Geraldo de Sousa Júnior, quem representa o papel de ator social da democracia orgânica e participativa é a sociedade que, pela conquista de instrumentos democráticos, controla, organiza e coloca a seu serviço as ações do Estado.

O sujeito coletivo percebeu uma carência social, qual seja, a negação do próprio direito, o que provocou uma luta para conquistá-lo, libertando o novo sujeito, transformando-o em sujeito de direito conscientizado de seu novo papel social, político e jurídico.

Segundo Sader, "'a consciência de seus direitos consiste exatamente em encarar as privações da vida privada como injustiças no lugar de repetições naturais do cotidiano'", valorizando a dignidade humana, por meio da "'participação coletiva numa luta contra o que consideram as injustiças de que eram vítimas'".[21]

Assim, a emergência do novo sujeito histórico popular, reivindica e exige direitos sociais, econômicos e políticos, que transformarão a natureza do poder e farão surgir uma sociedade alternativa justa, solidária e igualitária, na forma de um deslocamento do centro da igreja, do sindicato, dos partidos de esquerda, da lei e da ideologia jurídica e política, reconstituindo as relações entre sociedade civil e Estado, oportunizando a emancipação do

---
19. SADER, Eder. *op. cit.*, p. 20.
20. *Apud* SOUSA JÚNIOR, José Geraldo de. *Movimentos Sociais – Emergência de Novos Sujeitos. op. cit.*, p. 258.
21. SADER, Eder. *op. cit.*, p. 21.

novo sujeito, em sujeito de direito, no sentido de direito, como modelo de legítima organização social da liberdade, "mesmo que contra o Estado e ainda que *contra legem*".

É o que Boaventura de Sousa Santos chama de pluralismo jurídico, situação em que:

> [...] sempre que no mesmo espaço geopolítico vigoram (oficialmente ou não) mais de uma ordem jurídica. Esta pluralidade normativa pode ter uma fundamentação econômica, rácica, profissional ou outra; pode corresponder a um período de ruptura social como, por exemplo, um período de transformação revolucionária; ou pode ainda resultar, como nas favelas, da conformação específica do conflito de classes numa área determinada da reprodução social – neste caso, a habitação.[22]

Com isso, os novos sujeitos serão capazes de dar-se a si mesmos a lei, quando, por meio do exercício de sua cidadania, colocam no social um representante – sujeito novo, o qual "'cria direitos e participa da direção da sociedade e do Estado'"[23], nas palavras de Marilena Chauí.

Mas como o direito trata a experiência da ação coletiva dos novos sujeitos sociais?

No século XVIII a ação de massa era formada por "'homens e mulheres que acreditavam estar defendendo direitos ou costumes tradicionais e que se encontravam apoiados pelo consenso da comunidade'", em contrapartida, na era moderna, o positivismo jurídico, em sentido pobre, restringe "a força e o espírito da multidão" – expressão de Thompson – à literalidade da lei, no sentido do "não esgotamento das energias utópicas" de Bistra Apostolava em que os imperativos da cultura jurídica liberal, impedem que os magistrados se transformem "'em mediadores qualificados das novas formas de conflituosidade'"[24], segundo José Geraldo de Sousa Júnior.

---

22. SANTOS, Boaventura de Sousa. Notas sobre a história Jurídica social de Pasárgada. In: SOUSA JÚNIOR, José Geraldo de (Org.). *O Direito Achado na Rua, op. cit.*, p. 42.
23. *Apud* SOUSA JÚNIOR, José Geraldo de. *Movimentos Sociais – Emergência de Novos Sujeitos. op. cit.*, p. 260.
24. SOUSA JÚNIOR, José Geraldo de. Fundamentos Ético-Jurídicos do Direito de Comer (a propósito de saques e do estado de necessidade). *Revista do SAJU (Serviço de Assessoria Jurídica Universitária da UFRGS)*, v. 2, nº 1, p. 59-69, 1999, p. 64 e 65.

Nesse sentido, Canotilho propõe que as teorias políticas da justiça e as teorias críticas da sociedade devem dialogar entre si, no sentido de fugir à aridez formal e do conformismo político; há que "'incluir-se no direito constitucional outros modos de compreender as regras jurídicas'", tal como O Direito Achado na Rua: "'importante movimento teórico – prático centrado no Brasil'"[25], o qual foi iniciado na Universidade de Brasília pelo falecido pensador e jurista Roberto Lyra Filho, e coordenado atualmente pelo professor José Geraldo de Sousa Júnior.

Com efeito, "O Direito Achado na Rua", é um movimento dialético-crítico que trabalha a reconceituação do direito, o desenvolvimento de práticas jurídicas renovadas, o aprofundamento de discussão sobre a cidadania e a paz, o qual expressa e reflete "a atuação jurídica dos novos sujeitos coletivos e das experiências por eles desenvolvidas de criação de direito"[26], redefinindo a construção de parâmetros públicos, que reinventam a política no reconhecimento de direitos como medida de negociação e deliberação de políticas que afetam a vida de todos.

Nessa perspectiva, Roberto Aguiar enfatiza que os movimentos pela atualização científica, prática e ética do direito, tais como:

> O Direito Alternativo, o Direito Achado na Rua, o Direito Insurgente, os Juízes pela Democracia, GAJOP, IAJUP e ANAP introduziram no âmbito jurídico, dentre outros, o conceito de sujeito coletivo de direito representado pelos movimentos sociais que se organizam e lutam no sentido da resolução de problemas que atingem a sociedade, propiciando avanços políticos e jurídicos, ao mesmo tempo em que tornam mais consistente o exercício da cidadania.[27]

Para tanto, num apelo de ampliarmos nossa compreensão e modos de explicar os "problemas fundamentais do direito constitucional, escrever Canotilho propõe 'o olhar vigilante das exigências do direito justo e amparadas num sistema de domínio

---

25. *Ibidem*, p. 65.
26. SOUSA JÚNIOR, José Geraldo de. *Movimentos Sociais e Práticas Instituintes de Direito*, op. cit., p. 252.
27. AGUIAR, Roberto Armando Ramos de. Direito do meio ambiente e participação popular. *Revista do Ministério do Meio Ambiente, dos Recursos Hídricos e da Amazônia Legal*, Brasília: IBAMA, p. 19-33, 1996, p. 31 e 32.

político – democrático materialmente legitimado'"[28], informa José Geraldo de Sousa Júnior.

Essa experiência exprime-se no exercício da cidadania ativa, a qual permite dar um salto na criação e na garantia de direitos, bem como possibilita o novo ator social, intervir e participar diretamente no espaço da decisão política, como "[...] sujeitos autônomos, isto é, que se dão a si mesmos o direito, porque o vão constituindo nos seus movimentos, a partir das referências de exclusão da juridicidade, que servem de horizonte para novas demandas de direitos ainda não-legislados"[29], nas palavras de Marilena Chauí.

Por isso, José Geraldo de Sousa Júnior argumenta que

> No plano constitutivo da criação de direitos, a designação do direito de morar orienta a experiência social e a cidadania ativa, na medida em que os sujeitos coletivos – classes e grupos excluídos e oprimidos – definem a constituição deste direito, por meio de ações coletivas e a sua representação na sociedade, num processo de legítima organização social da liberdade.[30]

Em outras palavras, com o professor José Geraldo, ainda:

> No campo do direito, ontologicamente reenquadrado, a tarefa envolve a instrumentalização de organizações populares de base, com o aproveitamento das contradições dos sistemas normativos, para obrigar o reconhecimento, através da legalidade vigente, de alguns interesses das classes populares e, com a criação de novos instrumentos jurídicos de intervenção, dentro da pluralidade de ordenamentos.[31]

Realça o professor, que a partir daí:

> O objetivo é remeter à prática das relações sociais, pois, esta é a dimensão atual do contexto alternativo no qual se elaboram as experiências de renovação democrática com pretensão a substituir as instituições

---

28. SOUSA JÚNIOR, José Geraldo de. *Fundamentos Ético – Jurídicos do Direito de Comer, op. cit.*, p. 65 e 66.
29. *Apud* SOUSA JÚNIOR, José Geraldo de. *Novas sociabilidades, novos conflitos, novos direitos, op. cit.*, p. 97.
30. SOUSA JÚNIOR, José Geraldo de. *Movimentos Sociais – Emergência de Novos Sujeitos, op. cit.*, p. 262.
31. SOUSA JÚNIOR, José Geraldo de. Fundamentação teórica do direito de moradia. *Revista Direito e Avesso: Boletim da Nova Escola Jurídica Brasileira*, ano I, nº 2, p. 13-17, 1982, p. 14.

tradicionais, mediante formas diretas de um efetivo poder popular e da definição do conteúdo material de novos direitos.³²

Significa dizer, que os sujeitos coletivos constituíram-se em sujeitos sociais e políticos ativos, orientando sua ação pela defesa da autonomia, da auto-organização e pela prática da democracia direta, com mobilizações populares de grande visibilidade e atuação diferenciada de uma diversidade de atores e movimentos sociais lutando pelos mais variados direitos coletivos, sociais e políticos, articulando uma nova linguagem que expressa "o direito a ter direitos".

Destarte, os 'momentos de fusão' – unidade de ação dos novos sujeitos – são claramente vivenciados, por exemplo, no momento constituinte, em que se materializa o projeto de poder popular idealizado por uma sociedade alternativa democrática e participativa, refletida no produto constitucional, pois a Constituinte é uma possibilidade de legítima organização social da liberdade, permitindo, com isto, o estreitamento das fronteiras entre a sociedade e a política, em que o Estado, por meio da lei, constitui uma referência para o exercício da liberdade.

A discussão foi aberta, em seu lado mais visível, pelo movimento operário, pelos moradores pobres das cidades brasileiras, com reivindicações organizadas em relação à moradia, transporte, custo de vida, saúde, água e canalizações, educação, creches, segurança, formando, assim, nos anos setenta do século passado os chamados movimentos sociais urbanos, auxiliares no processo de democratização brasileira, denunciando a desigualdade social do país como produto de governos autoritários e irresponsáveis do passado, algo que não deveria repetir-se nos governos legitimamente eleitos de hoje.

Nesse sentido, Wrana Maria Panizzi argumenta que:

> Nos países do Terceiro Mundo, onde a tradição urbana é ainda recente e marcada pela colonização, as tensões entre a sociedade civil e o Estado podem ser observadas pela incapacidade deste último em controlar as formas populares de urbanização. O crescimento das cidades brasileiras, por exemplo, se caracteriza pela expansão de zonas urbanas 'ilegais' nas quais vive uma parcela cada vez mais significativa da

---
32. *Idem*, p. 14.

população. Incapaz de comprar um terreno ou uma casa, respeitando as leis de mercado, essa população de excluídos deve construir sua própria cidade através de múltiplos conflitos e à margem da legislação em vigor, ou seja, na 'ilegalidade'.[33]

E assim, as práticas, pela sua regularidade, instituem um pluralismo jurídico no interior da sociedade, fazendo emergir novas normas jurídicas com legitimidade precisa, transformando e minando o direito e o sistema jurídico-legal existente e, sem dúvida mais importante, constroem um novo.

Ao lado da ordem estatal, baseada no uso da "violência legítima" e no respeito ao direito escrito da lei, existem práticas de produção jurídica, geradoras de direitos igualmente reconhecidos, entre parceiros da negociação social, o que não ocorre, entretanto, sem violência recíproca. Os acordos coletivos são exemplos típicos deste novo direito, que não procede mais do direito canônico e do direito divino, como o direito do Estado.

Os assentamentos urbanos de massas de trabalhadores vindos do mundo rural conduzem ao estabelecimento de novas famílias de enunciados jurídicos. O sujeito jurídico torna-se qualificado para participar do enunciado da regra e de sua modificação. As obrigações instituídas pela comunidade de habitantes para regular os processos de uso do solo e do habitat criam um "direito" local, contratual, dão à comunidade sua constituição. A lei encontra seu sentido etimológico de conjunto de regras que permitem a manutenção do laço social, sem transcender, imanar ou sem preeminência do enunciado dessa lei sobre o sujeito que se submete.

Nesse sentido, a mobilização da população das "Vilas irregulares" e dos conjuntos residenciais, com o objetivo de melhorias no seu espaço, modifica progressivamente as relações de propriedade no sentido da criação de um novo valor de uso do espaço urbano, sinal de uma nova relação entre sociedade e Estado.

Com isso, o direito é maior que o Estado e ele está imerso na sociedade e vai explicitando-se por via das lutas dos grupos

---

33. PANIZZI, Wrana Maria. Entre cidade e Estado, a propriedade e seus direitos. *Revista de Estudos Regionais e Urbanos*, ano IX, nº 26, p. 84-90, 1989.

organizados. Conseqüentemente, em uma sociedade convivem vários ordenamentos jurídicos paralelos, que, segundo Roberto Aguiar:

> Alguns mais fortes e até mesmo separados do ordenamento estatal. Outros mais débeis, mas urdindo novos padrões de dever-ser. Outros, ainda, brotando no interior das próprias práticas jurídicas do ordenamento estatal hegemônico, como atividade de juízes, promotores, procuradores e advogados que, a cada momento, tentam introduzir novas leituras das normas postas, dando-lhes um sentido novo mais liberto, mais consentâneo com a concretude humana perdida no direito.[34]

Desse modo, para tratarmos juridicamente dos problemas de habitação, será preciso romper o cordão umbilical que liga o direito ao Estado e assumir o entendimento segundo o qual o direito manifesta-se de modo plural nas sociedades, isso sem negar que existe um ordenamento hegemônico, que é o estatal, mas que ele não é a absoluta fonte do direito. Ele conflita com ordenamentos emergentes de grupos que são prejudicados por suas normas ou grupos que estão urdindo novos padrões políticos e sociais. Dessa relação conflitiva, podem surgir fissuras no ordenamento estatal e, até mesmo, a possibilidade de sua queda, uma vez que é preciso relembrar: o direito é um fenômeno político e suas modificações essenciais só poderão acontecer pela luta política.

Não se deve confundir direito com lei. Assim, "a luta jurídica não se restringe à simples procura de mudanças de leis, como se as leis modificassem o mundo. As leis não o modificam. É o mundo que modifica as leis. São as lutas sociais que instauram novos fundamentos e criam novas práticas sociais"[35], enfatiza Roberto Aguiar.

Outro ponto que deve mudar o direito para poder ser eficaz no tratamento da questão que envolve o direito à moradia é o do abandono do textualismo. Mais uma vez, Roberto Aguiar enfatiza:

> O direito não é somente letras e órgãos estatais. Ele não é uma abstração sintática. O direito é contexto, é concretude palpável da sociedade humana. Ele é fruto das lutas cotidianas,

---

34. AGUIAR, Roberto Armando Ramos de. *op. cit.*, p. 30.
35. *Ibidem*, p. 30.

espelha conquistas, mas também representa dominações. Ele é expressão da correlação de forças em dada sociedade. Quanto menos grupos existirem para reivindicar e criar direitos, mais o ordenamento jurídico e os poderes estatais terão estrutura e exercício atrasados.[36]

Logo, se a luta pelo direito da habitação restringir-se aos textos legais, ela será uma batalha previamente perdida. Com efeito, os movimentos sociais no sentido da defesa do direito à moradia, da busca de melhor qualidade de vida e do combate às dominações, desigualdades e opressões em nossa sociedade, são os criadores de novos direitos e os lutadores pela eficácia dos direitos consignados na legislação. Tratar da questão do direito social à moradia, conforme bem salientou Roberto Aguiar, quando tratou do tema do direito ao meio ambiente:

> [...] significa o abandono da suposta neutralidade do direito (que nunca existiu). O direito é sempre comprometido ou com a conservação, ou com a transformação. O direito é valorativo e ideológico, pois está ligado a um conjunto de práticas de manutenção de uma dada ordem ou de transformação de um dado estado de coisas. São duas margens das relações sociais. Não há como ficar indiferente. A indiferença perante esse problema significa estar ao lado das forças conservadoras, que pretendem a reprodução do *status quo*.[37]

Os movimentos sociais, no Brasil, independentemente de suas deficiências e limitações, cada vez mais manifestas ao longo da redemocratização, significaram uma novidade extraordinária na história nacional. Substancialmente, foram uma oportunidade para que grupos explorados (economicamente) e oprimidos (social, cultural e politicamente) pudessem tomar a palavra no espaço público, segundo José Reinaldo de Lima Lopes. Para ele, esse espaço público foi inicialmente paralelo e clandestino, em relação ao espaço político tradicional e formal. Com o tempo e a redemocratização vieram a aproximar-se. De qualquer maneira, esses movimentos de base e, inicialmente ligados a aspectos do

---

36. *Ibidem*, p. 30.
37. AGUIAR, Roberto Armando Ramos de. *op. cit.*, p. 33.

cotidiano, deram um primeiro lugar em que, pelo uso do discurso, da fala e da interação, houvesse uma consciência de sujeito, subjetiva e ativa.[38]

As ações e reivindicações dos grupos sociais marginalizados que vivem nas cidades (moradores de favelas, de cortiços, meninos de rua), em última análise, envolvem a busca de uma identidade construída na noção do direito à cidade que compreende o direito de exercitar plenamente a cidadania. O conceito de cidadania no mundo contemporâneo não pode mais ficar vinculado à titularidade dos direitos políticos exercidos numa democracia representativa. Com efeito, a cidadania deve ser compreendida quanto a sua dimensão política na efetiva participação e intervenção dos sujeitos na definição das ações e políticas que interfiram em suas vidas, na garantia do exercício dos direitos fundamentais, como condição de respeito à dignidade da pessoa humana.

2.3 O Direito Fundamental Social à Moradia

> Pode haver uma janela alta de onde eu veja o céu e o mar, mas deve haver um canto bem sossegado em que eu possa ficar sozinho, quieto, pensando minhas coisas, um canto sossegado onde um dia eu possa morrer. **Rubem Braga.**
>
> [...] ao passo que cada um de vós corre por causa de sua própria casa. **Bíblia Sagrada. Ageu 1:9.**

O direito à moradia exaltado na crônica de Rubem Braga traduz a necessidade primária do homem, condição indispensável para uma vida digna, eis que a casa é o asilo inviolável do cidadão, a base de sua individualidade, é, acima de tudo, como apregoou Edwark Coke, no século XVI: "a casa de um homem é o seu castelo".

Direito natural do indivíduo, indispensável à proteção da vida, da saúde, da liberdade, em qualquer parte o homem procurou e construiu o seu abrigo, seja numa caverna, na copa de

---

38. LOPES, José Reinaldo de Lima. *Justiça, Identidade e Liberdade.* op. cit., p. 209.

uma árvore, nos buracos das penhas e, até mesmo, no gelo, protegendo-se das intempéries e dos predadores.

Se em seu estado natural o homem, na imensidão do orbe, encontrava um ponto para estabelecer-se e a abundância de material para sua edificação, o incremento da população e a carência de espaços livres foram comprimindo a potencialidade de exercício da moradia, até sua gradual e drástica redução, senão extinção para os mais desfavorecidos (os moradores debaixo das pontes, das ruas, das praças e das calçadas), como ocorre diariamente nos grandes aglomerados humanos.

O direito de moradia consiste na posse exclusiva e, com duração razoável, de um espaço onde se tenha proteção contra a intempérie e, com resguardo da intimidade, as condições para a prática dos atos elementares da vida: alimentação, repouso, higiene, reprodução, comunhão. Trata-se de direito *erga omnes*. Nesse sentido, moradia é o lugar íntimo de sobrevivência do ser humano, é o local privilegiado que o homem normalmente escolhe para alimentar-se, descansar e perpetuar a espécie. Constitui o abrigo e a proteção para si e os seus; daí nasce o direito à sua inviolabilidade e à constitucionalidade de sua proteção.

Há vínculo de dependência entre esses dois direitos. O direito à moradia tende ao direito de morar e só se satisfaz com a aquisição deste em sua plenitude. Para isto, é preciso que concorram todos os elementos da moradia. Quem conseguiu terreno, mas não a casa, satisfez apenas em parte seu direito à moradia. O mesmo acontece com quem possui a casa, mas não por tempo suficiente, exigido pelas demais relações da vida (trabalho, convívio, cultura, educação dos filhos). Assim, ao direito de morar são extensivos os mesmos princípios que ordenam o direito à moradia.

A razão de ser do *homestead* – local do lar, – encontra-se no espírito do povo pelo respeito à atividade e à independência individual, no sentido de uma maior segurança e proteção em caso de infortúnio. Dar ao indivíduo o direito de morar é promover-lhe o mínimo necessário a uma vida decente e humana. É proporcionar-lhe condições mínimas de sobrevivência. A casa é o lugar de encontro de várias gerações que, reciprocamente, se ajudam a alcançar uma sabedoria mais plena e a conciliar os direitos pessoais com as outras exigências da vida social.

Os processos e as funções que se desenvolvem na família são de caráter contínuo e exigem múltiplos e constantes esforços. Em épocas de calamidade pública, os homens podem trabalhar, lutar e morrer por seu país, mas labutam por sua família todos os dias ao correr de sua vida. As exigências da vida familiar levam os homens a realizarem os mais penosos esforços e a assumirem as mais graves responsabilidades, principalmente para garantir o direito à moradia digna.

Vale dizer que no seio da família se desenvolve uma vida social cheia de intimidade. Muitas das dimensões mais íntimas do indivíduo encontram expressão manifesta ou implícita na vida familiar, que é uma espécie de intimidade cálida, que permite a seus componentes manifestar e realizar seu fundo secreto fora do alcance dos olhares indiscretos. A família autêntica é o ambiente onde tudo se adivinha, sem necessidade de ser expresso, onde tudo é comum, sem deixar de ser individual. Na família, combinam-se uma espécie de sociabilidade com uma espécie de intimidade. É sede de condutas tipicamente interindividuais, como são as de amor, mas, ao mesmo tempo, é o lugar em que se aprende muitos modos coletivos de conduta.

Destarte, pergunta-se: Como efetivar a intimidade e a sociabilidade da família, se não lhe for garantido o direito à moradia, ao lugar aconchegante, que todo o homem sabe que deveria ter para descansar, cultivar os laços de amor e bem-estar familiar?

O direito à moradia integra o direito à subsistência, que é expressão mínima do direito à vida, porém, direito à vida digna e à integração social. Assim, o fundamento do direito à moradia está na constatação de que é crescente a exclusão social, a marginalidade econômica, que redunda em marginalidade geográfica. Ao mesmo tempo, a questão da moradia não encontra solução na distribuição da propriedade urbana, no sentido individualista e singular, ou seja, dar uma casa para cada um.

Assim, os direitos humanos básicos da vida e da integridade física também estão intimamente ligados aos direitos "sociais", à saúde e à habitação. Aqueles são tradicionalmente considerados como direitos de "defesa do indivíduo contra o Estado" (da primeira geração) para que este não interfira negativamente na liberdade das pessoas. No entanto, no Estado moderno, os direitos fundamentais clássicos ligados à liberdade estão, cada vez mais, fortemente dependentes da prestação de determinados serviços públicos, sem os quais o indivíduo sofre sérias ameaças. Os direitos fundamentais de defesa somente podem ser eficazes quando protegem, ao mesmo tempo, as condições materiais mínimas necessárias para a possibilidade da sua realização. Especialmente na área dos direitos básicos da vida e da integridade física, as prestações positivas do Estado para a sua defesa não podem ficar na dependência da viabilidade orçamentária.

Nesse sentido, ressalta Canotilho que o direito à vida é "um direito subjetivo de defesa [...], com os correspondentes deveres jurídicos dos poderes públicos e dos outros indivíduos de não agredirem o 'bem da vida' ('dever de abstenção')". Isto, segundo ele, não exclui a possibilidade de "neste direito coexistir uma dimensão protetiva, ou seja, uma pretensão jurídica à proteção, através do Estado, do direito à vida (dever de proteção jurídica) que obrigará este, por ex., à criação de serviços de polícia, de um sistema prisional e de uma organização judiciária".[39]

Neste aspecto, direito à moradia é, pois, segundo Rui Viana:

> Direito humano rotulado de direito social, como se quis qualificar o instituto, inserindo-o no art. 6º da Constituição, como se de menor expressão fosse do que os elencados no art. 5º, sua relevância, entretanto, o qualifica como imprescritível, irrenunciável, inviolável, universal e, sobretudo, dotado de efetividade.[40]

Com efeito, a Emenda Constitucional nº 26, de 14 de fevereiro de 2000, que alterou a Constituição Federal de 1988, trouxe à categoria de direitos sociais a moradia, junto com a educação, saúde, trabalho, lazer, segurança, previdência social, proteção à maternidade e à infância e assistência social aos desamparados.

Assim, o direito humano à habitação brota da natureza moral da pessoa humana, isto é, o direito que se tem simplesmente

---

39. CANOTILHO, J. J. Gomes. *Direito Constitucional... op. cit.*, p. 526.
40. VIANA, Rui Geraldo Camargo. *op. cit.*, p. 10.

como ser humano. Segundo Jack Donnelly, trata-se de direitos iguais e inalienáveis: "iguais porque somos todos igualmente seres humanos; inalienáveis porque, não importa quão desumanos nós sejamos em nossos atos ou na forma de sermos tratados, não podemos ser nada além de seres humanos".[41]

Nesse sentido, o direito à moradia é um direito de igualdade: em geral, direitos sociais de acesso, de oportunidade. São frutos de adscrição, não de capacidade econômica ou produtiva (não fosse assim, estaríamos excluindo a criança, o inválido, o hipossuficiente). Por meio deles, a sociedade exerce a justiça distributiva, atribuindo: a) bens que não produziu, mas cuja administração detém (como a terra); b) bens produzidos com esforço individual ou social (o capital, sob a forma de financiamento, previsto no art. 5º – XXVI da Constituição Federal).

Um dos fundamentos do Estado Democrático de direito, previsto na Constituição Federal do Brasil em seu art. 1º, inciso III, é a dignidade humana, assumindo, em razão disto, relevância, pois compromete todo o exercício da atividade econômica e social em sentido amplo e exige a adoção de um programa, segundo Eros Roberto Grau, "de promoção da existência digna de que todos devem gozar. Daí porque se encontram constitucionalmente empenhados na realização desse programa [...] tanto o setor público quanto o setor privado".[42]

Neste aspecto, segundo Canotilho:

> [...] o princípio da democracia econômica e social contém uma imposição obrigatória dirigida aos órgãos de direção política (legislativo, executivo) no sentido de desenvolverem uma atividade econômica e social conformadora, transformadora e planificadora das estruturas sócio-econômicas, de forma a evoluir-se para uma sociedade democrática.[43]

---

41. DONNELLY, Jack. Direitos Humanos, Democracia e Desenvolvimento. In: PINHEIRO, Paulo Sérgio; GUIMARÃES, Samuel Pinheiro (Org.). *Direitos Humanos no Século XXI*, Parte I. Rio de Janeiro: Instituto de Pesquisa de Relações Internacionais Fundação Alexandre de Gusmão, 1998, p. 167-208.
42. GRAU, Eros Roberto. *A Ordem Econômica na Constituição de 1988*. São Paulo: Malheiros, 1991, p. 217 e 218.
43. CANOTILHO, J. J. Gomes. *Direito Constitucional... op. cit.*, p. 325.

Noutras palavras, se ao Estado Democrático de direito, cabe como objetivo fundamental construir uma sociedade livre, justa e solidária (art. 3º, inciso I da CF/88), impõe-lhe desenvolver as tarefas necessárias de transformação, modernização, desenvolvimento e realização da ordem econômica prevista na Constituição de 1988, com o fim de não fazê-la tornar-se um papel inútil – sem valor e sem aplicação – para realmente promover a igualdade real entre os brasileiros e, conseqüentemente, a redução das desigualdades regionais e sociais.

Canotilho salienta que a dimensão negativa da dignidade humana é:

> [...] a afirmação da integridade física e espiritual do homem como dimensão irrenunciável da sua individualidade autonomamente responsável; a garantia da identidade e integridade da pessoa através do livre desenvolvimento da personalidade; a libertação da 'angústia da existência' da pessoa mediante mecanismos de socialidade, dentre os quais se incluem a possibilidade de trabalho e a garantia de condições existenciais mínimas.[44]

Desta forma, em respeito à dignidade da pessoa humana, que, segundo o professor Inocêncio Mártires Coelho, é: "*valor-fonte* de todos os valores, valor *fundante* da experiência ética ou, se preferirmos, como princípio e fim de toda ordem jurídica"[45], já não cabe mais ao Estado tão somente legislar e aplicar as leis, é preciso tanto mais, programar e executar as grandes políticas nacionais, especialmente na promoção do direito à moradia, que, como integrante da categoria dos sociais, para ter eficácia jurídica e social, pressupõe a ação positiva do Estado por meio de execução de políticas públicas – urbana e habitacional.

Essa obrigação tem dois aspectos. Para Nelson Saule Júnior e Maria Elena Rodriguez, os aspectos da obrigação do Estado brasileiro de promover e proteger o direito à moradia são:

> Um de caráter imediato de impedir a regressividade do direito à moradia, de impedir medidas e ações que dificultem ou impossibilitem o

---

44. CANOTILHO, J. J. Gomes. *Direito Constitucional... op. cit.*, p. 363.
45. COELHO, Inocêncio Mártires. Elementos de Teoria da Constituição e de Interpretação Constitucional. In: MENDES, Gilmar Ferreira; BRANCO, Paulo Gustavo Gonet; COELHO, Inocêncio Mártires. *Hermenêutica Constitucional e Direitos Fundamentais*. Brasília: Brasília Jurídica, 2000, p. 15-99.

exercício do direito à moradia. Por exemplo, de impedir a existência de um sistema e uma política habitacional que acarrete a exclusão e medidas discriminatórias de impedimento de acesso ao direito à moradia para uma grande parcela da população, como de fato tem sido, infelizmente, o papel do sistema financeiro da habitação brasileiro, sendo obrigatório, portanto, a reformulação desse sistema. O outro aspecto [...] é de intervir e regulamentar as atividades do setor privado referente à política habitacional, como a regulamentação do uso e acesso à propriedade imobiliária, em especial, a urbana, de modo que atenda sua função social, regulamentar o mercado de terra, dispor sobre sistemas de financiamento de habitação de interesse social, promover programas de urbanização e regularização fundiária nos assentamentos informais de modo a promover a integração social e territorial das comunidades carentes que vivem nestes assentamentos.[46]

Quanto à situação atual da moradia no Brasil, Nelson Saule Jr. e Maria Elena Rodrigues relatam que a carência de moradias adequadas, o chamado "déficit quantitativo", oficialmente publicado, é de 5,6 milhões de novas unidades (quatro milhões de novas habitações nas áreas urbanas e mais 1,6 milhão nas áreas rurais). No entanto, alertam:

> [...] existem, ainda, cinco milhões de moradias com infra-estrutura inadequada que possuem água, mas ela não é tratada; com solução de esgoto, mas inapropriada. Constam também 2,4 milhões de domicílios inadequados por adensamento excessivo ou pelo uso de materiais precários na sua construção.[47]

Assim, para que o Estado brasileiro venha desincumbir-se da promoção e proteção do direito à moradia, faz-se necessário que esteja impregnado "na consciência dos principais responsáveis pela ordem constitucional", nas palavras do constitucionalista alemão, Konrad Hesse[48], a vontade de reestruturar, replanejar e reordenar o Sistema Financeiro da Habitação brasileiro, para implementar o direito à moradia, estabelecendo-se novas e modernas metas de acesso aos financiamentos, resguardando o direito humano à habitação.

---

46. SAULE JÚNIOR, Nelson; RODRIGUEZ, Maria Elena. *Direito à Moradia*, op. cit., p. 111 e 112.
47. SAULE JÚNIOR, Nelson; RODRIGUEZ, Maria Elena. *Direito à Moradia*, op. cit., p. 121 e 122.
48. HESSE, Konrad. *A Força Normativa da Constituição*. Porto Alegre: Sérgio Fabris, 1991, p. 19.

A seguir teremos oportunidade de estudar o Sistema Financeiro da Habitação brasileiro e, por conseguinte, verificar que são inúmeras as necessidades de modificações na área de política habitacional, especialmente porque ao Estado, como sociedade política, cabe a promoção do bem comum, como um fim geral, constituindo-se em meio para que os indivíduos e as demais sociedades possam atingir seus respectivos fins particulares.

2.4 O Sistema Financeiro de Habitação (SFH)

O Sistema Financeiro da Habitação (SFH) foi instituído há mais de trinta anos pela Lei Federal nº 4.380, de 21/08/64. Esta Lei criou, ainda, a correção monetária nos contratos imobiliários, o Banco Nacional da Habitação e as Sociedades de Créditos Imobiliários.

O objetivo primordial do SFH, criado por proposição do Governo Federal, consistia e ainda consiste na facilitação à aquisição da "casa própria" para a população de baixa renda e à classe média, vinculada à variação de seus salários, não-excedendo a variação do salário mínimo e não-ultrapassando a um terço da renda familiar dos mutuários.

Este interesse social, em favor dos brasileiros com menor poder aquisitivo, apresentava a garantia que os valores emprestados aos mutuários retornariam aos cofres dos agentes financeiros, em forma de prestações, devidamente corrigidas, permitindo a efetivação de novos financiamentos.

Com efeito, foi elevado o número de pessoas que procuraram o SFH para obter o financiamento da casa própria, por longo prazo, crescendo vertiginosamente o número de construções e, paralelamente, o número de adquirentes das unidades residenciais com financiamentos obtidos nas sociedades e empresas que observam a sistemática do Plano Nacional da Habitação e do Sistema Financeiro da Habitação. Salientam Nelson Saule Jr. e Maria Elena Rodriguez que "com dinheiro do Fundo de Garantia por Tempo de Serviço (FGTS), fundos governamentais e poupança voluntária, o sistema financiou 4,4 milhões de unidades habitacionais entre 1964 e 1985".[49]

Ocorre, porém, que a economia nacional foi guerreada com continuadas crises econômicas em conseqüência de seguidos e sucessivos planos econômicos, que desajustaram o sistema provocando injustiça social e beneficiando classes sociais privilegiadas, que se aproveitaram da incapacidade gerencial da Administração Pública.

De fato, garante Alcio Manoel de Sousa Figueiredo:

> Na realidade, o Sistema Financeiro da Habitação não cumpriu o seu papel social. Com as crises dos últimos anos, os salários foram corrigidos, em determinados períodos, abaixo da correção das prestações mensais, colocando o consumidor habitacional em desalinho, abrindo um dilema: ou reduz o bem-estar de sua família, cortando gastos até com alimentação, ou tenta manter em dia as prestações do financiamento para não perder o imóvel financiado junto ao agente financeiro.[50]

Desta forma, a interferência estatal no SFH iniciou-se a partir de 1984, com o lançamento de um bônus temporário baseando-se no denominado Plano de Equivalência Salarial por Categoria Profissional (PES/CP).

Em se tratando de política habitacional, existem leis, decretos, resoluções, atos normativos, portarias e medidas provisórias, que pretendem regular as relações contratuais ou jurídicas decorrentes do Sistema Financeiro da Habitação.

Em rápido retrospecto da legislação, verificamos que a Lei nº 4.380/64 instituiu a correção monetária para os contratos mobiliários de interesse social e o sistema financeiro para a aquisição da casa própria, criando o Banco Nacional da Habitação (BNH). O objetivo declarado foi a coordenação dos órgãos públi-

---

49. SAULE JÚNIOR, Nelson; RODRIGUEZ, Maria Elena. *Direito à Moradia*, op. cit., p. 118. Os autores realçam, todavia, sustentados em Ermínia Maricato, que o "sucesso do SFH se deveu exatamente por tratar a habitação como uma mercadoria a ser produzida e comercializada em moldes estritamente capitalistas e o fato de ignorar os setores de menores rendimentos: os aproximadamente 77% da população que ganha de cinco salários para baixo", p. 119.
50. FIGUEIREDO, Alcio Manoel de Sousa. *Cálculos no Sistema Financeiro da Habitação*. Curitiba: Juruá, 1998, p. 20.

cos e orientação à iniciativa privada estimulando a construção e o financiamento de habitações de interesse social, especialmente do sistema criado.

Após o Decreto-Lei nº 19/66, obrigou a adoção da cláusula de correção monetária nas operações do Sistema Financeiro da Habitação.

Sobreveio o Decreto-Lei nº 70/66, que autorizou o funcionamento de associações de poupança e empréstimo e instituiu a cédula hipotecária.

O Decreto-Lei nº 2.240/85 deu nova redação aos arts. 3º, 7º, § 2º do art. 9º e art. 12 do Decreto-Lei nº 2.164, de 19 de setembro de 1984.

O Decreto-Lei nº 2.284/86 manteve a nova unidade do sistema monetário brasileiro, o seguro-desemprego, ampliou e consolidou as medidas de combate à inflação.

A Lei nº 5.741/71 dispôs sobre a proteção do financiamento de bens imóveis vinculados ao Sistema Financeiro da Habitação. Instituiu a execução para a cobrança do crédito hipotecário facultando ao credor optar por esta ou pela execução extrajudicial do Decreto-Lei 70/66.

A Lei nº 8.004/90 dispôs sobre a transferência de financiamento no âmbito do Sistema Financeiro da Habitação e deu outras providências. Estabeleceu a interveniência obrigatória do agente financeiro e a transferência simples, nas mesmas condições do contrato original, só para contratos até 1.100 VRF, de janeiro/1980 a dezembro/1984, e 1.500 VRF para contratos de janeiro/1985 a 14.03.90.

A Lei nº 8.024/90 instituiu o cruzeiro, dispôs sobre a liquidez dos ativos financeiros.

A Lei nº 8.078/90 dispôs sobre a proteção do consumidor.

A Lei nº 8.100/90 dispôs sobre o reajuste das prestações pactuadas nos contratos de financiamento firmados no âmbito do Sistema Financeiro da Habitação, vinculados ao Plano de Equivalência Salarial (PES).

A Lei nº 8.177/91 estabeleceu regras para a desindexação da economia e deu outras providências.

A Lei nº 8.692/93 definiu planos de reajustamento dos encargos mensais e dos saldos devedores nos contratos de financiamentos habitacionais no âmbito do Sistema Financeiro da Habitação. Criou, conforme estabelecido no art. 4º, o PCR – Plano de Comprometimento de Renda como modalidade de reajustamento das prestações.

A Lei nº 9.069/95 dispôs sobre o Plano Real, o Sistema Monetário Nacional, estabeleceu as regras e condições de emissão do Real e os critérios para conversão das obrigações para o Real.

A Lei nº 9.514/97 dispôs sobre o Sistema de Financiamento Imobiliário e instituiu a alienação fiduciária de coisa imóvel. O objetivo declarado foi a promoção do financiamento imobiliário – art. 5º, condições essenciais. Inaugurou-se modalidade inteiramente diferente e desvinculada do binômio prestação *versus* renda.

A Medida Provisória nº 1.635-22/98 dispôs sobre a novação de dívidas e responsabilidades do Fundo de Compensação de Variações Salariais – FCVS; alterou o Decreto-Lei nº 2.406, de 5 de janeiro de 1988, e as Leis nºˢ 8.004, 8.100 e 8.692, de 14 de março de 1990, 5 de dezembro de 1990 e 28 de julho de 1993, respectivamente.

A Medida Provisória nº 1.951-26/2000 dispôs sobre a adoção de medidas relacionadas com o Sistema Financeiro da Habitação – SFH, alterou as Leis nºˢ 4.380, de 21.08.1964, 8.036, de 11.05.1990, e 8.692, de 28.07.1993.

A Medida Provisória nº 1.981-47/2000 dispôs sobre a novação de dívidas e responsabilidades do Fundo de Compensação de Variações Salariais – FCVS: alterou o Decreto-Lei nº 2.406, de 5 de janeiro de 1988, e as Leis nºˢ 8.004, 8.100 e 8.692, de 14 de março de 1990, 5 de dezembro de 1990 e 28 de julho de 1993, respectivamente.

A Resolução nº 2.035 – BACEN dispôs sobre a quitação de financiamento habitacional por decurso de prazo.

A Resolução nº 2.130 – BACEN alterou dispositivos dos Regulamentos anexos às Resoluções nºˢ 1.922, de 30.04.92, e

1.980, de 30.04.93, extinguindo a Unidade Padrão de Financiamento (UPF).

A Resolução nº 2.480 – BACEN dispôs sobre a utilização de alienação fiduciária de coisa imóvel, nos termos da Lei nº 9.514, de 20.11.97, em contratos de financiamento habitacional de que trata o Regulamento anexo à Resolução nº 2.458, de 18.12.97.

A Resolução nº 2.485 – BACEN racionalizou as normas aplicáveis ao Sistema Financeiro da Habitação (SFH). Revogou normas editadas pelo Banco Nacional da Habitação (BNH), órgão gestor do SFH de 1964 a 1986, quando, então, foi extinto.

Com a extinção do BNH, em 21/11/86, as relações processuais foram transferidas para a Caixa Econômica Federal (CEF) por força do art. 1º, § 1º, do Decreto-Lei nº 2.291, de 21.11.86. O Conselho Monetário Nacional (CMN) e o Banco Central do Brasil são competentes para legislar, orientar e fiscalizar o sistema habitacional. O CMN estimula as liquidações antecipadas dos empréstimos, objetivando a agilização e retorno dos valores emprestados aos mutuários, bem como o desaparecimento dos contratos firmados pelo Plano de Equivalência Salarial (PES).

De tempos em tempos, o Governo Federal busca flexibilizar as regras para novos contratos a serem firmados no âmbito do Sistema Financeiro da Habitação, notadamente no que diz respeito aos planos de reajuste das prestações mensais do financiamento.

Com efeito, a Lei nº 8.177, de 01/03/91, determinou que os contratos celebrados até 24/11/86, com cláusula de atualização monetária pela variação da UPC, da OTN, do Salário Mínimo ou do Salário Mínimo de Referência, teriam os saldos devedores e as prestações mensais reajustadas pela taxa aplicável à remuneração básica dos Depósitos de Poupança no dia primeiro de cada mês (Taxa Referencial – TR), assegurando aos mutuários vinculados aos PES (Planos de Equivalência Salarial) e PES/CP (Planos de Equivalência Salarial por Categoria Profissional) a equivalência salarial verificada na data da assinatura do contrato de financiamento.

Em junho de 1992, foi suspensa a aplicação da TR nos reajustes das prestações mensais e dos saldos devedores, por contrariar dispositivo constitucional, por meio do julgamento favorável aos mutuários em Ação Direta de Inconstitucionalidade nº 493/DF. Com isto, poder-se-á questionar o reajuste dos saldos devedores dos empréstimos habitacionais, porque o mutuário paga, por longos anos, a prestação do financiamento e continua com uma dívida cada vez maior ao fim de cada ano. Em outras palavras, o montante do saldo devedor não sofre uma amortização que conduza à extinção da dívida no prazo estipulado no instrumento vinculante, segundo Marcos Antonio Cardoso de Sousa.[51]

Todavia, a TR continuou sendo aplicada nas prestações mensais e nos saldos devedores pelos agentes financeiros com base na Lei nº 8.100/90. Da mesma forma, com a regulamentação da Política Nacional de Salários, por meio da Lei nº 8.222, de 05/09/91, os agentes financeiros aproveitaram-se das falhas do legislador e repassaram valores absurdos para as prestações dos mutuários, que mantinham contratos firmados pelo PES/CP, afirma Sousa Figueiredo.[52]

Em estudo realizado pela Juíza do TRF da 4ª Região, Marga Barth Tessler, concluiu-se que, na questão do saldo devedor, o Tribunal Regional Federal daquela região inclina-se por prestigiar os claros termos do contrato. Segundo ela: "A dilação do prazo contratual é uma solução contratualmente prevista e, na maioria das vezes, soluciona adequadamente o descompasso existente entre a evolução salarial dos mutuários, em última ratio, do preço do dinheiro, dos encargos da dívida assumida." A realidade está a reclamar, afirma a Juíza: "providências legislativas no sentido de solucionar a questão".[53]

---

51. SOUSA, Marcos Antonio Cardoso de. Contratos do Sistema Financeiro da Habitação (SFH). *Revista Consulex*, nº 40, p. 50-52, abr. 2000.
52. FIGUEIREDO, Alcio Manoel de Sousa, *op. cit.*, p. 24.
53. TESSLER, Marga Barth. O Sistema Financeiro da Habitação na visão da Jurisprudência do Tribunal Regional Federal da 4ª Região. *Revista Jurídica*, nº 282, p. 69-75, abr. 2001.

Nos julgamentos acerca da regularidade da atualização do valor das dívidas com base na TR, que corrige a poupança e o Fundo de Garantia por Tempo de Serviço (FGTS), revela-se clara divergência jurisprudencial quanto à questão. Os contratos cujas prestações estão sendo submetidas à apreciação do Poder Judiciário consistem naqueles regidos pelo Plano de Equivalência Salarial por Categoria Profissional (PES-CP – Leis nº 8.004/90 e 8.100/90) e Plano de Equivalência Salarial por Comprometimento de Renda (PES-CR – Lei nº 8.692/93). Assim, nos contratos assinados nas condições do PES-CP, as prestações só poderiam sofrer elevação no caso de ocorrência de aumento salarial para a categoria profissional do mutuário. Já nos contratos em que se inseriram as normas do PES-CR, as prestações não poderiam comprometer o rendimento do devedor em níveis superiores a trinta por cento.

Com o objetivo de evidenciar a existência de decisões conflitantes, mencionar-se-á alguns acórdãos de órgãos jurisdicionais distintos e de diferentes instâncias.

O Superior Tribunal de Justiça já se manifestou pela legalidade da aplicação da TR nos contratos do SFH, quando a matéria foi suscitada no Recurso Especial de número 1998/0030135-6. No âmbito dos Tribunais Regionais Federais, a questão também não demonstra ser pacífica. Segundo Marga Barth Tessler, à unanimidade[54], a 3ª Turma do TRF da 4ª Região, tem aplicado a TR, apenas para os contratos realizados após a vigência da Medida Provisória nº 2.941/91, que deu origem à Lei nº 8.177/91, para reajustar as prestações e o saldo devedor, segundo dispõe o contrato (TRF 4ª R. – AC 2000.04.01.015075-4 – RS – 3ª T. – Rel. Juíza Maria de Fátima Freitas Labarrère – DJU 12.07.2000[55]). Nos contratos antigos, não é permitida a TR. Na 4ª Turma, a maioria, não aplica a TR para qualquer hipótese. No TRF da 1ª Região existem registros jurisprudenciais que consagram a adequação da incidência da TR (AC 1998.01.00.019101-0-BA – 3ª Turma – Rel. Juiz Orlindo Menezes – DJU 18.12.98 – p. 1435) e outros que determinam o contrário, ou seja, sua inaplicabilidade sobre

---

54. TESSLER, Marga Barth, op. cit., p. 75.
55. In: Revista Jurídica, n. 282, abr. 2001, p. 77.

o saldo devedor (AC 96.01.47386-6/GO, DJ 06.08.98, p. 43, j. 02.06.98, unânime). Quanto ao Supremo Tribunal Federal, seus membros, ao proferirem decisão para a ADIn nº 493/DF (conforme mencionamos acima), entenderam ser inconstitucional a imposição do citado índice.

Assim, os devedores do SFH, mesmo pagando os encargos devidos, não conseguem diminuir de forma considerável o valor total do débito, por força da incidência da TR sobre a dívida. Para que se adquira noção do caráter nocivo desta taxa para os empréstimos do SFH, proceder-se-á a breve exposição dos motivos de sua criação.

Com a implantação do Plano Real, a inflação sofreu uma redução gradativa, fato que beneficiou vários setores produtivos. Apesar disso, a poupança, que no período inflacionário representava recurso a impedir a perda do valor aquisitivo da moeda, apresentou queda significativa no volume de investimentos, representando uma ameaça à estabilidade das contas do Estado, uma vez que parte do montante depositado na poupança é repassado para o governo. Diante deste quadro, o governo, pela Lei nº 8.177/91, editou normas para a criação de um índice que revitalizasse a poupança: a TR. Ocorre que, ao privilegiar-se o titular da poupança, onerou-se excessivamente o mutuário do SFH, uma vez que a dívida deste se encontra vinculada aos índices da poupança e, conseqüentemente, do FGTS.

Destaca Rubem Martinez Cunha, que a TR é uma taxa de juros nominal obtida do mercado de capitais, que está sendo somada a uma taxa de juros legal para criar uma taxa de juros nominal. Com ela, "teríamos uma 'correção monetária' que nunca zera, mesmo que a inflação fosse zero, mesmo num total congelamento de preços. Quer dizer: mesmo que o plano de estabilização funcionasse extremamente bem, os saldos devedores dos mutuários estariam sendo corrigidos, o que é ilegal".[56] O autor sugere que, neste caso, o mais adequado seria usar o INPC – Ín-

---

56. CUNHA, Rubem Martinez. *SFH – O impacto da inflação e dos juros no equilíbrio do sistema*, op. cit., p. 91.

dice Nacional de Preços ao Consumidor – como base para correção monetária, porque esta seria exatamente zero.

Referindo-se aos contratos firmados no âmbito do Sistema Financeiro da Habitação, que vinham sendo corrigidos pelo índice de caderneta de poupança, Rubem Martinez salienta que, antes da instituição da TR, era efetivo o índice de correção monetária, ou seja, índice que refletia a depreciação da moeda frente à inflação. Para ele:

> [...] há de ser considerada sem eficácia e efetividade cláusula contratual que implique reajustar o saldo devedor e as prestações mensais assumidas pelo mutuário pelos índices aplicados às cadernetas de poupança, adotando-se, conseqüentemente, a imperatividade e a obrigatoriedade do plano de equivalência salarial – PES, vinculando-se aos vencimentos da categoria profissional do mutuário.[57]

Somado a este fato, deve-se considerar as constantes variações na política salarial do País. No momento da celebração dos contratos, no início da década de noventa, as categorias profissionais recebiam aumentos periódicos, os quais compensavam as perdas decorrentes da inflação. Esta indexação salarial representava a base de sustentação dos planos de equivalência salarial (PES). Atualmente, contudo, há anos não são atribuídos aumentos salariais substanciais para os trabalhadores do setor público e da grande maioria do setor privado.

Com relação aos financiamentos do SFH, os reflexos destas alterações são facilmente identificados. Conforme mencionamos, as leis que regiam os empréstimos vinculavam a atualização das prestações aos aumentos salariais da categoria profissional (PES/CP) do mutuário ou o porcentual de comprometimento da renda (PCR) dos mesmos. As modificações na política salarial e na economia brasileiras realizadas ao longo dos anos seguintes à assinatura dos contratos, provocaram efeitos danosos ao equilíbrio das relações contratuais. Com efeito, em função da inércia dos salários, as prestações restariam congeladas; enquanto o saldo devedor, em contínuo crescimento, por estar atrelado à correção da poupança.

---

56. *Ibidem*, p. 94.

Frisa-se por oportuno, para que o planejamento produza resultados satisfatórios, deve referir-se às teorias sociológicas adequadas e que atendem à realidade social. Segundo Fábio Konder Comparato, seria necessário "que o órgão de planejamento suscitasse a colaboração de entidades profissionais e de associações de usuários e consumidores, pondo, dessa forma, em atuação todos os instrumentos disponíveis de uma democracia participativa"[58], a fim de que as funções de controle e avaliação do desempenho executivo dos programas de ação fossem de fato fiscalizadas.

Assim, o Estado deve reorientar sua política pública no sentido do favorecimento das camadas populares. Segundo Eli Diniz:

> Uma tendência que se delineia, no contexto das alternativas possíveis, é a que procura combinar a intervenção do Estado com a participação comunitária. Trata-se de um novo enfoque, cujo êxito ao nível do poder local vem estimulando a busca de um novo padrão de governo e administração, no qual a participação intensa dos grupos interessados tem um peso decisivo.[59]

No tocante ao direito social à moradia, planejamento urbano equivale a planejamento total, segundo lição de T. H. Marshall:

> Não apenas toma a comunidade como um todo, mas influencia e deve levar em consideração todos os interesses, costumes e atividades sociais. Almeja criar novos ambientes físicos que promoverão ativamente o crescimento de novas sociedades humanas. Deve decidir qual o aspecto de que essas sociedades se revestirão e tentar atender a todas as diversificações maiores que estas devem conter.[60]

2.5 Diretrizes de Política Habitacional. O Estatuto da Cidade

A Constituição Federal conferiu à União competência para *instituir diretrizes para o desenvolvimento urbano, inclusive habitação,*

---

58. COMPARATO, Fábio Konder, Ensaio sobre o juízo de constitucionalidade de políticas públicas. In: MELLO, Celso Antonio Bandeira de (Org.). *Direito Administrativo e Constitucional*. São Paulo: Malheiros, 1997, p. 91.
59. DINIZ, Eli (Org.). *Políticas Públicas para Áreas Urbanas: Dilemas e Alternativas*. Rio de Janeiro: Zahar, 1982, p. 13 e 14.
60. MARSHALL, T. H., *op. cit.*, p. 98.

saneamento básico e transportes urbanos (art. 21, XX). Nos arts. 182 e 183 contempla a Política Urbana e o faz da seguinte forma:[61]

- As normas gerais de política urbana são da competência da União, que estabelece as diretrizes para a política de desenvolvimento urbano, cuja finalidade é ordenar o pleno desenvolvimento das funções da cidade e garantir o bem-estar de seus habitantes.

- O Município detém competência exclusiva para executar a política urbana.

- O instrumento básico da política de desenvolvimento e expressão urbana é o plano diretor, obrigatório para cidades com mais de 20.000 habitantes.

- Cumpre sua função social o imóvel que atende às exigências do plano diretor.

- Pode o Município, mediante lei específica para área incluída no plano diretor, exigir do proprietário do solo urbano nãoedificado, subutilizado ou não-utilizado promover, seguindo os ditames da lei federal, seu adequado aproveitamento, sob pena, sucessivamente, de: parcelamento ou edificação compulsórias; imposto sobre a propriedade predial e territorial urbana progressiva no tempo e desapropriação como sanção, cujo pagamento será feito com títulos da dívida pública com prazo de resgate de até dez anos, assegurado o valor real da indenização e dos juros legais.

- Institui o usucapião urbano, conferindo o título de domínio ao possuidor de imóvel urbano de até duzentos e cinqüenta metros quadrados, homem ou mulher ou a ambos, independentemente de seu estado civil, utilizado para sua moradia ou de sua família, pelo período de cinco anos ininterruptos sem oposição, desde que não seja proprietário de outro imóvel, urbano ou rural. O direito é conferido uma única vez ao mesmo possuidor.

---

61. ZAGO, Lívia Maria Armentano Koenigstein. Uma leitura do Estatuto da Cidade. *Revista de Direito Administrativo*, n. 225, p. 327-341, jul./set. 2001, p. 328 e 329.

É neste panorama que surge, após longa tramitação no Congresso Nacional Brasileiro, a Lei nº 10.257, de 10 de julho de 2001, autodenominada *Estatuto da Cidade*, que estabelece normas que regulam o uso da propriedade urbana em prol do bem coletivo, da segurança e do bem-estar dos cidadãos, bem como do equilíbrio ambiental.

Os municípios brasileiros têm agora renovadas expectativas de contar com novos instrumentos de planejamento e gestão local que os habilitarão para o enfrentamento mais eficaz dos problemas sociais, econômicos e ambientais, gerados pelo processo de urbanização, que afetam as condições de vida e de trabalho da população urbana.

Nesse sentido assevera Luís Armando Viola, que o Estatuto da Cidade "é um importante instrumento legislativo para solucionar muitos dos problemas relacionados com o desenvolvimento urbano, especialmente voltado ao direito de moradia"[62].

A aprovação do Estatuto da Cidade revestiu-se do maior interesse, não só para os municípios e suas lideranças políticas, mas também para os movimentos populares e organizações comunitárias de todo o País empenhadas na solução de seus problemas de moradia e serviços urbanos.[63]

Interessante notar a evolução da percepção da sociedade e das organizações populares quanto aos seus direitos de cidadania, que hoje abrangem, entre outros, o direito à cidade. Outro não foi o entendimento dos constituintes de 1988, ao afirmar que a Política Urbana tem por objetivo ordenar o pleno desenvolvimento das funções sociais da cidade e da propriedade urbana – uma cidade para todos. A marcante presença das organizações

---

62. VIOLA, Luís Armando. O Direito Social "moradia" com o advento da Lei nº 10.257, de 10.07.2001 (Estatuto da Cidade). *Revista de Interesse Público*, Porto Alegre: Notadez, nº 37, p. 335-350, maio/junho/2006.
63. Enfatizam Nelson Saule Jr. e Maria Elena Rodriguez que até a criação da Lei ocorreram vários processos de negociação para a sua instituição, "com a participação de diversos atores sociais, como o Fórum Nacional de Reforma Urbana, os Governos Municipais e os agentes privados representantes do setor imobiliário e da construção civil, como a Câmara Brasileira da Construção Civil (Cebic)". In: *Direito à moradia, op. cit.*, p. 127.

comunitárias nas consultas públicas realizadas pela Comissão de Desenvolvimento Urbano e Interior e na Conferência das Cidades, promovida no Congresso Nacional pela CDUI (Comissão de Viação e Transportes, Desenvolvimento Urbano e Interior), demonstrou o elevado grau de conscientização da população urbana quanto aos problemas urbanos.

Este novo contexto social e político, resultante, certamente, do crescimento da participação popular na gestão das cidades e da capacidade de organização das comunidades, foi matéria de reflexão para todos os responsáveis pela institucionalização da Política Urbana. Inúmeras são as evidências que a população acredita ser seu direito viver em cidades mais justas, seguras, saudáveis e produtivas. O caminho para que o Estado assuma suas responsabilidades, em parceria com todos os segmentos da sociedade organizada, passando do discurso à prática, pode começar pela implementação dos dispositivos do Estatuto da Cidade.

É uma lei que inova, ao adotar instrumentos legais mais adequados à realidade urbana. De modo geral, salienta Toshio Mukai, os pontos mais relevantes da Lei são a efetiva concretização do plano diretor dos municípios, tornando eficaz a obrigatoriedade constitucional de sua existência em cidades com mais de 20.000 habitantes; a fixação das diretrizes gerais previstas no art. 182, da CF/88, para que o Município possa executar sua Política de Desenvolvimento Urbano; a criação de novos institutos jurídicos, ao lado da regulamentação do § 4º do art. 182, da CF/88 (parcelamento e edificações compulsórios, IPTU progressivo no tempo e a desapropriação com pagamento em títulos); a fixação de sanções para o prefeito e agentes públicos que não tomarem providências de sua alçada, inclusive, para o prefeito, a sanção de improbidade administrativa; a instituição de gestão democrática e participativa da cidade e, finalmente, as alterações na Lei de Ação Civil Pública, para possibilitar que o Judiciário torne concretas as obrigações de ordem urbanística, determinadas pela Lei, inclusive em relação à elaboração e aprovação do plano diretor.[64]

---

64. MUKAI, Toshio. O Estatuto da Cidade. *Revista de Direito Administrativo*, nº 225, p. 343-348, jul./set. 2001.

Referida Lei foi sancionada no dia 10 de julho de 2001 com um veto significativo em relação ao instrumento de regularização fundiária da concessão especial de uso para fins de moradia. Apesar do veto, o Governo Federal, em 5 de setembro de 2001, editou a Medida Provisória (MP) nº 2.220/2001, reintroduzindo no "Estatuto da Cidade" a concessão especial de uso para fins de moradia como um direito à moradia subjetivo e criando o Conselho Nacional de Política Urbana.

Com efeito, o direito à concessão de direito especial de uso foi reconhecido pela Constituição Federal, nos termos do § 1º do art. 183: "O título de domínio e a concessão de uso serão conferidos ao homem ou à mulher ou a ambos, independentemente do estado civil." Assim, a concessão de direito especial de uso para fins de moradia é o instrumento hábil para a regularização fundiária das terras públicas de até 250 metros quadrados, localizados em área urbana, ocupadas informalmente por cinco anos pela população de baixa renda, até 30 de junho de 2001, desde que não seja proprietário ou concessionário, a qualquer título, de outro imóvel urbano ou rural.

Nos termos do art. 2º da mencionada Medida Provisória, fica reconhecido o direito à concessão de uso especial, para fins de moradia, de forma coletiva, nos imóveis públicos com mais de 250 metros quadrados ocupados por população de baixa renda, até 30 de junho de 2001, que os possuam como seus por cinco anos, onde não for possível identificar os lotes de terreno ocupados pelo possuidor. Reconhece, portanto, o direito à moradia das populações pobres que vivem nas favelas situadas em áreas públicas.

Em ambos os casos, o reconhecimento do direito dar-se-á por via administrativa ou judicial, conforme dispõe o art. 6º da MP. Portanto, deixa de ser uma faculdade do Poder Público, tendo como características: a) ser um direito subjetivo, que deverá ser declarado mediante provocação dos interessados; b) ser um direito justiciável, isto é, a pessoa que atender aos requisitos constitucionais estabelecidos na MP tem direito de ter o seu direito à moradia reconhecido mediante uma decisão do Poder Judiciário, onde o juiz declarará, por meio de sentença o direito à concessão especial de uso para fins de moradia, que poderá ser registrada como título no cartório de registro de imóveis nos termos dos parágrafos 3º e 4º do art. 6º.

Nesse sentido, os municípios brasileiros devem constituir uma política urbana, que permita a aplicação dos instrumentos previstos no Estatuto da Cidade voltados a proteger o direito à moradia, tais como o usucapião urbano, a concessão especial de uso para fins de moradia, as zonas especiais de interesse social e o plano diretor.

É fundamental, contudo, segundo propõe Nelson Saule Jr., e Maria Elena Rodriguez, que os governos brasileiros apliquem as normas do sistema internacional e do sistema nacional de proteção dos direitos humanos, e dos princípios e objetivos constitucionais norteadores do Estado brasileiro, tais como a cidadania e a dignidade da pessoa humana, a democracia direta, a erradicação da pobreza e da marginalização, a redução das desigualdades sociais, o princípio da igualdade, os princípios das funções sociais da cidade e da propriedade, a proteção ao meio ambiente como critérios para a solução dos conflitos ambientais urbanos.[65]

I Aspectos gerais sobre o Estatuto da Cidade

1. As diretrizes gerais do Estatuto da Cidade encontram-se nos arts. 2º e 3º

- Garantia do direito às cidades sustentáveis para o presente e as futuras gerações. A sustentabilidade concerne o direito à terra urbana, moradia, saneamento ambiental, infra-estrutura urbana, transporte, serviço público, trabalho e lazer.

- Gestão democrática das cidades pela participação popular nos planos, programas e projetos de desenvolvimento urbano. A gestão democrática da cidade será assegurada, dentre outros, por: a) órgãos colegiados de política urbana e conferências sobre assuntos de interesse urbano (âmbitos na-

---

65. SAULE JÚNIOR, Nelson; RODRIGUEZ, Maria Elena. *Direito à Moradia*, op. cit., p. 160.

cional, estadual e municipal); b) debates, audiências e consultas públicas; c) iniciativa popular de projeto de lei e de planos, programas e projetos de desenvolvimento urbano.

Foi objeto de veto o referendo popular e plebiscito, que constavam como hipóteses de gestão democrática da cidade.

- Audiência pública do Poder Público municipal e da população nos processos de implantação de empreendimentos ou atividades com efeitos potencialmente nocivos sobre o meio ambiente natural ou construído, o conforto ou a segurança da população (art. 43).

- O controle social está instituído na lei em diversas hipóteses, em especial no que concerne às despesas demandadas com os instrumentos de urbanização utilizados pelo Município, como: planos, planejamentos, plano diretor, zoneamento, desapropriação, servidão, tombamento, instituição de unidades de conservação.

É interessante observar que a sociedade poderá efetuar controle sobre o valor das desapropriações. Esse controle não é sobre a oportunidade e conveniência da desapropriação, mas sobre o valor da transação forçada. O controle, outrossim, deverá ser exercido com relação ao direito de preempção.

- Regularização fundiária e urbanização de áreas ocupadas por população de baixa renda, mediante estabelecimento de normas especiais de urbanização e ocupação do solo e edificação, além da simplificação da legislação sobre o uso e ocupação do solo, objetivando possibilitar maior e melhor oferta imobiliária de lotes e unidades habitacionais.

- Participação e cooperação isonômica entre os setores públicos (que a Lei das Cidades denomina "governos", expressão que entendemos devesse ceder lugar à palavra "Administração", por mais técnica, abrangente e adequada) e privados, no processo de urbanização.

- Planejamento do desenvolvimento urbano, evitando a deterioração e corrigindo as distorções existentes.

- Ordenação e controle do uso do solo, atendendo aos interesses sociais.

- Integração e complementaridade entre as áreas urbanas e rurais.

Importantíssimo frisar o direito social à moradia, adicionado à Constituição por intermédio da Emenda Constitucional nº 26, de 14 de fevereiro de 2000, de vital importância para a implementação da política urbana (art. 6º).

Mas, para que a execução da Política Urbana possa ser iniciada, essas e outras medidas legais devem ser implementadas, prévia ou paulatinamente, pelo Município, cujo prefeito deve ter vontade política na sua execução, sob pena da inalterabilidade da situação caótica que hoje vive a cidade brasileira, sem exceção, ainda que umas mais que outras.[66]

2. O Plano Diretor

O Município, em razão de ser o principal ente federativo responsável pela execução da política urbana, tem que desenvolver uma política habitacional de âmbito local. Pode, por exemplo, constituir órgãos governamentais e instituições municipais de habitação, instituir um sistema municipal de habitação que compreenda o sistema de gestão da política habitacional com participação popular, como, por exemplo, conselhos. Estabelecer mecanismos financeiros, como fundos públicos, constituir programas de habitação de interesse social e instrumentos urbanísticos.

O Município, para desenvolver a política habitacional, deve instituir o plano diretor como o instrumento básico desta política, de modo que sejam estabelecidas as diretrizes e os instrumentos sobre o uso e ocupação do solo urbano, formas de cooperação entre o setor público e privado, e disciplinar os critérios para o uso social da propriedade urbana.

A política de desenvolvimento urbano, executada pelo Poder Público municipal, com base no art. 182, da Constituição Federal, e no princípio da preponderância do interesse, deve ter por objetivo ordenar o pleno desenvolvimento das funções so-

---

66. GASPARINI, Diógenes. Um Projeto para Nossas Cidades. *Revista Diálogos e Debates*, nº 1, p. 40-57, set. 2001.

ciais da cidade, do cumprimento da função social da propriedade e garantir o bem-estar de seus habitantes, a fim de promover o exercício da cidadania, garantir também a dignidade e a igualdade da pessoa humana – que são fundamentos de um Estado Democrático de Direito, nos termos do art. 1º da Constituição –, protegendo e tornando concreto o exercício do direito à cidade, bem como garantir um meio ambiente sadio e ecologicamente equilibrado.

Dentre os instrumentos de política habitacional municipal, o principal instrumento da política urbana é o plano diretor, que, segundo a CF/88, art. 182, § 2º, seu caráter deixa de ser predominantemente físico, para ganhar textura social. É atribuído ao Município – principal responsável pela implementação da política urbana –, por meio do plano diretor, estabelecer quando a propriedade urbana cumpre a função social por meio das exigências fundamentais de ordenação da cidade.

O papel primordial do plano diretor é a efetivação da função social da propriedade urbana, que ocorre quando esta "atende às exigências fundamentais de ordenação da cidade expressa no plano diretor, assegurando o atendimento às necessidades dos cidadãos quanto à qualidade de vida, à justiça social e ao desenvolvimento das atividades econômicas" (art. 39).

O plano diretor deverá englobar o território do Município como um todo e, sendo parte integrante do processo de planejamento municipal, suas diretrizes e prioridades deverão estar incorporadas ao Plano Plurianual, à Lei de Diretrizes Orçamentárias e ao Orçamento Anual.

Importa anotar que a Lei de Responsabilidade Fiscal (Lei nº 101/2000) disciplina, expressamente, que a criação, expansão ou aperfeiçoamento de ação governamental, que acarrete aumento de despesa, deverá vir acompanhado de estimativa do impacto orçamento-financeiro no exercício em que deva entrar em vigor e nos dois subseqüentes, bem como de declaração do ordenador da despesa de que o aumento tem adequação orçamentária anual e compatibilidade com o plano plurianual e com a lei orçamentária. E que estas providências constituem condições prévias para a desapropriação de imóveis urbanos a que se refere o § 3º, do art. 182, da Constituição Federal (art. 16, § 4º, inciso II, da Lei Complementar nº 101/2000).

O Estatuto da Cidade determinou, com muita oportunidade, às cidades que, obrigatoriamente, devem ter plano diretor (segundo a Lei, cidades com mais de 20.000 habitantes e cidades que pretendem implementar os institutos previstos no § 4º, do art. 182, da Constituição Federal), que o aprovem no prazo de cinco anos, se não tiverem plano diretor já aprovado na data em vigor do Estatuto da Cidade (art. 50).

Em todas as hipóteses, o plano diretor deverá ser revisto a cada dez anos (§ 3º, do art. 40).

À obrigatoriedade contida na Constituição Federal (§ 1º, do art. 182) de existência de plano diretor para municípios com mais de 20.000 habitantes, o Estatuto da Cidade acrescentou outras hipóteses.

Segundo suas disposições, o plano diretor passa a ser indispensável também às cidades integrantes de regiões metropolitanas, às regiões urbanas e áreas de especial interesse turístico, às cidades que pretendem utilizar-se dos institutos previstos no § 4º, do art. 182, da Constituição Federal, bem como às cidades inseridas na área de influência de empreendimentos ou atividades com significativo impacto ambiental de âmbito regional ou nacional.

Essa extensão da obrigatoriedade de existência de plano diretor, intentada pelo Estatuto da Cidade, para outras hipóteses diversas da previsão constitucional, parece-nos de muito duvidosa constitucionalidade, por estar impedida de criar, sem expressa previsão ou permissão constitucional, obrigatoriedade que a Lei Maior não contempla.

O conteúdo mínimo do plano diretor deverá abranger a delimitação das áreas onde poderá ser aplicado o parcelamento, edificação ou utilização compulsória; disposições sobre o direito de preempção, outorga onerosa do direito de construir, fixação de áreas onde se permitirá a alteração do uso do solo em troca de contrapartida do beneficiário, operações urbanas consorciadas e transferência do direito de construir.

O plano diretor envolve aspectos físicos, econômicos, sociais e institucionais, entrelaçados entre si, não sendo um fim em si mesmo e tendo por objetivo a melhoria da qualidade de vida da população.

No seu aspecto físico, o plano conterá normas e diretrizes sobre o parcelamento do solo, seu uso e ocupação, revitalização e preservação. No aspecto econômico, incentivará a indústria, o comércio, a implantação de serviços, aumentando a oferta de empregos e melhorando as condições econômicas da população. No aspecto social, enfrentará desafios referentes às precárias habitações da pobreza e sua moradia, oferecerá serviços de educação, saneamento básico, saúde, esporte e lazer. No aspecto institucional (administrativo), estará atento aos meios necessários à sua implementação, execução e revisão, inclusive quanto à capacitação de funcionários para esse tipo de tarefa.

Assim, a fim de promover o ordenamento territorial, o Município editará, além da lei do plano diretor, segundo Joaquim Aguiar, hoje obrigatória para cidades com mais de 20.000 habitantes,

> [...] a lei de zoneamento, que estabelecerá os usos permitidos, tolerados ou proibidos para determinada área; a lei de parcelamento do solo, que conterá regras sobre loteamentos, desmembramentos e desdobramentos de glebas ou de lotes; o código de obras, com limitações ao direito de construir; o código de posturas, visando sobretudo a regular a questão sanitária etc., tudo isso com o objetivo de ordenar o pleno desenvolvimento das funções sociais da cidade e garantir o bem-estar de seus habitantes.[67]

3. **O Estatuto da Cidade traz inovações e institutos jurídicos importantes, que servem como instrumento à implementação da política urbana**

Os instrumentos estão divididos em: a) planos nacionais, regionais e estaduais de ordenação do território e do desenvolvimento econômico e social; b) planejamento das regiões metropolitanas, aglomerações urbanas e microrregiões; c) planejamento municipal; d) institutos jurídicos e políticos; e) estudo

---

67. AGUIAR, Joaquim Castro. *Direito da Cidade*. Rio de Janeiro: Renovar, 1996, p. 14.

prévio do impacto ambiental (EIA), estudo prévio de impacto de vizinhança (EIV) e consórcios imobiliários.

Oportuno destacar a possibilidade, assinalada pela lei, da contratação coletiva da concessão de direito real de uso de imóveis públicos na hipótese de programas e projetos habitacionais desenvolvidos por órgãos ou entidades da Administração Pública com atuação especifica na área (art. 4º).

Nesse caso, o Município deve adotar, como instrumento, leis específicas de habitação de interesse social e de planos de urbanização para assentamentos em condições precárias de habitabilidade, operações de interesse social, transferência do direito de construir, solo criado, zonas especiais de interesse social e concessão de direito real de uso para fins de regularização fundiária.

Cabe mencionar que o modelo de programa habitacional popular, decorrente da concessão de direito real de uso sobre lotes urbanos providos de serviços públicos essenciais, é largamente utilizado e suscetível de sucesso por parte de administrações municipais em todo o País. Na prática, tem mostrado ser um importante e eficiente instrumento de política urbana.

A experiência mostra que, independentemente do seu nível de renda, é grande a capacidade de autoconstrução progressiva, por parte da população que adere ao programa de habitação popular. Ela não se subordina a financiamentos ou a complicadas redes de serviços e intermediários. Em muitos lugares, a administração municipal coloca à disposição dos interessados projetos-padrão de habitação popular e, mesmo, fábricas comunitárias de material de construção.[68]

Temos, então, que o direito à cidade compreende os direitos inerentes às pessoas que vivem nela de ter condições dignas de vida, de exercitar plenamente a cidadania, de criar e ampliar os direitos fundamentais (individuais, econômicos, sociais, políticos

---

68. CUNHA, Sérgio Sérvulo da. Direito à Moradia. *Revista de Informação Legislativa*, nº 127, p. 49-54, jul./set. 1995, p. 53.

e ambientais), de participar da gestão da cidade, de viver num meio ambiente sadio, ecologicamente equilibrado e sustentável.

A efetivação do direito à moradia está intimamente ligada à efetivação do direito à cidade, que compreende a integração dos segmentos sociais excluídos e marginalizados de nossa sociedade ao desenvolvimento econômico, de modo que possam obter e usufruir os benefícios e a riqueza gerada por esse processo.

Capítulo 3

Constitucionalismo e Direitos Fundamentais

3.1 A Organização do Estado e a definição da cidadania

Quando falamos em Constituição, logo lembramos dos movimentos revolucionários do passado, de homens que a associaram aos ideais de *liberdade* e *igualdade*, entendendo-os como *direitos universais* de todos os homens, buscando inseri-los nas constituições escritas, como direitos fundamentais dos cidadãos. Essa lembrança faz parte de nossa História, da política que organiza o poder em sociedade, na forma de um Estado, bem como a descrição dos direitos e deveres de que gozam os indivíduos nessa sociedade, em sua condição de cidadãos.

Evidencia-se, portanto, uma complexa trama de questões envolvidas na compreensão da cidadania enquanto dimensão pública da participação dos homens na vida social e política. Complexos, tais como, sociopolíticos e culturais, modificam-se de tempos em tempos, de acordo com os diferentes momentos históricos, a compreensão do que se entende por cidadania, e que se criem instituições que, efetivamente, ordenem as atividades dos homens na organização de sua vida em sociedade, bem como em relação ao exercício do poder político.

É preciso que existam, numa sociedade, interesses específicos e identificáveis, que se tornem aspirações de todos os homens, para transformar-se em reivindicações de direitos, efetivamente concretizados, garantidos e reconhecidos pelas instituições políticas de uma determinada sociedade. Assim, a sociedade, a política e a cultura sofrerão uma alteração mais ou menos profunda gerada pelo reconhecimento desses novos direitos conquistados por meio da cidadania. Nesse sentido, as autoras Célia Galvão Quirino e Maria Lúcia Montes propõem:

> Se quisermos compreender em termos políticos concretos como, numa dada sociedade, se constroem a definição e a garantia dos direitos de cidadania, será preciso considerar a dinâmica que se estabelece entre a reivindicação de novos direitos por parte dos membros dessa sociedade e a organização das instituições políticas, que, precisamente, vêm tornar possível o exercício desses direitos.[1]

Visto desta forma, "o núcleo dessa cidadania é formado pelos direitos de participação política, que são defendidos nas novas formas de intercâmbio da sociedade civil, na rede de associações espontâneas protegidas por direitos fundamentais, bem como nas formas de comunicação de uma esfera pública política produzida através da mídia", segundo Habermas, ao referir-se à teoria de Parsons.[2]

Parsons toma como referência a expansão dos direitos do cidadão, que T. H. Marshall pesquisou na Inglaterra. Com efeito, na conhecida classificação dos direitos, Marshall enfatiza que:

> [...] os direitos liberais de defesa protegem o sujeito de direito privado contra intromissões ilegais do Estado na vida, liberdade e propriedade; os direitos de participação política possibilitam ao cidadão ativo uma participação no processo democrático da formação da opinião e da vontade; e os direitos de participação social garantem ao cliente do Estado do bem-estar segurança social e um rendimento mínimo.[3]

Marshall conclui que se tornou possível, então, assegurar e ampliar sucessivamente o *status* de cidadãos nas sociedades ocidentais nos últimos dois ou três séculos.

Todavia, Habermas, fundamentado em A. Giddens, enfatiza que a ampliação dos direitos dos cidadãos não é representada apenas de uma evolução social, mas as lutas de classe, os movimentos sociais, as migrações e as guerras estimularam a ampliação do *status* do cidadão em diferentes dimensões. O autor sugere, nesse sentido, que o conceito de cidadania formulado

---
1. QUIRINO, Célia Galvão; MONTES, Maria Lúcia, *op. cit.*, p. 15.
2. HABERMAS, Jürgen. *Direito e Democracia. op. cit.*, p. 105.
3. MARSHALL, T. H., *op. cit.*, p. 32.

por Marshall e Parsons "se refira àquilo que os sociólogos caracterizam em geral como 'inclusão'".[4]

Nessa acepção, desde a época das primeiras revoluções modernas, assistiu-se a um processo de progressiva ampliação – Norberto Bobbio[5] fala em multiplicação, que ocorreu no âmbito dos direitos sociais – dos direitos fundamentais garantidos pelas constituições dos diversos países como parte da cidadania, ampliando-se também a quantidade de cidadãos que poderiam gozar de tais direitos. Esse processo de ampliação dos direitos na Inglaterra e, em momentos distintos, em outros países, segundo Marshall, levou "ao reconhecimento de novos direitos, políticos e sociais", os chamados direitos sociais, que, desde o século XX, somaram-se aos direitos fundamentais antes reconhecidos pelas primeiras constituições modernas, "[...] que vai desde o direito a um mínimo de bem-estar econômico e segurança até o direito de participar por completo da herança social e levar a vida de um ser civilizado, de acordo com os padrões que prevalecem na sociedade".[6]

Segundo Margrit Dutra Schimdt, o sentido histórico, no qual se fixou a noção de cidadania, diz respeito a situações e movimentos libertários e revolucionários, que tiveram a finalidade de definição de espaços de grupos emergentes e de classes na sociedade.[7]

Porém, essa imagem de um progresso linear é cega em relação ao gozo real de um *status* de cidadão ativo, pelo qual o indivíduo singular pode influir na transformação democrática de seu *status*. Pois somente os direitos políticos de participação fundamentam a colocação reflexiva do direito de um cidadão. Por sua

---

4. HABERMAS, Jürgen. *Direito e Democracia. op. cit.*, p. 105.
5. BOBBIO, Norberto. *A Era dos Direitos, op. cit.*, p. 70. Diz-nos o filósofo italiano: "Bem entendido, esse processo de multiplicação por especificação ocorreu principalmente no âmbito dos direitos sociais. Os direitos de liberdade negativa, os primeiros direitos reconhecidos e protegidos, valem para o homem abstrato. Não por acaso foram apresentados, quando do seu surgimento, como direitos do Homem".
6. MARSHALL, T. H. *op. cit.*, p. 33.
7. SCHIMDT, Margrit Dutra. A questão da cidadania. In: SOUSA JÚNIOR, José Geraldo de (Org.) *O Direito Achado na Rua, op. cit.*, p. 74.

vez, os direitos negativos à liberdade e os direitos de participação social podem ser concedidos de forma paternalística. Entretanto, argumenta Habermas que:

> Os direitos liberais, que se cristalizaram historicamente em torno da posição social do proprietário privado, podem ser entendidos sob pontos de vista *funcionais*, como a institucionalização de um sistema econômico dirigido pelo mercado, e sob pontos de vista *normativos*, como a garantia de determinadas liberdades subjetivas privadas. Sob pontos de vista funcionais, os direitos sociais significam a instalação de burocracias do Estado do bem-estar social; ao passo que, sob pontos de vista normativos, eles garantem pretensões compensatórias para distribuição justa da riqueza social.[8]

Assim, os direitos de liberdade e de participação podem significar igualmente a renúncia privatista de um papel de cidadão, reduzindo-se, então, as relações que um cliente mantém com administrações que tomam providências. Em conseqüência, quanto mais a economia e o Estado, que são institucionalizados pelos mesmos direitos, desenvolvem um sentido sistemático próprio, tanto mais ocorre a síndrome do privatismo da cidadania e o exercício do papel de cidadão na linha dos interesses de clientes, empurrando os cidadãos para o papel periférico de meros membros da organização.

Destarte, para Habermas, na linha da teoria do discurso, o princípio da soberania do povo significa que todo o poder político é deduzido do poder comunicativo dos cidadãos. O exercício do poder político orienta-se e legitima-se pelas leis que os cidadãos criam para si mesmos numa formação da opinião e da vontade estruturada discursivamente. Quando se considera essa prática como um processo destinado a resolver problemas, descobre-se que ela deve a sua força legitimadora a um "processo democrático" destinado a garantir um tratamento racional de questões políticas. Para ele:

> A aceitabilidade racional dos resultados obtidos em conformidade com o processo explica-se pela institucionalização de formas de comunicação interligadas, que garantem, de modo ideal, que todas as questões relevantes, temas e contribuições sejam tematizados e elaborados em

---

8. HABERMAS, Jürgen. *Direito e Democracia. op. cit.*, p. 109.

discursos e negociações, na base das melhores informações e argumentos possíveis.⁹

Lefort fundamenta que "a democracia convida-nos a substituir a noção de um regime regulado por leis, de um poder legítimo, pela noção de um regime fundado na legitimidade de um debate sobre o legítimo e o ilegítimo". Enfatiza, ainda, que "tanto a inspiração dos direitos humanos quanto a difusão dos direitos em nossa época atestam esse debate". Assim, o direito é dito pelos homens: "poder de se dizerem, de se declararem como humanidade, na sua existência de indivíduos, no seu modo de coexistência, na maneira de estarem agrupados na cidade", cabe dizer à existência de um espaço público: "um espaço tal que cada um é suscitado a falar, a ouvir, sem estar sujeito à autoridade de um outro, o poder que lhe é dado, é induzido a *querê-lo*".¹⁰ Em outras palavras, para Claude Lefort, a sobrevivência e alargamento do espaço público – cerne da democracia – é questão política.¹¹

Friedrich Müller traz-nos a idéia fundamental da democracia, como sendo:

> [...] a determinação normativa do tipo de convívio de um povo pelo mesmo povo. Já que não se pode ter o autogoverno, na prática quase inexeqüível, pretende-se ter ao menos a autocodificação das prescrições vigentes com base na livre competição entre opiniões e interesses, com alternativas manuseáveis e possibilidades eficazes de sancionamento político.¹²

Na ótica de sua função estabilizadora de expectativas, o direito apresenta-se como um sistema de direitos. Os direitos subjetivos só podem ser estatuídos e impostos por organismos que tomam decisões que passam a ser obrigatórias para a coletividade. E, vice-versa, tais decisões devem a sua obrigatoriedade coletiva à forma jurídica da qual se revestem. Há, portanto, um nexo interno do direito com o poder político.

---

9. In: *Direito e Democracia. op. cit.*, p. 114 e 115.
10. LEFORT, Claude. *op. cit.*, p. 57 e 59.
11. *Ibidem*, p. 61.
12. MÜLLER, Friedrich. *Quem é o Povo? A questão fundamental da democracia*. São Paulo: Max Limonad, 2000, p. 57.

O direito a iguais liberdades subjetivas de ação concretiza-se nos direitos fundamentais, os quais, enquanto direitos positivos, se revestem de ameaças de sanções, podendo ser usados contra interesses opostos ou transgressões de normas. Nesta medida, eles pressupõem o poder de sanção de uma organização, a que dispõe de meios para o emprego legítimo da coerção, a fim de impor o respeito às normas jurídicas. Neste ponto surge o Estado, que mantém como reserva um poder militar, a fim de "garantir" seu poder de comando.

Para Habermas:

> O Estado é necessário como poder de organização, de sanção e de execução, porque os direitos têm que ser implantados, porque a comunidade de direito necessita de uma jurisdição organizada e de uma força para estabilizar a identidade, e porque a formação da vontade política cria programas que têm que ser implementados. Tais aspectos não constituem meros complementos, funcionalmente necessários para o sistema de direitos, e sim, implicações jurídicas objetivas, contidas *in nuce* nos direitos subjetivos. Pois o poder organizado politicamente não se achega ao direito como que a partir de fora, uma vez que é pressuposto por ele: ele mesmo se estabelece em formas do direito. O poder político só pode desenvolver-se através de um código jurídico institucionalizado na forma de direitos fundamentais. [13]

De outro lado, "a pretensão a iguais direitos, numa associação espontânea de membros do direito, pressupõe uma coletividade limitada no espaço e no tempo, com a qual os membros se identificam e à qual eles podem imputar suas ações como partes do mesmo contexto de interação".[14]

Deste modo, "o direito não consegue o seu sentido normativo pleno *per se* através de sua forma ou de um conteúdo moral dado *a priori*, mas por meio de um procedimento que instaura o direito, gerando legitimidade". Nesse sentido, a idéia do Estado de direito exige que as decisões coletivamente obrigatórias do poder político organizado, que o direito precisa tomar para a realização de suas funções próprias, não revistam apenas a forma do direito, como também se legitimem pelo direito corretamente estatuído. Não é a forma do direito, enquanto tal, que legitima

---
13. In *Direito e Democracia. op. cit.*, p. 171.
14. HABERMAS, Jürgen. *Direito e Democracia. op. cit.*, p. 170.

o exercício do poder político e sim a ligação com o direito legitimamente estatuído. E, "no nível pós-tradicional de justificação, só vale como legítimo o direito que conseguiu aceitação racional por parte de todos os membros do direito, numa formação discursiva da opinião e da vontade".[15]

Por isto, a política de uma sociedade democrática e o liberalismo de um direito estatal não podem ser alcançados se a liberdade democrática não vier acompanhada de igualdade. Os valores da democracia, liberdade, igualdade e justiça estão conexos ao direito que os regula. Sendo assim, cabe às ações políticas remover os obstáculos democráticos de desigualdade para que se possam produzir situações de igualdade. Em suma, ao Estado e ao direito incumbe a garantia democrática de um mínimo de direitos fundamentais ao reconhecer, formal e materialmente, a todos os cidadãos que situações iguais devem ser tratadas como justas. Assim é que, para Nuria Belloso Martín: "La igualdad es outro de los valores básicos de la sociedad, a la vez que constituye la base de los derechos econômicos, sociales y culturales."[16]

O direito na sociedade contemporânea, argumenta Benedito Hespanha, atravessa uma crise existencial, que envolve aspectos culturais de conteúdo ideológico, democrático, político e axiológico. Para ele, "o centro crítico da questão situa-se na forma dogmatizada como se processa a fundamentação da justiça material do direito, que, fatalmente levará à crise da democracia, estrutura do próprio sistema jurídico."[17]

Conseqüentemente, teme-se pela capacidade reguladora do poder estatal, quando fixa os paradigmas da soberania popular, especialmente os que se referem às garantias democráticas da liberdade, igualdade, cidadania, política social e justiça. Para Nuria Belloso Martín, é altamente duvidosa a existência de um Estado mínimo com autoridade soberana sobre os direitos fundamen-

---

15. HABERMAS, Jürgen. *Direito e Democracia. op. cit.*, p. 172.
16. MARTÍN, Nuria Belloso. Política y utopía democrática: los principios de libertat y de igualdad. In: OLIVEIRA JÚNIOR, José Alcebíades de. *O novo em direito e política*. Porto Alegre: Livraria do Advogado, 1997. p. 161-176.
17. HESPANHA, Benedito. O político, o jurídico e o justo na constituição. *Revista Justiça do Direito*, v. 14, n. 14, p. 15-28, 2000, p. 19.

tais dos cidadãos. As instituições políticas, criadas e liberalizadas pelo direito estatal não têm um fim em si mesmo, mas são meios a serviço dos fins dos cidadãos.[18]

É por essa razão que Hannah Arendt fundamenta o seu ponto de vista sobre os direitos humanos, dizendo que é "justamente para garantir que o dado da existência seja reconhecido e não resulte apenas do imponderável da amizade, da simpatia ou do amor no estado de natureza, que os direitos são necessários". Realça, também, que foi a partir dos problemas jurídicos suscitados pelo totalitarismo, que o primeiro direito humano é o "direito a ter direitos". Ou seja, "pertencer, pelo vínculo da cidadania, a algum tipo de comunidade juridicamente organizada e viver numa estrutura onde se é julgado por ações e opiniões, por obra do princípio da legalidade".[19]

No entanto, garante Celso Lafer, fundamentado em Hannah Arendt, que o direito a ter direitos, em verdade, só pode existir e ser assegurado "por meio de acordo e garantias mútuas, pois não se trata de algo dado, mas construído", na esfera do público, para alcançar-se a democracia e o princípio da igualdade que não é dado, mas resulta da organização humana, como, por exemplo, da *polis:*

> [...] que torna os homens iguais por meio da lei – *nomos*. Por isso, perder o acesso à esfera do público significa perder o acesso à igualdade. Aquele que se vê destituído da cidadania, ao ver-se limitado à esfera do *privado* fica privado de direitos, pois estes só existem em função da pluralidade dos homens, ou seja, da garantia tácita de que os membros de uma comunidade dão-se aos outros.[20]

Nesse sentido, segundo o mesmo autor, em diálogo com o pensamento de Hannah Arendt, sustenta:

> Os direitos humanos pressupõem a cidadania não apenas como um fato e um meio, mas sim como um princípio, pois a privação da cidadania afeta substantivamente a condição humana, uma vez que o ser humano privado de suas qualidades acidentais – o seu estatuto político – vê-se privado de sua substância, vale dizer: tornado pura substância,

---

18. MARTÍN, Nuria Belloso. *op. cit.*, p. 175.
19. *Apud* LAFER, Celso. *op. cit.*, p. 153 e 154.
20. LAFER, Celso. *op. cit.*, p. 152.

perde a sua qualidade substancial, que é de ser tratado pelos *outros* como um *semelhante*.[21]

Eis algo que, por si só, já permite compreender que, para Hannah Arendt, a igualdade não é um fim em si. A igualdade não é, por exemplo, a descoberta feita em dado momento da história de que os homens são iguais por nascimento; é uma invenção: é o efeito ou, simplesmente, o sinal do movimento que eleva os homens acima da vida e encaminha-os para o *mundo comum*.

Veja-se a que conclusão chegou a autora, depois de refletir sobre a fundamental importância do princípio de isonomia, como critério de organização do Estado-nação e de sua análise da condição dos apátridas:

> [...] não é verdade que 'todos os homens nascem livres e iguais em dignidade e direitos', como afirma o art. 1º da Declaração Universal dos Direitos do Homem da ONU, de 1948, na esteira da Declaração de Virgínia de 1776 (artigo 1º) ou da Declaração Francesa de 1789 (art. 1º). Nós não nascemos iguais: nós nos tornamos iguais como membros de uma coletividade em virtude de uma decisão conjunta que garante a todos direitos iguais. A igualdade não é um dado – ele não é *physis*, nem resulta de um absoluto transcendente externo à comunidade política. Ela é um construído, elaborado convencionalmente pela ação conjunta dos homens através da organização da comunidade política. Daí a indissolubilidade da relação entre o direito individual do cidadão de autodeterminar-se politicamente, em conjunto com os seus concidadãos, através do exercício de seus direitos políticos, e o direito da comunidade de autodeterminar-se, construindo convencionalmente a igualdade.[22]

Em outros termos, Hannah Arendt afirmou que os homens não nascem livres e iguais em dignidade e direitos, ou seja, a igualdade não é um dado, mas um construído por intermédio da organização da comunidade política, que, pela experiência democrática, vai, mais e mais, ampliando o espaço público – cerne da democracia para Claude Lefort –, atuando, efetivamente, na construção e reconstrução cotidiana de regime, como sujeitos ativos e destinatários ao mesmo tempo, a fim de materializar os direitos fundamentais "liberdade e igualdade".

---

21. *Ibidem*, p. 151.
22. In LAFER, Celso. *op. cit.*, p. 150.

Para Habermas, o conceito de autonomia política, apoiado numa teoria do discurso, esclarece por que a produção de um direito legítimo implica mobilização das liberdades comunicativas dos cidadãos:

> Tal esclarecimento coloca a legislação na dependência do poder comunicativo, o qual, segundo Hannah Arendt, ninguém pode 'possuir' verdadeiramente: 'O poder surge entre os homens quando agem em conjunto, desaparecendo tão logo eles se espalham'. Segundo esse modelo, o direito e o poder comunicativo surgem co-originariamente da 'opinião em torno da qual muitos se uniram publicamente'. No entanto, quando se lê a autonomia política na linha da ética do discurso, impõe-se uma diferenciação no conceito do poder político. Se o poder da administração do Estado, constituído conforme o direito, não estiver apoiado num poder comunicativo normatizador, a fonte de justiça, da qual o direito extrai sua legitimidade, secará.[23]

Para Hannah Arendt, o fenômeno básico do poder não é, como para Max Weber, a chance de impor, no âmbito de uma relação social, a sua própria vontade contra vontades opostas e sim o potencial de uma vontade comum formada numa comunicação não-coagida. "O poder nasce da capacidade humana de agir ou de fazer algo, de se associar com outros e de agir em afinação com eles."[24] Segundo Habermas, "tal poder comunicativo só pode formar-se em esferas públicas, surgindo de estruturas da intersubjetividade intacta de uma comunicação não-deformada." Ele surge em lugares onde há liberdade comunicativa que permite a cada um "fazer uso público de sua razão em todos os sentidos", faz valer a produtividade de um "modo de pensar mais amplo." Este tem por característica "que cada um atém o seu juízo ao juízo de outros possíveis, e se coloca no lugar de cada um dos outros."[25]

Com isto, Habermas sustenta que o poder político:

> [...] surge do modo mais puro, nos instantes em que revolucionários assumem o **poder que está na rua**; quando as pessoas decididas à resistência passiva opõem-se aos tanques estrangeiros, tendo como armas apenas as mãos; quando minorias convencidas não aceitam a le-

---

23. HABERMAS, Jürgen. *Direito e Democracia. op. cit.*, p. 185 e 186.
24. *Apud* HABERMAS, Jürgen. *Direito e Democracia. op. cit.*, p. 187.
25. HABERMAS, Jürgen. *Direito e Democracia. op. cit.*, p. 187.

gitimidade das leis existentes e se decidem à desobediência civil; quando, em meio aos movimentos de protesto, irrompe o 'puro prazer de agir'.[26] **(grifei)**

3.2 Constitucionalização e Fundamentação dos Direitos Humanos

O processo de positivação das declarações de direitos nas constituições que se iniciam no século XVIII com as Revoluções Americana e Francesa, não desempenhou uma função estabilizadora (permanente e segura), pois, do século XVIII até os nossos dias, o elenco dos direitos do homem contemplados nas constituições e nos instrumentos internacionais foram-se alterando com a mudança das condições históricas. É difícil, conseqüentemente, atribuir uma dimensão permanente, não-variável e absoluta para direitos que se revelaram historicamente relativos.

Neste ângulo, o problema acabou colocando-se como o da razoabilidade dos direitos do homem na História, não se tratando, conseqüentemente, nas palavras de Croce, "de demandas eternas, senão apenas de direitos históricos, manifestação das necessidades de tal ou qual época e intentos de satisfazer estas necessidades".[27] Representavam uma conquista histórica e política – uma invenção –, que exigia o acordo e o consenso entre os homens que estavam organizando uma comunidade política.

Norberto Bobbio, outro fervoroso defensor do historicismo, sustenta a tese de que os direitos humanos fundamentais são relativos e variáveis. Com relação à natureza histórica, afirma:

> [...] do ponto de vista teórico, sempre defendi – e continuo a defender, fortalecido por novos argumentos – que os direitos do homem, por mais fundamentais que sejam, são direitos históricos, ou seja, nascidos em certas circunstâncias, caracterizadas por lutas em defesa de novas liberdades contra velhos poderes, e nascidos de modo gradual, não todos de uma vez e nem de uma vez por todas.[28]

---

26. *Ibidem*, p. 187 e 188.
27. *Apud* SARMENTO, George. Ética, Direitos Humanos e Constitucionalismo. *Revista Direitos & Deveres*, nº 5, p. 73-90, 1999, p. 82.
28. BOBBIO, Norberto. *A Era dos Direitos*. op. cit., p. 5.

Para o pensador italiano, "direitos do homem, democracia e paz são três momentos necessários do mesmo movimento histórico: sem direitos do homem reconhecidos e protegidos, não há democracia; sem democracia, não existem as condições mínimas para a solução pacífica dos conflitos".[29]

Para Roberto Lyra Filho, Direito é aquilo que ele é e vai sendo construído dentro do mundo histórico e social, ou seja, não há direito, se não há história; o Direito organiza o processo histórico a partir dos "[...] movimentos de libertação das classes e grupos ascendentes e que definha nas explorações e opressões que o contradizem, mas de cujas próprias contradições brotarão as novas conquistas".[30]

Assim, direitos humanos não são as declarações que os contêm, as idéias filosóficas que se propõem fundamentá-los, seus valores e instituições que os representam. Direitos humanos, para José Geraldo de Sousa Júnior, "[...] são as lutas sociais concretas da experiência de humanização. São, em síntese, o ensaio de positivação da liberdade conscientizada e conquistada no processo de criação das sociedades, na trajetória emancipatória do homem".[31]

É inegável que os direitos humanos foram sendo reconhecidos ao sabor dos acontecimentos históricos. É evidente também que a humanidade teve de percorrer tortuoso caminho, para que todos os homens se vissem investidos em sua condição de titulares dos direitos humanos fundamentais e garantias universais capazes de protegê-los do arbítrio estatal. A História mostra-nos tal trajetória, ensinando que os direitos fundamentais não foram concessões do soberano, mas conquistas do povo diante do absolutismo.

Com efeito, num primeiro momento, na interação entre governantes e governados, que antecede a Revolução Americana e a Revolução Francesa, os direitos do homem surgem e afirmam-

---

29. *Ibidem*, p. 1.
30. *Apud* SOUSA JÚNIOR, José Geraldo de. *Movimentos Sociais e Práticas Instituintes de Direito*. op. cit., p. 242.
31. SOUSA JÚNIOR, José Geraldo de. *Movimentos Sociais e Práticas Instituintes de Direito*, op. cit., p. 245.

se como direitos do indivíduo em face do poder do soberano no Estado absolutista. Representavam, na doutrina liberal, por meio do reconhecimento da liberdade religiosa e de opinião dos indivíduos, a emancipação do poder político das tradicionais peias do poder religioso e, por meio da liberdade de iniciativa econômica, a emancipação do poder econômico dos indivíduos do jugo e do arbítrio do poder político.

A respeito da origem dos direitos humanos, é interessante acrescentar a visão de Lefort, para quem, à primeira vista, parece que os direitos do homem, principalmente os tutelados nas primeiras declarações, mascaram os liames sociais, ao mesmo tempo em que suscitam uma nova rede de relações entre os homens. Lefort quis dizer que o desenvolvimento da democracia e das oportunidades para o exercício das liberdades cria condições de reconhecimento na instituição dos direitos do homem, sinalizando a emergência para um novo tipo de legitimidade e de um espaço público no qual os indivíduos são tanto produtores quanto instigadores de suas criações. Acrescenta que os direitos do homem marcam o processo de ruptura do direito e do poder. O direito e o poder não se escondem no mesmo pólo; a legitimidade do poder deve estar em conformidade com o direito.[32]

Com a formação do Estado Moderno, ocorre uma inversão na relação Estado e cidadão. Bobbio salienta que se passou da prioridade dos deveres dos súditos à prioridade dos direitos do cidadão; com isto, emergiu um modo diferente de encarar a relação política, não mais predominantemente do ângulo do soberano, mas da ética do cidadão, em correspondência com a afirmação da teoria individualista que se contrapunha à concepção organicista tradicional.[33]

Para Friedrich Müller, os direitos humanos

> [...] fundamentam normativamente uma sociedade na medida em que ela é livre e pluralista, e um Estado na medida em que ele é democrático. Eles são os meios de realização por excelência do poder constituinte do povo. Sem os direitos humanos e da cidadania, o povo permanece sendo uma metáfora de função ideológica. Mas, através da prática dos

---

32. LEFORT, Claude. *op. cit.*, p. 47, 48 e 50.
33. BOBBIO, Norberto. *A Era dos Direitos. op. cit.*, p. 71.

human rigths ele se torna, em função normativa, o povo titular do Estado em uma democracia legitimada.[34]

O processo de afirmação histórica dos direitos de primeira e segunda gerações mostra que eles não são absolutos, mas podem ser vistos como razoáveis, no sentido de que existem bons argumentos para fundamentá-los eticamente. A idéia de razoabilidade que permeia a deontologia no paradigma da Filosofia do Direito não elimina, evidentemente, os problemas práticos da tutela, que se colocam tanto para a perspectiva *ex parte populi* quanto para a *ex parte principis*. No entanto, propõe Celso Lafer que é

> [...] da convergência entre as liberdades clássicas e os direitos de crédito que depende a viabilidade da democracia no mundo contemporâneo, apesar da heterogeneidade de suas origens, [...] pois as duas gerações de direitos baseiam-se na intuição da irredutibilidade do ser humano ao todo do seu meio social e no pressuposto de que a sua dignidade se afirmará com a existência de mais liberdade e menos privilégios.[35]

Nesse sentido, a própria história revela que, nas sociedades divididas em classes e num mundo dividido em nações pobres e ricas, os direitos humanos são encarados dentro de uma perspectiva essencialmente política; trata-se de uma promessa emancipatória ou de uma palavra de ordem libertária, consistente, em regra, numa ameaça à ordem estabelecida. Sob o prisma político, sabe-se que, em quase todas as nações latino-americanas que se têm destacado pela forte influência do formalismo jurídico em sua cultura de justiça positiva, vigora a afirmação de que a democracia somente é garantida quando os direitos humanos estão inscritos na constituição. Na prática, porém, a reiterada afirmação dos textos constitucionais não tem sido a garantia necessária e suficiente de sua efetividade.

3.3 Direitos Materializantes da Cidadania: Direitos Sociais e Coletivos

Com a nova concepção de liberdade e igualdade ou, em termos práticos, de cidadania constitucional, a massa passa a exigir,

---

34. MÜLLER, Friedrich. Interpretação e Concepções Atuais dos Direitos do Homem. In: *Anais da XV Conferência da OAB*, 1995, p. 542-543.
35. LAFER, Celso, *op. cit.*, p. 130.

precisamente em razão da absoluta carência da população em geral de todos os direitos materializantes da cidadania – direitos sociais e coletivos –, que, além, do direito de voto, sejam materializados os direitos que lhe são atribuídos, para que ela possa algum dia vir, de fato, a definir as políticas que lhe são destinadas ou, em outros termos, para que o exercício do voto não seja inconsciente, manipulado, uma mera formalidade de legitimação da burocracia.

A extensão paulatina do direito de sufrágio a parcelas cada vez mais amplas da população acabava permitindo que demandas por mudanças no *status quo* também viessem à tona no universo normativo. Surge, então, na virada para o século XX, o Estado do Bem-Estar Social[36] e, com ele, a consagração constitucional de uma nova constelação de direitos, que demandam prestações estatais positivas, destinadas à garantia de condições mínimas de vida para a população (direito à saúde, previdência, educação, habitação, etc.).

Os direitos sociais, incluindo os econômicos e culturais, que são de legislação mais recente, aparecem com a Constituição mexicana de 1917 e, em seguida, a de Weimar de 1919. Com a concepção dos direitos sociais, passa-se a considerar o homem para além de sua condição individual; assim, ao Estado impõe-se o dever da prestação positiva, visando à melhoria das condições de vida e à promoção da igualdade material. Fica clara a distinção: enquanto os direitos individuais funcionam como proteção ao indivíduo que o Estado liberaliza, os direitos sociais defendem o indivíduo contra o poder da dominação econômica dos outros indivíduos e do próprio poder estatal.

Dentro da nova conjuntura, o Estado é chamado a intervir na vida social e os limites da administração ultrapassam, definitivamente, a sua condição de segurança de polícia e de pro-

---

36. Confira-se, a propósito, BONAVIDES, Paulo. *Do Estado Liberal ao Estado Social*. 6ª ed. São Paulo: Malheiros, 1996. Sobre a crise universal do *Welfare State* e suas conseqüências no plano jurídico, veja-se AZEVEDO, Plauto Faraco de. *Direito, Justiça Social e Neoliberalismo*. São Paulo: RT, 2000 e GIDDENS, Antony. *Para Além da Esquerda e da Direita*. São Paulo: Unesp, 1996.

vedor da repartição das finanças. Passou-se, então, a exigir do Estado-administração (Estado liberal) medidas econômicas e sociais, com intervenção direta na economia e com controle diretivo de um sistema completo de prestações em todos os níveis da vida social. Assim, os movimentos reivindicatórios organizam-se e requerem dos poderes públicos uma intervenção efetiva que transformasse as estruturas sociais dos direitos humanos fundamentais individuais, também chamados de direitos fundamentais de *primeira geração*, ou seja, os direitos-garantia, de cunho individualista (direitos da liberdade e os direitos civis e políticos).

No plano do Direito Positivo, o reconhecimento da importância dos direitos de segunda geração já se encontra na Constituição Francesa de 1791, que, no seu Título 1º, previa a instituição do *secours publique* para criar crianças abandonadas, aliviar os pobres doentes e dar trabalho aos pobres inválidos que não o encontrassem. Na Constituição Francesa de 1848, que, apesar de ter emanado de uma Constituinte conservadora, refletiu a consciência dos problemas trazidos pela Revolução Industrial e condição operária, no entanto, se há o reconhecimento de deveres sociais do Estado, não existe uma proclamação dos direitos correlativos dos cidadãos. Estes só surgirão nos textos constitucionais do século XX, por força da influência da Revolução Russa, da Revolução Mexicana e da Constituição de Weimar. Na experiência brasileira, como é sabido, o reconhecimento constitucional dos direitos de segunda geração data da Constituição de 1934.

Nessa perspectiva, os direitos sociais surgem como frutos de variadas reivindicações, que incluem desde o direito a condições dignas de vida, a uma justa remuneração pelo trabalho rural ou urbano, "até o direito à educação, à saúde, à previdência social, à moradia, etc., como forma de realização de uma idéia de justiça social que procura diminuir as desigualdades sociais".[37]

No entanto, apesar da célebre lição de Norberto Bobbio de que não importa saber "quais e quantos são esses direitos, qual é sua natureza e seu fundamento, se são direitos naturais ou históricos, absolutos ou relativos, mas sim qual é o modo mais

---

37. QUIRINO, Célia Galvão; MONTES, Maria Lúcia, *op. cit.*, p. 33.

seguro para garanti-los, para impedir que, apesar das solenes declarações, eles sejam continuamente violados", o problema nuclear dos direitos do homem, "hoje, não é tanto o de *justificá-los*, mas o de *protegê-los*. Trata-se de um problema não filosófico, mas político".[38]

Nesse passo, "as declarações universais dos direitos tentam hoje uma 'coexistência integrada' dos direitos liberais e dos direitos sociais, econômicos e culturais, embora o modo como os estados, na prática, asseguram essa imbricação, seja profundamente desigual", afirma José Joaquim Gomes Canotilho.[39]

No Brasil, hoje, segundo o professor José Geraldo de Sousa Júnior, "a experiência de luta pela construção da cidadania se expressa como reivindicação de direitos e liberdades básicos e de instrumentos de organização, representação e participação nas estruturas econômico-social e política da sociedade".[40]

Para o autor, o direito sempre encontrou resistências que retardaram o processo de construção social da cidadania. Contudo, salienta que a experiência constituinte brasileira, da luta pela cidadania, marcada pela liberdade "do povo como sujeito histórico emergente no contexto das lutas sociais [...] abriu perspectivas avançadas para a reorganização de forças sociais nunca inteiramente contidas nos esquemas espoliativos e opressores de suas elites", os quais exigirão novas concepções de justiça capazes de assegurar "a criação permanente de direitos novos no processo de reinstituição contínua da sociedade".[41]

Razão por que, em Celso Lafer, os assim chamados direitos de segunda geração, previstos pelo *Welfare State*, são direitos de crédito do indivíduo em relação à coletividade. Para ele, há uma "complementaridade entre os direitos de primeira e de segunda geração, pois estes últimos buscam assegurar as condições para

---

38. BOBBIO, Norberto. *A Era dos Direitos*. op. cit., p. 1, 23-25.
39. CANOTILHO, J. J. Gomes. *Direito Constitucional...* op. cit., p. 361 e 362.
40. SOUSA JÚNIOR, José Geraldo de (Org.). *O Direito Achado na Rua. op. cit.*, p. 34.
41. SOUSA JÚNIOR, José Geraldo de. *Movimentos Sociais e Práticas Instituintes de Direito*. op. cit., p. 245-247.

o pleno exercício dos primeiros, eliminando ou atenuando os impedimentos ao pleno uso das capacidades humanas".[42]

De fato, a transição entre autoritarismo e democracia oportuniza a criação de associações livres que favoreçam as condições efetivas de rupturas políticas, elastecendo "a dimensão democrática da construção social de uma cidadania contemporânea, representativa da intervenção consciente de novos sujeitos sociais neste processo, [...] alcançando emancipação, instrumentalização política e jurídica, a fim de [...] instituir o seu projeto histórico de organização social", sustenta José Geraldo de Sousa Júnior.[43]

Nesse sentido, destaca o autor "a experiência da luta pela construção da cidadania que nele se materializou, atualizou o seu sentido libertário e demarcou, no espaço constituinte, o lugar do povo como sujeito histórico emergente no contexto das lutas sociais". Para ele:

> [...] no processo de busca de reconhecimento de suas formações contra-institucionais e contraculturais, classes e grupos emergentes, por meio de suas formas organizativas, alcançam novas quotas de emancipação, instrumentalizando-se política e juridicamente para instituir o seu projeto histórico de organização social.[44]

Assim, ao menos quanto à cidadania e à dignidade da pessoa humana – antes imaginário social – começa, na Constituição, a consolidar-se, determinando seu espaço civil, que, por um processo democrático ampliador dos espaços de novas liberdades e direitos, exigirão novas concepções de justiça capazes de assegurar "a criação permanente de direitos novos no processo de reinstituição contínua da sociedade"[45], mesmo que, como assegura Flávio Dino de Castro e Costa, a Carta de 1988 seja uma:

---

42. LAFER, Celso, *op. cit.*, p. 127 e 128.
43. SOUSA JÚNIOR, José Geraldo de. *Movimentos Sociais e Práticas Instituintes de Direito. op. cit.*, p. 48.
44. SOUSA JÚNIOR, José Geraldo de. Ética, Cidadania e Direitos Humanos: A Experiência Constituinte no Brasil. *Revista CEJ*, v. 1, nº 1, p. 76-81, jan./abr. 1997.
45. SOUSA JÚNIOR, José Geraldo de. *Movimentos Sociais e Práticas Instituintes de Direito. op. cit.*, p. 248.

[...] filha 'tardia' do constitucionalismo social, posto que moldada com a pretensão de institucionalizar o *"Welfare State"* no Brasil, no instante em que suas premissas – hegemônicas durante praticamente todo o século XX – eram revistas nos países qualificados como 'centrais'. Os constituintes de 1987/1988 agiram movidos pela pretensão de alterar o *status quo*, atribuindo novas tarefas ao Estado e alargando o próprio conceito de cidadania. Aprovou-se, com tal motivação, uma Constituição dirigente, segundo a expressão consagrada de Canotilho, com o propósito explícito de servir de programa permanente de Governo, impregnado pela idéia de inclusão social (traduzida na enunciação reiterada do compromisso com a justiça, a igualdade, o bem-estar social etc).[46]

Boaventura de Sousa Santos relata que o capitalismo organizado caracteriza-se pela passagem da cidadania cívica e política para o que foi designado por "cidadania social", como sendo a conquista de significativos direitos sociais, "no domínio das relações de trabalho, da segurança social, da saúde, da educação e da habitação por parte das classes trabalhadoras das sociedades centrais, periféricas e semiperiféricas".[47]

Segundo Marshall, na linha da tradição liberal, a cidadania é o conteúdo da pertença igualitária a uma dada comunidade política e afere-se pelos direitos e deveres que o constituem e pelas instituições a que dá azo para ser social e politicamente eficaz. A cidadania é constituída por diferentes tipos de direitos e instituições; é produto de histórias sociais diferenciadas protagonizadas por grupos sociais diferentes. Os direitos cívicos correspondem ao primeiro momento do desenvolvimento da cidadania; são os mais universais em termos da base social que atingem e apoiam-se nas instituições do direito moderno e do sistema judicial que o aplica. Os direitos políticos são mais tardios e de universalização mais difícil e traduzem-se institucionalmente nos parlamentos, sistemas eleitorais e políticos em geral. Por último, os direitos sociais só se desenvolvem no século passado e, com plenitude, depois da Segunda Guerra Mundial; têm como referência social

---

46. COSTA, Flávio Dino de Castro e. Globalização e crise constitucional. *Revista da Associação dos Juízes Federais do Brasil*. nº 56, p. 28-32, ago./set./out. 1997, p. 31.
47. SANTOS, Boaventura de Sousa. *Pela Mão de Alice. op. cit.*, p. 243ss.

as classes trabalhadoras e são aplicados através de múltiplas instituições, que, no conjunto, constituem o Estado-Providência.[48]

No entanto, para compreensão do tempo presente, é importante ter em conta que as lutas operárias pela cidadania social tiveram lugar no marco da democracia liberal e que, por isto, a obrigação política horizontal do princípio da comunidade só foi eficaz à medida que se submeteu à obrigação política vertical entre cidadão e Estado. A concessão dos direitos sociais e das instituições que os distribuíram socialmente são expressão da expansão e do aprofundamento dessa obrigação política. Politicamente, segundo Boaventura:

> [...] este processo significou a integração política das classes trabalhadoras no Estado capitalista e, portanto, o aprofundamento da regulação em detrimento da emancipação. Daí que as lutas pela cidadania social tenham culminado na maior legitimação do Estado capitalista. Daí que o capitalismo se tenha transformado profundamente para, no fim do processo da sua transformação, estar mais hegemônico do que nunca.[49]

Uma das características centrais do constitucionalismo sucessivo à segunda guerra é a ênfase posta na garantia dos direitos fundamentais. É verdade que o constitucionalismo moderno esteve sempre ancorado em dois pólos básicos: a garantia dos direitos individuais do homem e a limitação do poder, do que o célebre art. 16, da Declaração dos Direitos do Homem e do Cidadão de 1789, e a Constituição norte-americana são evidências eloqüentes. Mas, se a doutrina e prática constitucionais tradicionais visaram sempre estabelecer um equilíbrio entre a organização do poder político e a tutela dos direitos fundamentais, o constitucionalismo contemporâneo privilegiará nitidamente a garantia dos direitos, submetendo a esse fim a organização política do Estado.

A essa ancoragem do constitucionalismo na garantia dos direitos do homem, acrescentou-se o fenômeno da expansão quantitativa e qualitativa dos direitos considerados fundamentais. As constituições passam a proteger, não apenas os direitos

---

48. MARSHALL, T. H., *op. cit.*, p. 51
49. SANTOS, Boaventura de Sousa. *Pela Mão de Alice. op. cit.*, p. 245.

individuais liberais, mas também os direitos sociais, econômicos e culturais, tal como o constitucionalismo do entre-guerras já prenunciara e a Declaração Universal dos Direitos do Homem de 1948 indicara.

Subjacente à guinada do constitucionalismo para a tutela dos direitos fundamentais está uma filosofia do sujeito neo-humanista, que radica na dignidade imanente do ser humano a construção das instituições sociais e submete a existência e o funcionamento do Estado à garantia de uma *vida digna* a todos os seres humanos, conceito complexo cujo núcleo parece residir na posse das liberdades básicas e na proteção contra a opressão física e moral e as carências materiais. O princípio da dignidade humana constituiu-se a âncora dos direitos fundamentais, onde se encontra a fonte de todos esses direitos e a origem da própria idéia de justiça que permeia o constitucionalismo contemporâneo, portanto, da filosofia e da teoria dos direitos fundamentais.

O constitucionalismo brasileiro alinhou-se tardiamente a esse movimento de ancoragem das constituições nos direitos fundamentais a partir da Carta Magna de 1988. A recepção do cânone da dignidade da pessoa humana, como um dos fundamentos políticos do Estado brasileiro e o extenso e complexo catálogo de direitos fundamentais, inseridos em um sistema aberto de princípios e regras jurídicos, que atende a um amplo leque de interesses sociais e individuais, demonstra que o advento constitucional de 1988 representou um notável ponto de mutação na história do constitucionalismo brasileiro.

Destarte, é preciso que a "cidadania ativa", capaz de fazer o salto do interesse ao direito, "o da criação dos direitos, da garantia desses direitos e da intervenção, da participação direta no espaço da decisão política, opere para interferir no interior do Estado"; ao contrário, a "cidadania passiva" espera a garantia dos direitos sociais por intermédio do Estado, o que, aliás, sustenta a "ideologia social-democrata", ou seja, o Estado é tutelar social-democrata e age em nome dos cidadãos, que pouco a pouco são anulados e encolhidos, destruindo "a política como uma ação comum dos cidadãos, como luta de classes, como luta de grupos, como pluralidade de movimentos sociais, como pluralidade dos sujeitos sociais criadores de novos direitos", na clássica lição de Marilena Chauí.[50]

No mesmo sentido, Menelick de Carvalho Netto, para o qual o grande problema do paradigma constitucional do Estado Social foi prometer o acesso pleno à cidadania, de uma ou de outra forma, viabilizando uma democracia efetiva e materializando direitos, enquanto que o povo esperava suas garantias. Afirma Menelick:

> Temos que aprender a fazer democracia e, ao contrário do que a ditadura afirmava, não temos que esperar qualquer bolo crescer, até porque esse bolo jamais vai crescer como democrático se de seu crescimento não formos o fermento, se não atuarmos efetivamente na construção e reconstrução cotidiana do regime como sujeitos ativos e destinatários ao mesmo tempo.[51]

De fato, incumbido de realizar o crescimento econômico do País e a proteção social dos indivíduos, regular e transformar todos os setores socioeconômicos, o Estado de Bem-Estar Social, tornou-se incapaz de solucionar, seja impondo ou negociando com os diversos atores sociais, os problemas socioeconômico-jurídicos, pois, diz Habermas:

> A tensão entre um alargamento da autonomia privada e cidadã, de um lado, e a normalização foucaultiana do gozo passivo de direitos concedidos paternalisticamente, de outro lado, está introduzida no próprio *status* de cidadãos das democracias de massa do Estado social.[52]

---

50. CHAUÍ, Marilena. *op. cit.*, p. 117-118.
51. CARVALHO NETTO, Menelick de. A contribuição do Direito Administrativo enfocado da ótica do administrado para uma reflexão acerca dos fundamentos do controle de constitucionalidade das leis no Brasil: um pequeno exercício de Teoria da Constituição. Não-publicado.
52. HABERMAS, Jürgen. *Direito e Democracia. op. cit.*, p. 109 e 110.

Capítulo 4

Crise dos Paradigmas do Direito e o "Estatuto Reflexivo" do Constitucionalismo Pós-moderno

4.1 Constituição Dirigente: do Nascimento à Crise

O conceito originário de direitos fundamentais, que se cristalizou a partir do surgimento do constitucionalismo, no século XVIII, considerava-os como instrumentos que tinham por objetivo proteger o homem do Estado, garantindo liberdades individuais e limitando a atuação dos poderes públicos.[1] Essa visão restritiva, que já representava um notável avanço em relação ao passado, repousava sobre premissa ideológica facilmente identificável: o individualismo liberal, que desconfiava do Estado e acreditava no poder sacrossanto do mercado para promover a justiça e o bem comum. Entendia-se, num otimismo que a história tratou de desmentir, que, se cada um perseguisse egoisticamente os seus interesses, o resultado geral seria favorável a todos.

A tradução normativa dessa filosofia política é representada pela chamada constituição garantia, que se limita a estruturar o Estado e a proclamar certos direitos dos cidadãos, com o fito de protegê-los do próprio Estado. Trata-se do reconhecimento e garantia dos direitos de primeira geração, que representam, basicamente, trincheiras contra a intervenção arbitrária do Estado no domínio individual. Tais direitos são assegurados pelo Poder Público, sobretudo, por meio de abstenções, razão pela qual o

---

1. Sobre a trajetória histórica dos direitos fundamentais, veja-se BOBBIO, Norberto. *A Era dos Direitos*. op. cit.; COMPARATO, Fábio Konder. *A Afirmação Histórica dos Direitos Humanos*. São Paulo: Saraiva, 2001.

Estado que os tutela pode ser mínimo, quase evanescente. Era o Estado Liberal que se afirmava como expressão política do individualismo e do capitalismo.

Entretanto, com o passar do tempo, especialmente após a Primeira Guerra Mundial, tornou-se claro que a simples abstenção estatal não seria suficiente para assegurar a dignidade da vida humana. A exploração do homem pelo homem, realizada sob o pálio do constitucionalismo liberal, atingira o paroxismo, despertando a necessidade de redimensionamento das funções estatais. A miséria e a desigualdade social campeavam, e imperativos éticos e pragmáticos passaram a impor uma atuação mais marcante do Poder Público na arena econômico-social.

Aquela idéia de que o Estado mínimo deveria garantir o máximo de liberdade aos indivíduos, do livre curso da sociedade civil, levou a conseqüências bastante radicais. A exploração do homem pelo homem que ocorreu, conduziu a uma riqueza e a uma miséria sem precedentes na história da humanidade, a toda a reação que já conhecemos bastante e a muita luta social. Enfim, após a Primeira Guerra Mundial, o que vamos encontrar nas Constituições é a configuração de um novo tipo de constitucionalismo. É o constitucionalismo social, que redefine os direitos fundamentais "liberdade e igualdade", materializando-os, e, ao fazê-los, amplia a tábua de direitos.[2]

A extensão paulatina do direito de sufrágio a parcelas cada vez mais amplas da população acabava permitindo que demandas por mudanças no *status quo* também viessem à tona no universo normativo. Surge então, na virada para o século XX, o Estado do Bem-Estar Social[3] e, com ele, a consagração constitucional de uma nova constelação de direitos, que demandam prestações estatais positivas, destinadas à garantia de condições mínimas de vida para a população (direito à saúde, previdência, educação, habitação, etc.).

---

2. CARVALHO NETTO, Menelick de. A contribuição do Direito Administrativo enfocado da ótica do administrado para uma reflexão acerca dos fundamentos do controle de constitucionalidade das leis no Brasil: um pequeno exercício de teoria da constituição. Não-publicado.

Mas foi a grande crise do capitalismo, no período entre as duas grandes guerras mundiais, cujo apogeu consistiu no colapso da Bolsa de Nova Iorque em 1929, que evidenciou a definitiva superação do modelo liberal de Estado. A grande depressão, que se seguiu à quebra da bolsa, tornou patente a necessidade de intervenção estatal no mercado, para corrigir rumos e reduzir o desemprego. Neste quadro, tornam-se hegemônicas as idéias do economista inglês John Maynard Keynes, que defendia um papel ativo do Estado no cenário econômico, na busca do pleno emprego, condenando o credo liberal de que o mercado, relegado à própria sorte, conduziria ao melhor dos mundos.

Com a tragédia deixada pela Segunda Guerra Mundial, as injustiças sociais geraram "ressentimentos e ódios contra a decrepitude de uma espécie de capitalismo, cujos erros graves se acumulavam ao redor de uma forma de Estado impotente para vencer crise de tão vastas proporções qual aquela do Estado liberal, condenado, já, a transformar-se ou desaparecer", segundo Bonavides.[4] Mas ele não desapareceu, transformou-se em Estado Social, "este o qualificou pelo intervencionismo e tutela sociais", preocupado com a democracia do futuro, enfatiza Márcio Aranha.[5]

A positivação e tutela dos direitos sociais e econômicos partiram de uma premissa que nos parece inquestionável: diante da desigualdade de fato existente no meio social, se o Estado não agisse para proteger o mais fraco do mais forte, os ideais éticos de liberdade, igualdade e solidariedade em que se lastreia o constitucionalismo seguramente iriam frustrar-se.

Destarte, a promoção dos direitos sociais exigia do Estado uma atuação mais marcante no cenário econômico. O Estado foi então, distanciando-se da sua posição anterior, caracterizada pelo absenteísmo e passou a assumir um papel mais ativo, convertendo-se no maior protagonista do teatro social. O Estado Liberal transformou-se no Estado Social, preocupando-se agora

---

3. Confira-se, a propósito, BONAVIDES, Paulo, *op. cit.*
4. BONAVIDES, Paulo, *op. cit.*, p. 37.
5. ARANHA, Márcio Iorio. *Interpretação Constitucional e as Garantias Institucionais dos Direitos Fundamentais*. São Paulo: Atlas, 1999, p. 113.

não apenas com a liberdade, mas também com o bem-estar do seu cidadão.

Sob o paradigma do Estado liberal, os direitos tinham sua eficácia limitada, eram apenas catalogados na Declaração, abstratos, "[...] distantes e tocados por poucos. Somente atingiriam aqueles que a eles já estivessem próximos por sua condição social privilegiada. Eram direitos cujo conteúdo encontrava-se fora dos mesmos, nas peculiaridades subjetivas de cada um"; o Estado Social, por outro lado, refletiu "um aprofundamento e uma extensão do Estado-protetor clássico", segundo Márcio Aranha[6], fundamentado em Pierre Rosanvallon.

Foi a partir do surgimento do Estado Social que a democracia se tornou direito positivo do povo e do cidadão, concretizando uma doutrina constitucional, saindo da dimensão do direito natural para, em seguida, "legitimada na esfera da positividade por imperativo da justiça e da razão humana", trazer variações geradoras de um novo direito constitucional impregnadas de novos sentidos e interpretações, de valores como de justiça, proporcionalidade, igualdade e liberdade, ou seja, foi o Estado social que exigiu uma nova hermenêutica do ordenamento jurídico, com juristas preocupados em construir uma Constituição viva, aberta e real, que comportasse toda a sociedade e fizesse realizar os direitos fundamentais, ao contrário dos juristas do Estado liberal, conservadores da metodologia clássica, positivistas da norma, que a liam e interpretavam, "segundo os cânones de Savigny", indiferentes aos valores e à legitimidade do ordenamento jurídico, portanto.[7]

A expansão dos direitos sociais e a integração das várias lutas sociais, emergentes no final da década de cinquenta, início da década de sessenta do século passado: negros, estudantes, segurança social, habitação, educação, transportes, meio ambiente e qualidade de vida, aceleraram a transformação do Estado liberal em Estado-Providência: um Estado ativamente envolvido na gestão

---

6. *Ibidem*, p. 107 e 111. Para maiores esclarecimentos, ler, do autor, nota de rodapé nº 9.
7. BONAVIDES, Paulo, *op. cit.*, p. 17 e 18.

dos conflitos entre as classes e os grupos sociais, apostando na minimização possível das desigualdades sociais no âmbito do modo de produção capitalista dominante nas relações econômicas.[8]

Essas alterações do perfil do Estado refletiram-se, como não poderia deixar de ser, sobre o constitucionalismo. As constituições, que antes se limitavam a traçar a estrutura básica do Estado e a garantir direitos individuais, tornam-se mais ambiciosas, passando a ocupar-se de uma multiplicidade de assuntos, assumindo funções dirigentes e arvorando-se no papel de principal diretriz da vida comunitária. No afã de conformar a realidade social, as constituições passam a valer-se com freqüência de normas de conteúdo programático, que traçam fins e objetivos a serem perseguidos pelo Estado, sem especificar, de modo suficientemente preciso, como os mesmos devem ser atingidos.

Sem embargo, a partir das duas crises do petróleo na década de setenta do século passado, instaura-se uma crise no *Welfare State*, que põe em cheque a lógica do dirigismo estatal. O Estado, que se havia expandido de modo desordenado, tornando-se burocrático e obeso, encontrava enormes dificuldades para desincumbir-se das tarefas gigantescas que assumira. A explosão de demandas reprimidas, gerada pela democratização política, tornara extremamente difícil a obtenção dos recursos financeiros necessários ao seu atendimento. Por outro lado, o envelhecimento populacional, decorrente dos avanços na medicina e no saneamento básico, engendrou uma perigosa crise de financiamento na saúde e na previdência social – pilares fundamentais sobre os quais se assentara o Estado Social.[9]

Essa crise, acentuada em razão da globalização econômica, alimenta o processo de esfacelamento do Estado-Providência, na medida em que vai corroendo o seu poder de efetivamente subordinar, de modo soberano, os fatores econômicos e sociais que condicionam a vida de cada comunidade política. Cada vez mais avulta a importância de variáveis exógenas sobre a economia nacional, sobre as quais o Estado-Nação não tem nenhum poder.

---

8. SANTOS, Boaventura de Sousa. *Pela Mão de Alice. op. cit.*, p. 165.
9. Sobre a crise do *Welfare State*, consulte-se GIDDENS, Anthony, *op. cit.*, especialmente, p. 153-225.

Como observou André-Noël Roth:

> O desenvolvimento das forças econômicas a um nível planetário diminui o poder de coação dos Estados nacionais sobre estas. A mobilidade acrescida aos meios de produção e às operações financeiras, o crescimento dos intercâmbios e a internacionalização das firmas impossibilitam a aplicação de políticas do tipo keynesiano em um só país. O Estado está limitado em suas políticas fiscais e intervencionistas (em termos de alcance interno) pelas coações da competência econômica mundial.[10]

Nesse cenário, o Estado passa a ser freqüentemente associado à ineficiência, à corrupção e ao desperdício. O seu papel de protagonista do processo econômico submete-se a intenso questionamento, imperando o ceticismo em relação ao seu potencial como ferramenta de transformação social. Sob tal perspectiva, torna-se hegemônico o discurso da privatização e da desregulamentação, encampado por inúmeros países, sob a batuta de órgãos internacionais como o Fundo Monetário Internacional e o Banco Mundial.

A tudo isto, junta-se o dado histórico. O colapso do comunismo, simbolizado pela queda do Muro de Berlim, eliminou uma das ideologias rivais que se defrontavam e disputavam espaço num mundo até então bipolar. Com o fracasso retumbante da experiência marxista-leninista e o advento da *Pax Americana*, o capitalismo ficou mais à vontade para impor, agora sem concessões, o seu modelo econômico e social, promovendo mais e mais a desigualdade e aprofundando a exclusão social.

Estes e outros fatores levaram autores progressistas, como o professor Canotilho a proclamar que "A constituição dirigente morreu!"[11] O atestado de óbito é especialmente significativo, pois foi lavrado exatamente por aquele que, em obra já clássica,

---

10. ROTH, André-Noel, *op. cit.*, p. 15-27.
11. CANOTILHO, J. J. Gomes. Da Constituição dirigente ao Direito Comunitário dirigente. In: CASELLA, Paulo Borba (Org.). *Mercosul, Integração Regional e Globalização*. São Paulo: Renovar, 2000, p. 205-217. Antes disso, em outro artigo intitulado Rever ou romper com a Constituição dirigente? Defesa de um constitucionalismo moralmente reflexivo. In: *Revista dos Tribunais: Cadernos de Direito Constitucional e Ciência Política*, nº 15, p. 7-17, 1998, o prof. Canotilho já expressara suas novas idéias sobre a crise do constitucionalismo social.

de notável influência no constitucionalismo brasileiro, firmara o conceito da constituição dirigente.

Em entrevista concedida ao professor Eloy García, Canotilho ao ser perguntado a respeito de admitir que a Constituição dirigente já não era adequada à realidade atual, responde que:

> Ciertamente. La Constitución dirigente há representado la forma más acabada de autosuficiencia normativo-constitucional porque además de regular el poder político y los *status* de los individuos, assumía una función transformadora. Como tal, hoy se encuentra indiscutiblemente en crisis. Y está en crisis por tres razones. Primeiro porque a pesar de su carácter transformador – o precisamente por él – las Constituciones dirigentes terminan convirtiéndose en normas cristalizadoras de la política cerradas a los procesos de cambio histórico. Mal que pese, la incorporación de la dinámica histórica en la estabilidade normativo-constitucional provoca un alejamiento del Derecho Constitucional de los procesos de transformación política y social. Segundo, el Derecho Constitucional se mueve dentro de lo que Wahl llama 'un triángulo mágico ordenado en tres ángulos': el imperativo de realización del sistema de valores incorporado en el orden constitucional, el control jurisdiccional de su realización mediante actos normativos y la libertad de conformación del legislador en calidad de primer concretizador de los valores constitucionales. Todos esos ángulos se encuentran hoy desenfocados: el orden de valores obedecía más a las ideas integracionista de un Smend que a una lectura moral multicultural de Dworkin, el control de constitucionalid – a pesar de que tuvo el mérito de asegurar la fuerza normativa de la Constitución – incurrió en un neopositivismo: el positivismo jurisprudencial, y la función legisladora desconoció los fenómenos autopoíeticos. En tercer lugar, el Derecho Constitucional como proyecto idealista de la modernidad sufre la crisis de una realidad que se ha vuelto posmoderna. La Constitución dirigente no serviá, la Teoría Constitucional que se había correspondido con ella resultaba insuficiente y todos aquellos problemas me exigían respuesta: tenía ante mi un nuevo reto que decidí afrontar con mi *Direito Constitucional e Teoría da Constituição*.[12]

O próprio constitucionalista lusitano reconhece que o problema estava em pretender-se judicializar questões que não são justiciáveis e que devem ter respostas políticas. A própria Constituição dirigente resulta um equívoco porque supõe confiar demasiadamente na força normativa do Direito que incluso em

---

12. GARCÍA, Eloy, *op. cit.*, p. 42 e 43.

Constituições progressivas vem a ser desmentida pelos fatos. Trata-se, diz Canotilho:

> [...] de uma mala balanza de Arquimedes, el Derecho se construye en la practica social de una sociedad que se descompone en una pluralidad de situaciones, el Derecho está sujeto a la globalización, a la desregularización, el Derecho – como dice el título de una colección brasileña – está *'Achado na Rua'* y vds continúan com una Constitución dirigente que no sirve para nada?[13]

Canotilho, em sua última obra, "Direito Constitucional e Teoria da Constituição", afirma que o problema fundamental da constituição, na atualidade, é o de saber ponderar as medidas liberais e as estatais que devem informar o texto constitucional para que ela continue sendo o documento fundamental das *res publica* sem se converter em instrumento totalizador com concepções unidimensionais do Estado e da sociedade.[14]

Com efeito, na doutrina constitucional contemporânea comenta-se a mudança na linha doutrinária de Canotilho. Na sua obra "Constituição Dirigente e Vinculação do Legislador", publicada em 1982, ele defendia a tese de que as normas programáticas constitucionais sobre Direitos Sociais, Econômicos e Culturais seriam capazes de obrigar o legislador a criar as respectivas leis ordinárias que fixassem as prestações positivas e o Poder Executivo a oferecer os serviços e prestações para realização do conceito constitucional. Ao mesmo tempo, o autor não quis permitir a redução dos direitos sociais a um simples apelo ao legislador, mas os entendia como "verdadeira imposição constitucional, legitimadora de transformações econômicas e sociais, à medida que estas forem necessárias para a efetivação desses direitos". Afirmava que a inércia do Estado quanto à criação de condições de sua efetivação podia dar lugar à inconstitucionalidade por omissão.[15]

---

13. GARCÍA, Eloy, *op. cit.*, p. 45.
14. *Op. cit.*, p. 1.191 e 1.192.
15. A teoria da "constituição dirigente" teve ampla aceitação no Brasil e influenciou fortemente o constitucionalismo brasileiro e a última Assembléia Nacional Constituinte; cf. BARROSO, Luiz Roberto. Dez anos da Constituição de 1988. SARLET, Ingo W. (Org.). O *Direito Público em Tempos de Crise*:

Ultimamente, Canotilho revisou seu posicionamento, declarando-se adepto de um "constitucionalismo moralmente reflexivo", em virtude do "descrédito de utopias" e da "falência dos códigos dirigentes", que causariam a preferência de "modelos regulativos típicos da subsidiariedade", de "autodireção social estatalmente garantida."[16] O "entulho programático" e as "metanarrativas" da Carta Portuguesa, segundo ele, impediriam aberturas e alternativas políticas, tornando necessário "desideologizar" o texto constitucional.[17] O modelo da "constituição dirigente" hoje também estaria inútil perante a transformação de ordens jurídicas nacionais em ordens parciais, onde as constituições são relegadas para um plano mais modesto de "leis fundamentais regionais".

Além disso, Canotilho passou a negar a possibilidade da geração de direitos subjetivos na base de direitos constitucionais sociais, alegando que somente o legislador ordinário seria legitimado a determinar o conteúdo concreto dos direitos sociais, sem vinculação estrita às normas programáticas da constituição.

A garantia constitucional da gratuidade do acesso a todos os graus de ensino, por exemplo, pode lançar a constituição nas querelas dos limites do Estado Social e da ingovernabilidade, pois para Canotilho:

> A lei dirigente cede o lugar ao contrato, o espaço nacional alarga-se à transnacionalização e globalização, mas o ânimo de mudanças aí está de novo nos 'quatro contratos globais' (o contrato para as necessidades globais, o contrato cultural, o contrato democrático e o contrato do planeta Terra).[18]

Estudos em homenagem a Ruy Ruben Ruschel. Porto Alegre:Livraria do Advogado, 1999, p. 196.
16. CANOTILHO, J. J. Gomes. *Rever ou romper com a Constituição Dirigente? op. cit.*, p. 8 ss.
17. CANOTILHO, J. J. Gomes. *Direito Constitucional...* op. cit., p. 201 ss.
18. CANOTILHO, J. J. Gomes. *Rever ou romper com a Constituição Dirigente? op. cit.*, p. 15 ss.: Complementa o autor que: "Certas formas de 'eficácia reflexiva' ou 'direção indireta' – subsidiariedade, neocorporativismo, delegação – podem apontar para o desenvolvimento de instrumentos cooperativos, que reforçando a eficácia, recuperem as dimensões justas do princípio da responsabilidade apoiando e encorajando a dinâmica da sociedade civil".

No entanto, Gilberto Bercovici salienta que a "constituição dirigente" – modelo da Carta de 1988 – não tolhe a liberdade do legislador ou a discricionariedade do governo de maneira a prescrever uma linha única de atuação para a política, mas estabelece um fundamento constitucional para a política, tornando-se sua premissa material. Nesse passo, visualiza o autor:

> O poder estatal é um poder com fundamento na Constituição, e seus atos devem ser considerados constitucionalmente determinados. Inclusive, ao não regular inúmeras questões [...], cabe à discussão política solucioná-las. A função da Constituição dirigente é a de fornecer uma direção permanente e consagrar uma exigência de atuação estatal.[19]

Para José Afonso da Silva, as normas constitucionais programáticas sobre direitos sociais que hoje encontramos, na grande maioria dos textos constitucionais dos países europeus e latino-americanos, definem metas e finalidades, as quais o legislador ordinário deve elevar a um nível adequado de concretização. Essas "normas programa" prescrevem a realização, por parte do Estado, de determinados fins e tarefas. No entanto, elas não representam meras recomendações ou preceitos morais com eficácia ético-política meramente diretiva, mas constituem direito diretamente aplicável, são os direitos fundamentais do homem-social dentro de um modelo de Estado, que tende, cada vez mais, a ser social, dando prevalência aos interesses coletivos, antes que aos individuais.[20]

Implica dizer que os direitos fundamentais sociais não são direitos contra o Estado, mas sim direitos por meio do Estado, exigindo do Poder Público certas prestações materiais. O Estado, por meio de leis, atos administrativos e da criação real de instalações de serviços públicos, deve definir, executar e implementar, conforme as circunstâncias, as chamadas "políticas sociais" (de educação, saúde, assistência, previdência, trabalho, habitação), que facultam o gozo efetivo dos direitos constitucionalmente protegidos.

---

19. BERCOVICI, Gilberto. A problemática da constituição dirigente: algumas considerações sobre o caso brasileiro. *Revista de Informação Legislativa*, n. 142, p. 35-51, abr./jun. 1999, p. 40.
20. SILVA, José Afonso da. *Aplicabilidade das Normas Constitucionais, op. cit.*, p. 115.

Com efeito, argumenta João Carlos Espada que a obrigação que decorre dos direitos sociais não é negativa, pelo contrário, positiva de agir, uma vez que os direitos sociais "são pretensões e não só liberdades, já que deveriam implicar a obrigação por parte de terceiros de assegurarem um tipo qualquer de bens a que se considera que o seu titular tem direito."[21]

Nesse sentido, Jorge Miranda assinala que a Constituição confere ao legislador uma margem substancial de autonomia na definição da forma e medida em que o direito social deve ser assegurado ("livre espaço de conformação"). Essa função legislativa seria degradada se entendida como mera função executiva da Constituição. Num sistema pluralista, as normas constitucionais sobre direitos sociais devem ser abertas para receber diversas concretizações consoante às alternativas periodicamente escolhidas pelo eleitorado. A apreciação dos fatores econômicos para uma tomada de decisão quanto às possibilidades e aos meios de efetivação desses direitos cabe, principalmente, aos órgãos políticos e legislativos.[22]

Desse modo, o primeiro intérprete da constituição é o legislador, ao qual a constituição confere uma margem substancial de autonomia na definição da forma e medida em que o direito social deve ser assegurado ("liberdade de conformação"). Em princípio, o Poder Judiciário não deve intervir em esfera reservada a outro Poder para substituí-lo em juízos de conveniência e oportunidade, querendo controlar as opções legislativas de organização e prestação, a não ser, excepcionalmente, quando haja uma violação evidente e arbitrária, pelo legislador, da incumbência constitucional.

Destarte, a efetividade dos direitos econômicos e sociais, em cada país, depende, em grande parte, da adoção de múltiplas e variadas medidas complementares, na maioria dos casos de caráter promocional, em todos os campos de ação: político, jurídico, social, econômico, cultural, sanitário, tecnológico, etc. Sem

---

21. ESPADA, João Carlos. *Direitos Sociais de Cidadania*. São Paulo: Massao Ohno Editor, 1999, p. 24.
22. MIRANDA, Jorge. *Manual de Direito Constitucional, op. cit.*, p. 105 s., 348 ss.

dúvida, as normas sociais programáticas requerem uma política pertinente à satisfação dos fins positivos nela indicados[23] e a implementação das políticas públicas necessárias ao atendimento dos chamados direitos de segunda geração, depende, naturalmente, de recursos públicos disponíveis.

O Art. 6º, da Constituição brasileira de 1988, assim preconiza: "São direitos sociais a educação, a saúde, o trabalho, a moradia, o lazer, a segurança, a previdência social, a proteção à maternidade e à infância, a assistência aos desamparados, na forma desta Constituição." Bem-distanciado dessa norma, o texto da Carta traz um capítulo especial sobre a Ordem Social (Título VIII), fazendo com que o jurista extraia, daqui e de lá, aquilo que constitua o conteúdo dos direitos relativos a cada um daqueles objetos sociais, deixando para tratar, nos arts. 190-230, de seus mecanismos e aspectos organizacionais.[24] Os direitos sociais de trabalho (Art. 6º CF), educação (Art. 205 c/c Art. 6º CF), habitação, saúde, cultura e assistência social (Art. 203) dependem, na sua atualização, da satisfação de uma série de pressupostos de índole econômica, política e jurídica.

Particularmente, no que diz respeito ao direito à moradia, Nelson Saule Júnior salienta que os princípios, as metas, os compromissos, as estratégias e os instrumentos para a implementação de planos e programas de ação dos governos destinados a concretizar os direitos humanos preconizados e reconhecidos no sistema de proteção internacional já estão definidos em grandes pactos internacionais sobre direitos humanos, a partir da Conferência do Meio Ambiente e Desenvolvimento do Rio de Janeiro

---

23. SILVA, José Afonso da. *Aplicabilidade das Normas Constitucionais*, op. cit., p. 84.
24. SILVA, José Afonso da. *Curso de Direito Constitucional Positivo*. 15ª ed. São Paulo: Malheiros, 1998, p. 288; com essa técnica, segundo ele, "o constituinte não atendeu aos melhores critérios metodológicos". Vale ressaltar que os direitos fundamentais sociais na Constituição Brasileira estão longe de formar um "grupo homogêneo", no que diz respeito ao seu conteúdo e à forma de sua positivação, segundo lição de SARLET, Ingo Wolfgang. *A Eficácia dos Direitos Fundamentais*. Porto Alegre: Livraria do Advogado, 2001, p. 203.

(1992), da Conferência dos Direitos Humanos de Viena (1993), da Conferência sobre População e Desenvolvimento do Cairo (1994), da Conferência sobre Desenvolvimento Social de Copenhagen (1995), da Conferência das Mulheres de Beijing (1995) e da Conferência sobre Assentamentos Humanos – Habitat II de Istambul (1996).[25]

Não obstante, como veremos a seguir, é certo que ainda não há, pelo menos no atual estágio de desenvolvimento da comunidade internacional, nenhuma entidade supranacional que tenha, na prática, como substituir o Estado no desempenho desta sua tarefa tão primordial, que é assegurar as condições materiais mínimas para o povo por meio da tutela dos direitos sociais. Se já é difícil, por uma série de razões que não convém aqui explorar, proteger os direitos humanos na esfera internacional, essas dificuldades multiplicam-se quando os direitos em questão são de natureza socioeconômica e envolvem prestações positivas. De fato, as instâncias supranacionais não possuem hoje os meios necessários para garantir, na prática, a implementação das políticas públicas necessárias ao atendimento dos chamados direitos fundamentais de *segunda geração*, que dependem de recursos econômicos.

4.2 Os Direitos Sociais sob o Impacto da Globalização Econômica

A globalização[26] econômica é o resultado de um processo histórico muito provavelmente irreversível, que se acelerou vertiginosamente nas décadas finais do milênio que se encerrou. O espantoso avanço tecnológico no campo da informática e das telecomunicações encurtou distâncias, ampliou mercados, homogeneizou costumes e diluiu a importância das fronteiras na-

---

25. SAULE Júnior, Nelson. *O direito à moradia como responsabilidade do Estado Brasileiro*, op. cit., p. 66.
26. Sobre o fenômeno da globalização e a revelação das raízes e conseqüências sociais do processo globalizador, veja-se a obra de BAUMAN, Zygmunt. *Globalização: As conseqüências humanas*. Trad. de Marcus Penchel. Rio de Janeiro: Zahar, 1999.

cionais. Vivemos em um mundo menor, onde o que ocorre a milhares de quilômetros, fora dos limites do nosso Estado, pode influenciar, em tempo real, a nossa vida cotidiana. Nossa sorte está cada vez mais atrelada aos humores de um mercado financeiro internacional volátil e temperamental, dominado por atores cujo poderio desafia qualquer autoridade estatal.

O Direito, como não poderia deixar de ser, não assiste impávido a essas transformações. A globalização aprofunda a crise dos paradigmas[27] do Direito Moderno, construídos ao longo de séculos de história e tradição, especialmente do Direito Constitucional, uma vez que os conceitos-chave que formam o arcabouço teórico da disciplina, como os de Estado e de soberania, passam a ser questionados e relativizados, levados pelo "arrastão" da globalização. Instaura-se, com isto, um verdadeiro "mal-estar no constitucionalismo", à proporção em que os seus fundamentos basilares vão se revelando anacrônicos e não surgem novos modelos teóricos suficientes para enquadrar, sob o ângulo jurídico, a realidade contemporânea das nossas comunidades políticas.

Como não poderia deixar de ocorrer, argumenta Diogo de Figueiredo Moreira Neto, essas rápidas e profundas mudanças das sociedades humanas, trazidas pela revolução científico-tecnológica e, em seu bojo, pela revolução das comunicações, tornaram simultaneamente obsoletos os modelos de Estados dominantes no século XX e, hoje, embora não se saiba qual o modelo que afinal virá a prevalecer no atual século, já se antevê o que deve ser feito para livrá-lo das amarras, que impedem sua eficiência, notadamente no desempenho de suas funções essenciais [28].

No campo econômico, por exemplo, afirma Diogo de Figueiredo Moreira Neto, o Estado deverá aperfeiçoar-se, como o grande agente de "fomento público", voltado a propiciar, mas um desdobramento do capitalismo, muito além do primitivo modelo

---

27. Sobre o papel dos paradigmas e das suas alterações no desenvolvimento científico, veja-se a clássica obra de KUHN, Thomas S. *A Estrutura das Revoluções Científicas*. 5ª ed. São Paulo: Perspectiva, 2000.
28. MOREIRA NETO, Diogo de Figueiredo. A globalização e o Direito Administrativo. *Revista de Direito Administrativo*, nº 226, out./ dez. 2001, p. 265-280.

de capitalismo industrial, depois transformado, sucessivamente, em capitalismo bancário, estatal e, hoje, em capitalismo institucional, que vem a ser um promissor desdobramento social, possivelmente a ser caracterizado pela crescente ação popular, o que levará a Administração Pública a ampliar, ainda mais, sua atuação de fomento, transcendendo a "assistência paternalista" para o real "estímulo da aptidão individual e empresarial para competir". E sempre que o Estado troca a "assistência" pelo "estímulo" estará ensinando a pescar em vez de dar o peixe, que é a única receita duradora e não demagógica de progresso.[29]

Sustenta, ainda, o autor que a "globalização", que, hoje, estimula a criação de grandes unidades políticas metaestatais, ao contrário de empalidecer as entidades políticas infra-estatais, uma vez inspirado e temperado pela subsidiariedade, também valoriza-as e revigora-as, à medida que, cada vez mais, as fronteiras políticas internacionais se esbatem e se ornam permeáveis e o mundo vai deixando de ser um "mosaico de países" para tornar-se um "mosaico de regiões" e, dentro delas, um "ecumênico mosaico de municípios".[30]

Nesse sentido, garante Jorge Miranda que a globalização traz reforçada cooperação internacional, por comunidades e órgãos supranacionais, para solução de problemas de toda a humanidade, tais como:

> [...] a degradação da natureza e do ambiente, as desigualdades econômicas entre países industrializados e países não-industrializados, as situações de exclusão social, mesmo nos países mais ricos, a manipulação comunicacional, a cultura consumista de massas, a erosão de certos valores éticos, familiares e políticos.[31]

É fato altamente positivo, também sublinhado pelo alemão Konrad Hesse:

> No mundo moderno das armas de destruição em massa, das ameaças ecológicas globais, como dos entrelaçamentos econômicos globais, e das reticulagens organizacionais por eles condicionadas, uma série de tarefas públicas, à frente de tudo, aquela do asseguramento da paz,

---

29. *Ibidem*, p. 276.
30. *Ibidem*, p. 275 e 276.
31. MIRANDA, Jorge. *Manual de Direito Constitucional, op. cit.*, p. 98 e 99.

não mais se deixa vencer no quadro nacional tradicional. Ordenações tornam-se necessárias, que ultrapassam esse quadro.[32]

Nesse passo, a globalização também envolve aspectos positivos no que concerne à tutela dos direitos sociais. O processo de universalização da proteção dos direitos fundamentais, iniciado a partir do final da Segunda Guerra Mundial, vem criando e fortalecendo instâncias e instrumentos de controle da violação dos direitos humanos, cuja garantia passou a ser concebida como questão que transcende a soberania estatal, interessando a toda a comunidade internacional. Existem, hoje, diversas normas internacionais sobre os direitos sociais, como o Pacto Internacional sobre Direitos Econômicos, Sociais e Culturais, adotado pela Assembléia Geral da ONU em 1966, e em vigor no Brasil desde 1992, o Protocolo Adicional à Convenção Americana de Direitos Humanos em Matéria de Direitos Econômicos, Sociais e Culturais, aprovado pela OEA em 1988 e ratificado pelo Brasil em 1996, e as inúmeras convenções da Organização Internacional do Trabalho (OIT), que são de caráter vinculativo para os Estados e geram *accountability* no plano internacional.

Canotilho ressalta, então, que a doutrina começa a falar de um "constitucionalismo global" centrado no núcleo essencial dos pactos sobre direitos individuais e políticos e direitos econômicos, sociais e culturais. A paradoxia mais intrigante da pós-modernidade reside nisto:

> [...] bondade dos direitos fora das fronteiras; maldade dentro das fronteiras constitucionais internas. Poder-se-ia objetar que, na ordem internacional, se protegem os direitos humanos com a 'suavidade' da *soft law* internacional, e que nas ordens constitucionais internas se pretende garantir e proteger direitos fundamentais postuladores da validade e eficácia da *hard law* estatal [...] o problema poderá ser assim colocado: se o 'direito' deixou de ser um sistema privilegiado e se as propostas de conformação social, através do direito esbarram com a desvalorização progressiva do direito positivo, como aceitar a positivação e positividade normativo-internacional dos direitos fundamentais?[33]

---

32. HESSE, Konrad. *Elementos de Direito Constitucional da República Federal da Alemanha*. Porto Alegre: Fabris, 1998, p. 103.
33. CANOTILHO, J. J. Gomes. *Teoria Jurídico-Constitucional dos Direitos Fundamentais*, op. cit., p. 43.

Como veremos adiante, sob o impacto da globalização, o Estado debilita-se, conforme vai perdendo o domínio sobre as variáveis que influem na sua economia. Deteriora-se a sua capacidade de formulação e implementação de políticas públicas, de regulamentação e fiscalização do seu mercado interno, e, com isto, o seu poder de garantir a eficácia dos direitos sociais.

4.3 O Direito em Crise: Fim do Estado Moderno?

A mudança estrutural da ordem internacional é uma das causas mais visíveis do sepultamento definitivo da idéia de que o Estado é o titular do monopólio da produção de normas jurídicas.

Com efeito, enquanto o Estado Nacional perde o viço, tragado pela força incoercível do processo de globalização econômica, robustecem-se as instâncias supranacionais de poder.[34] Sob esse ângulo, opera-se uma mudança qualitativa do Direito Internacional que, paulatinamente, deixa de preocupar-se apenas com as relações mantidas por Estados, passando a converter-se em fonte de direitos subjetivos para os indivíduos. Antes caracterizado por seu débil poder de coerção *(soft law)*, o Direito Internacional vai adquirindo novos mecanismos de atuação, com a criação de Cortes Internacionais, cujas decisões vão, com o passar dos tempos, tornando-se obrigatórias e vinculantes no âmbito dos ordenamentos domésticos dos Estados.

Para José Eduardo Faria, a globalização econômica está substituindo a política pelo mercado, como instância privilegiada de regulação social. Assegura o autor:

> Por tornar os capitais financeiros muitas vezes imunes a fiscalizações governamentais, fragmentar as atividades produtivas em distintas nações, regiões e continentes e reduzir as sociedades a meros conjuntos de grupos e mercados unidos em rede, esse fenômeno vem esvaziando

---

34. Sobre o impacto desagregador da transnacionalização dos mercados (globalização econômica) sobre as estruturas institucionais contemporâneas, veja-se FARIA, José Eduardo. Declaração Universal dos Direitos Humanos: um cinqüentenário à luz da globalização econômica. *Revista CEJ*, nº 6, p. 49-56, set./dez. 1998.

parte dos instrumentos de controle dos atores nacionais. À medida que o processo decisório foi sendo transnacionalizado, as decisões políticas tornaram-se crescentemente condicionadas por equilíbrios macroeconômicos que passaram a representar, mais do que um simples indicador, um efetivo princípio normativo responsável pelo estabelecimento de determinados limites às intervenções reguladoras e disciplinadoras dos governos.[35]

Salienta Bauman que, devido à total e inexorável disseminação das regras de livre mercado e, sobretudo, ao livre movimento do capital e das finanças, a "economia" é progressivamente isentada do controle político; com efeito, o significado primordial do termo "economia" é o de "área não-política." O que quer que restou da política, espera-se, deve ser tratado pelo Estado, como nos bons velhos tempos – mas o Estado não deve tocar em coisa alguma relacionada à vida econômica, sob pena de enfrentar a imediata e furiosa punição dos mercados mundiais.[36]

A corrida para criar novas e, cada vez mais fracas entidades territoriais "politicamente independentes", não vai contra a natureza das tendências econômicas globalizantes; a fragmentação política não é uma "trava na roda" da "sociedade mundial" emergente, unida pela livre circulação de informação. Por sua independência de movimento e irrestrita liberdade para perseguir seus objetivos, as finanças, comércio e indústria de informação globais dependem da fragmentação política – do retalhamento – do cenário mundial, garante Zygmunt Bauman.[37]

Com isso, surge um novo direito comum, que tende a ser universalizado entre os atores econômicos internacionais, produzido não pelo Estado ou por qualquer organização internacional, mas pelo próprio mercado com base na lógica que lhe é inerente. Essa nova realidade é atemorizante ao mesmo tempo que o mercado não tem ética, pois objetiva a expansão do lucro, ainda que à custa do agravamento de problemas sociais e do desrespeito aos direitos humanos. Portanto, o direito estatal, fortemente ancorado na ética comunitária, vai sendo substituído por

---
35. FARIA, José Eduardo. *Declaração Universal dos Direitos Humanos. op. cit.*, p. 50.
36. BAUMAN, Zygmunt, *op. cit.*, p. 74.
37. BAUMAN, Zygmunt, *op. cit.*, p. 75.

regras informais de conduta baseadas na exclusiva preocupação com a eficiência econômica.

Há, portanto, segundo Boaventura de Sousa Santos, uma ruptura da centralidade e exclusividade do Direito Positivo nacional. Editado sob a forma de uma ordem jurídica postulada como lógica, coerente e livre de ambigüidades ou antinomias, esse Direito é desafiado por regras e procedimentos normativos espontaneamente forjados no sistema econômico. São direitos autônomos, com normas lógicas e processos próprios, entreabrindo a coexistência de diferentes normatividades; mais precisamente, de um pluralismo jurídico de natureza infra-estatal ou supra-estatal.[38]

Amandino Teixeira Nunes Júnior, fundamentado em Ana Lúcia Sabadell, afirma que há três concepções atuais do pluralismo jurídico: 1ª) "interlegalidade", isto é, a "existência de vários sistemas de normas jurídicas que interagem entre si, criando redes de relações jurídicas continuamente mutantes": considera o monopólio estatal da elaboração e aplicação do Direito como uma construção historicamente superada; 2ª) refere-se às mudanças ocorridas no cenário internacional, que propiciaram o surgimento de organizações *internacionais* (ONU, OMC) e *supranacionais*, de caráter regional (União Européia, Nafta, Mercosul), que passaram a reclamar, de modo crescente, espaço de normatividade, por vezes, em detrimento dos ordenamentos jurídicos internos. Para o autor, "a coexistência de normas jurídicas nacionais, internacionais e supranacionais criou uma nova forma de pluralismo jurídico, que os estudiosos e pesquisadores passaram a analisar nos últimos anos"; 3ª) refere-se ao Direito "informal", alheio ao Direito "oficial", e no seio de diversas instituições sociais, como igrejas, sindicatos, associações civis e empresas.[39]

Veremos adiante que cada uma dessas concepções acentuou a crise dos paradigmas do Direito Constitucional.

---

38. SANTOS, Boaventura de Sousa. *A crítica da razão indolente: contra o desperdício da experiência. Para um novo senso comum: a ciência, o direito e a política na transição paradigmática*. v. 1, 2ª ed. São Paulo: Cortez, 2000.
39. NUNES JÚNIOR, Amandino Teixeira. Pluralismo Jurídico na União Européia. *Revista Consulex*, nº 123, p. 52-58, fev. 2002.

Com efeito, o resultado desse pluralismo jurídico acabou levando, no plano infra-estatal, ao advento de justiças profissionais (especializadas em conciliação e arbitragem) e não-profissionais (comunitárias); no plano supra-estatal, propiciando a proliferação de foros descentralizados de negociação (como a *Chambre International du Commerce* e a *Câmera di Commercio, Industria, Artigianato e Agricoltura di Milano*). Tanto no plano infra-estatal quanto no plano supra-estatal, esses foros de negociação e arbitragem tendem, na maioria absoluta dos casos, a oferecer processos de resolução dos conflitos muito mais rápidos, baratos e eficientes do que os judiciais, sustenta José Eduardo Faria.[40]

Como, ao que parece, o deslocamento de parte da atividade normativa do Estado para instâncias supranacionais apresenta-se como corolário inevitável do processo de globalização, a solução para esse déficit democrático deve passar pela democratização dessas instâncias por meio da articulação de mecanismos de controle popular sobre o seu funcionamento, bem como da eleição, sempre que factível, dos seus agentes.

Assim, o Estado Nacional vê-se impotente para enfrentar tal situação, pois não dispõe de armas que lhe permitem submeter à sua regulação jurídica o capital internacional. Por outro lado, a estratégia do fechamento tem-se revelado trágica para todos os países que a adotaram, gerando a obsolescência da economia interna e o empobrecimento do povo.

A realidade da mundialização das questões e das relações políticas, nacionais, supranacionais e internacionais vem criando um novo processo de legitimidade institucional e, em conseqüência, a necessidade da construção de novos paradigmas para os direitos fundamentais e para a universalização do justo político e social. Os fenômenos da transnacionalização e da supranacionalização dos problemas jurídicos e políticos alargam os espaços da normatividade do direito público e do direito privado, colocando-os na esfera da legitimidade dos interesses e dos direitos comunitários; são, portanto, novos desafios paradigmáticos que

---

40. FARIA, José Eduardo. *Declaração Universal dos Direitos Humanos. op. cit.*, p. 52.

afrontam a criatividade crítica do poder constituinte e da própria teoria do direito privado que lhe está subjacente[41]; são, em última análise, novas figuras e sujeitos políticos e jurídicos que precisam de identidade regulamentadora nas constituições.

O direito constitucional, pela via legítima do poder constituinte, está a requerer novos paradigmas de um Estado Constitucional *informal*. Parece heresia científica pretender que a criação e o conhecimento de matérias constitucionais liguem-se ao refluxo político e jurídico da informalização dos valores sociais, quando se sabe que o constitucionalismo contemporâneo consolidou uma concepção altamente racionalizadora e sistematizada do poder constituinte que o juspositivismo teorizou para aplicação às sociedades políticas.[42] A constituição codificada é o reflexo da positividade histórica e da legalidade política a que chegou o normativismo formalista por meio da engenhosa ficção de um poder constituinte legítimo, que desencadeia o processo da regulamentação formal, e da imposição da validade *erga omnes* dos princípios, das cláusulas e das instituições políticas estabelecidas.

De fato, agora, cada Estado tem que levar em consideração a situação internacional para promulgar leis de caráter nacional, em setores cada vez mais numerosos (a competição mundial, o problema de 'eurocompatibilidade', o GATT, etc). Desta forma, enfatiza André-Noël Roth, a conseqüência é uma maior flexibilidade do anterior caráter autoritário do direito nacional, o qual adquire, de maneira ampliada, a forma do direito internacional, pois perde seu caráter detalhista para limitar-se a um direito mais geral e flexível ("leis de bases, diretivas, leis de incitação, recomendações").[43]

Nessa perspectiva, argumenta Canotilho:

> [...] se a regulamentação jurídica formal deve ser substituída por outros mecanismos (ex. econômicos) ou por estruturas informais (ex. tribu-

---

41. CANOTILHO, J. J. Gomes. *Direito Constitucional... op. cit.*, p. 364.
42. CANOTILHO, J. J. Gomes. OAB-Sociedade e Estado. In: *Anais da XIII Conferência Nacional da Ordem dos Advogados do Brasil, Belo Horizonte*, p. 105-114, set. 1990, p. 112 e 113.
43. ROTH, André-Noël, *op. cit.*, p. 21.

nais de leigos), então também o direito constitucional formal se deve retirar da vida e da política para, num dinâmico processo público aberto, incorporar, preferencialmente, regras não cristalizadas na constituição escrita ou em quaisquer outros textos jurídicos.[44]

A crise nos paradigmas do Direito Constitucional não ocorre de forma repentina, portanto. Pelo contrário, ela reflete um complexo processo ainda em curso, decorrente de uma multiplicidade de fatores heterogêneos, cujos resultados ainda não estão completamente definidos. Atravessamos, na verdade, uma era de transição, onde os cânones tradicionais da teoria constitucional já não respondem plenamente às exigências da sociedade contemporânea, mas ainda não surgiram princípios suficientemente sólidos para substituí-los. Assim, ainda é prematuro falar-se em um novo direito constitucional da pós-modernidade. Porém, a partir de alguns dados já conhecidos, pode-se entrever um quadro pródigo em paradoxos e incertezas, envolvendo as questões centrais que a teoria constitucional terá de enfrentar nos próximos anos.

Dentre tais questões, avulta a da tutela dos direitos humanos. Estes, com efeito, converteram-se no centro de gravidade da filosofia constitucional contemporânea, inserindo-se na agenda não só dos Estados Nacionais, mas também de toda a comunidade internacional. Porém, ao deliberar a força dos Estados, o processo de globalização econômica subtrai dos mesmos a capacidade efetiva de promover, no mundo real, os direitos humanos proclamados pelas constituições e declarações internacionais.

Esse quadro assume contornos ainda mais dramáticos no que tange aos direitos sociais, que, por definição, pressupõem uma intervenção ativa do Estado no domínio econômico. Ora, a globalização econômica corrói os pilares do *Welfare State*, conforme reduz drasticamente o poder do Estado de implementar as políticas públicas necessárias à garantia dos direitos de *segunda geração*. Por outro lado, apesar de toda a evolução dos organismos supranacionais competentes, estes ainda estão muito longe do ponto em que poderão substituir o Estado, no papel de responsável primário pela promoção dos direitos sociais. Assim,

---

44. CANOTILHO, J. J. Gomes. *OAB-Sociedade e Estado, op. cit.*, p. 113.

cria-se um perigoso vácuo, que tende a aprofundar a miséria e a injustiça social, sobretudo nos países do capitalismo periférico, como o Brasil, que são os que mais sofrem os efeitos excludentes do processo de globalização.

Samuel Pinheiro Guimarães garante que foi em conseqüência das políticas neoliberais – as quais preconizam que o Estado seja reduzido ao mínimo, que a atividade econômica seja o mais possível desregulamentada, que o Estado interfira o mínimo via atividade econômica e, em especial, que não desenvolva diretamente nenhuma atividade econômica – que: "as três gerações de direitos humanos têm sido igualmente afetadas pelos efeitos perversos dessas políticas."[45] Em outros termos, "o mecanismo de mercado é suficiente para regular a maioria dos problemas econômicos e sociais de nosso tempo. O poder do Estado deve ser reduzido ao mínimo e descentralizado, sendo a liberdade da empresa o fundamento da liberdade política", na lição de Milton Friedman, principal opositor ao intervencionismo keynesiano e inspirador das novas políticas econômicas postas em prática a partir dos anos setenta do século passado.[46]

Para isso, crescem as medidas restritivas dos direitos sociais, em nome da sacralidade dos planos econômicos, crescendo a exclusão social e agredindo as conquistas do próprio liberalismo e os direitos sociais advindos do *Welfare State*. Segundo Azevedo: "Trata-se de voltar ao Estado Mínimo, segundo o lema 'menos Estado e mais sociedade civil'".

Todavia, sustenta o mesmo autor: "tolhendo a capacidade de intervenção dos cidadãos no jogo econômico, liberam-se as amarras para a desregulamentação e a privatização tão geral quanto possível, a fim de que se possa atingir a bem-aventurança da globalização".[47]

---

45. GUIMARÃES, Samuel Pinheiro. Direitos Humanos e Neoliberalismo. In:PINHEIRO, Paulo Sérgio; GUIMARÃES, Samuel Pinheiro (Org.). *Direitos Humanos no Século XXI*, Parte II. Rio de Janeiro: Instituto de Pesquisa de Relações Internacionais Fundação Alexandre de Gusmão, 1998, p. 1.031-1.045.
46. *Apud* AZEVEDO, Plauto Faraco de, *op. cit.*, p. 98.
47. AZEVEDO, Plauto Faraco de, *op. cit.*, p. 113 e 118.

Veremos, a seguir, que, para resolver a crise que atravessa o Direito, o pós-modernismo propõe, em apertada síntese, a substituição do modelo jurídico da modernidade, fundado no monopólio estatal do uso legítimo da força e da produção de normas jurídicas, por um sistema jurídico policêntrico, voltado para a auto-regulação e a resolução consensual dos conflitos. O Direito pós-moderno torna-se mais flexível e menos autoritário. O Estado, cada vez menos, dita normas imperativas de conduta, de baixo para cima e, cada vez mais, procura soluções negociadas com as partes interessadas. Em vez de obrigar, por regras coercitivas, o Estado tenta induzir os atores sociais à observância de comportamentos que considera positivos. Em outras palavras, o direito estatal é reduzido ao mínimo, a partir da constatação de que ele, além de ineficiente, sufoca e engessa a sociedade.[48]

4.4 Um Direito Reflexivo

Os conceitos de Estado constitucional e de Constituição formal sempre se vincularam à legitimidade criadora e à justiça histórica vividas por uma comunidade independente de pessoas com firme intenção de manter uma estrutura de idéias políticas próprias dentro de uma ordem jurídica de validade geral. Canotilho argumenta que o Estado constitucional, assim idealizado pelo grupo comunitário, se alicerçava nos seguintes elementos constitutivos: territorialidade, espaço físico ou geográfico, onde o povo pudesse exercer a soberania política; população, existência de uma comunidade historicamente unida; politicidade, fins definidos de ação e decisão com vontade politicamente individualizada.[49]

Assim sendo, o direito constitucional é expressão legítima do direito positivo, à medida que preestabelece, em termos racionalizadores de direito e com instrumentos científicos do direito, a legitimidade política do povo e de suas instituições históricas.

---

48. É sob esta perspectiva que foi articulada a teoria sistêmica de Niklas Luhmann e de Gunther Teubner, que concebem o direito como sistema autopoiético, ou seja, como um sistema cerrado, auto-reprodutor.
49. CANOTILHO, J. J. Gomes. *Direito Constitucional... op. cit.*, p. 490.

Por conseqüência, ao direito constitucional, instrumento superior da legitimação soberana da sociedade civil, incumbe disciplinar o exercício democrático do poder político, do governo, dos direitos fundamentais da cidadania e das liberdades públicas e privadas. Os princípios e as cláusulas constitucionais adquirem o *status* político de validade jurídica como lei fundamental que, por meio do direito constitucional, obtém o conteúdo normativo de universalidade heurística. Portanto, o direito constitucional tem o seu fundamento na positividade histórica do justo político e na normatividade própria dos fenômenos políticos aos quais o sistema reconhece juridicidade positiva.

No entanto, o bom senso comum está a evidenciar que a dinamicidade de um processo crítico e aberto reconhece e admite a incorporação de regras extrapositivas que a constituição codificada deixou formalmente de consagrar; são realidades jurídicas informais e não escritas no formalismo do direito constitucional. O processo hermenêutico das condutas jurídicas e políticas, que são praticadas com legitimidade institucional no âmbito dos direitos comunitários, das autoridades supranacionais, das liberdades coletivas e da justiça personalíssima, não pode, de modo algum, ser ignorado ou anulado pela soberania do poder estatal e do poder constituinte, na lição de Canotilho.[50]

Como visto anteriormente, os cânones tradicionais da teoria constitucional já não respondem plenamente às exigências da sociedade contemporânea, portanto, a crise da razão jurídica dos Estados nacionais já não pode mais ser enfrentada somente com os vigentes paradigmas de normatividade constitucional, que presumem oferecer garantias absolutas aos direitos individuais, sociais, coletivos e comunitários, sob a mística e o primado da tutela soberana das liberdades políticas pelos poderes estatais. A ciência do direito deve superar-se a si mesma em sua estrutura constitucional e política, para que possa ter condições de responder com sucesso aos desafios que a globalização e o comunitarismo colocam como destino dos direitos humanos nas sociedades contemporâneas.

---

50. *Ibidem*, p. 491.

Certamente, à ciência do direito cabe assumir as rédeas da restauração das liberdades políticas e dos direitos constitucionais, para que possa debelar a crise jurídica no âmbito das relações supranacionais e internacionais; para tanto, é necessário que o direito se entrelace com os objetivos políticos, públicos e privados na esfera do direito comunitário. A demora em responder ao questionamento dos novos valores universais, ampliando para eles a razão jurídica no contexto do próprio direito positivo e na conformidade com a experiência problematizadora das sociedades contemporâneas, certamente, recrudescerá o tamanho da crise e das soluções.

O pensamento jurídico atual, entretanto, ainda considera o direito positivo estatal como o problema central; e grandes esforços têm sido canalizados à solução do problema de sua "distância relacional" da sociedade.

O problema foi percebido nas primeiras décadas do século XX, por juristas como Santi Romano[51]. Na sua visão, o impacto sociojurídico crescente dos campos sociais semi-autônomos na sociedade moderna constitui causa e efeito da propalada "crise do Estado" e uma compreensão socialmente adequada de ambos os fenômenos requer o abandono de uma perspectiva monística centrada no Estado.[52] Em outras palavras, segundo Amandino Teixeira Nunes Júnior, Romano sustentou "que todo corpo social (partido político, religião, empresa) é uma instituição, que desenvolve seu próprio ordenamento jurídico."[53] Para Márcio Iorio Aranha, "O pluralismo, enfim, diz respeito à concepção dualista de fontes de qualificação jurídica frente à monística."[54]

---

51. Márcio Iorio Aranha, em sua obra, precisamente na subseção 1.2.2.1, intitulada "O pluralismo, na teoria de Santi Romano e seus reflexos no pensamento jurídico", estuda a pluralidade de ordenamentos jurídicos decorrente do conceito de instituição de Santi Romano, a partir da obra denominada *L'ordinamento giuridico. op. cit.*, p. 55-65.
52. OLGIATI, Vittorio. Direito positivo e ordens sociojurídicas: um "engate operacional" para uma sociologia do direito européia. In: FARIA, José Eduardo (Org.). *Direito e Globalização Econômica*, p. 80-104.
53. NUNES JÚNIOR, Amandino Teixeira, *op. cit.*, p. 53.
54. ARANHA, Márcio Iorio, *op. cit.*, p. 59.

Mais recentemente, Teubner sugeriu que, a fim de lidar com os dilemas regulatórios do Estado Social — às voltas com estas ordens sociojurídicas — se impõe uma reavaliação do direito positivo e que uma política jurídica socialmente adequada deveria procurar concebê-lo enquanto um sistema auto-referencial.

No momento, o debate científico tem sido dominado pelas críticas à abordagem monística estrita, centrada no Estado, e por uma avaliação do pluralismo jurídico. O território "velado" do direito — "*soft law*", "quase-legislação", "ordenamento privado", etc. — tem progressivamente emergido. A combinação de uma tal "zona cinzenta normativa" com formas jurídicas preexistentes, "nativas", "intuitivas", "inoficiais" — na medida em que diferem da dimensão "artificial" do direito estatal — tem sido concebida como um tipo de "direito natural". Tendências à justiça informal, ao arbitramento e à desregulação têm sugerido que uma nova "*lex mercatoria*" mundial, na esfera social, e um "hiper-corpus juris", no âmbito institucional, podem vir a dominar os futuros cenários normativos, criando os chamados direitos "secundários".[55]

Na realidade, os chamados direitos "secundários", produzidos pelos subsistemas sociais de maneira relativamente autônoma não são, de maneira nenhuma, comparáveis ao direito positivo. Para Olgiati, tais direitos:

> [...] possuem uma 'identidade', uma 'razão', uma 'lógica' e um 'meio-ambiente' próprios. Visando à regulação de relações sociais numa perspectiva funcional e substantiva — ao invés coercitiva e formal — eles tendem a criar formas de agregação social persistentes (em vez de condições anômicas permanentes).[56]

Em percuciente observação, Menelick de Carvalho Netto destaca que, para Luhmann, o Direito é um sistema fechado, autopoiético, que se dá suas próprias razões e que tem uma lógica interna, um código binário de atribuição de sentido jurídico ou antijurídico, assim como a política também é outro sistema, que, por sua vez, tem seu próprio código binário, mais poder/menos poder, também operando autonomamente em termos internos,

---
55. OLGIATI, Vittorio, *op. cit.*, p. 81-82.
56. Não publicado.

fechada sobre si mesma. A modernidade, como sociedade complexa, exatamente para garantir o seu pluralismo, precisa de sistemas especializados, o que não quer dizer que, precisamente por serem diferenciados, eles não se relacionem entre si, eles não se prestem serviços mútuos.

Nesse sentido, em Teubner, vimos que a "era do instrumentalismo jurídico 'pelo alto' terminou", o que o faz sugerir o chamado "direito reflexivo" – "teoria neo-evolucionista da ordem legal", segundo Celso Fernandes Campilongo[57] – o qual resolveria o trilema regulatório provocado pelo envolvimento do direito positivo na crise do Estado Social, que são: (a) a indiferença recíproca entre direito e sociedade; (b) a colonização da sociedade por parte do direito; (c) a desintegração do direito por parte da sociedade. Para Campilongo, as preocupações de Teubner seriam: "a crise do desenvolvimento legal e social; os dilemas entre forma e substância na racionalidade jurídica; legalização e deslegalização das relações sociais."

Nesse passo, Helmut Willke, principal promotor do direito reflexivo, defende a emergência de "um corporativismo renovado dentro de um projeto político-econômico neomercantilista e constituir uma via intermediária entre a evolução espontânea e a planificação".[58] Na prática, para Willke, a estrutura jurídica do direito, chamada "programa relacional", dar-se-ia em dois níveis: o primeiro nível de formulação de fins e um segundo nível que inclui disposições que permitem decisões dedutivas e descentralizadas e aqui reside, segundo ele, a "inovação principal": "permitir e facilitar processos de auto-regulação no interior de campos de problemas específicos", como a economia, a ciência ou a saúde. Dentro destes campos, desenvolver-se-á uma racionalidade de procedimento, mais que de conteúdo material.[59]

Porque as formas tradicionais de controle fracassaram e a racionalidade material "ficou imobilizada", Teubner traz como única solução formas reflexivas, "relacionais" e indiretas de con-

---

57. CAMPILONGO, Celso Fernandes. *Direito e Democracia*. 2ª ed. São Paulo: Max Limonad, 2000, p. 65.
58. *Apud* ROTH, André-Noël. *op. cit.*, p. 22.
59. In: ROTH, André-Noël, *op. cit.*, p. 23.

trole. A racionalidade reflexiva é a conseqüência necessária de um fracasso da racionalidade material.⁶⁰

No entanto, para Vittorio Olgiati, enquanto o direito positivo for considerado "mecanismo generalizado", fica claro que a chamada "harmonização estrutural" entre o direito positivo e as ordens sociojurídicas – nos moldes sugeridos por Teubner:

> [...] consiste simplesmente na promoção de um tipo (antigo) de 'descentralização' normativa: a 'investidura' simbólica – politicamente relevante – das ordens sociojurídicas nos poderes políticos 'oficialmente' reconhecidos da autonomia (auto-regulação), da autarquia (auto-administração) e da 'autocrinia' (autojurisdição).⁶¹

Olgiati sustenta que Teubner pretende não o abandono da política, mas o mencionado controle de contexto descentralizado, do qual ele, sem dúvida, espera que alcance objetivos sociais com menos fricção, dado que este reconhece a "complexidade dos subsistemas."⁶²

Todavia, questiona Campilongo: "Que mecanismos permitem à reflexividade do sistema jurídico reconciliar essa tensão? Qual o significado da imposição de limites à legalidade? Como fica, nessas circunstâncias, o princípio da maioria?" O autor refere-se aos procedimentos mais comuns, lembrados por Teubner, que são, de um lado:

> [...] a desregulação ou a reformalização do direito substantivo e, de outro, a 'procedimentalização' de estruturas auto-regulatórias para os outros subsistemas sociais. Desse modo, as decisões majoritárias – quer reflitam opções constitucionais, eleições para os postos legislativos e executivos ou escolha de políticas públicas – não são mais implementadas. Tudo em nome da capacidade auto-referencial e auto-regulatória dos subsistemas sociais.⁶³

A grosso modo, Gilberto Bercovici define que a teoria do direito reflexivo tem por fundamento o postulado de que o Estado e seus instrumentos jurídico-normativos não mais têm capacidade de regular a complexidade da sociedade contemporânea. Ou seja, a própria sociedade busca reduzir a sua complexida-

---

60. In: REICH, Norbert, *op. cit.*, p. 270.
61. OLGIATI, Vittorio, *op. cit.*, p. 92.
62. REICH, Norbert, *op. cit.*, p. 270.
63. CAMPILONGO, Celso Fernandes. *Direito e Democracia, op. cit.*, p. 68.

de por meio da diferenciação interna em vários sistemas, cada um deles atuando em áreas determinadas e auto-organizando suas estruturas, ordenamento, identidade, fazendo com que não haja necessidade das normas gerais e padronizadoras do Estado. Nesse sentido, o ordenamento jurídico passaria a ser um ordenamento de coordenação, sem impor soluções para os sistemas; contudo, alerta Bercovici, o ordenamento jurídico levaria esses sistemas "com base nos princípios da 'responsabilidade social' e da 'consciência global', a uma reflexão sobre os efeitos sociais de suas decisões e atuação, induzindo-os a não ultrapassar situações limite em que todos perderiam."[64]

Hoje a complexidade do sistema social é tal que nenhum subsistema particular, seja ele político, jurídico, moral ou econômico, pode ainda pretender a direção da sociedade. Para Roth, o projeto de Willke quer dar ao Estado-Providência uma capacidade não de direção, mas de guia para a sociedade. Para que o Estado e o direito tenham essa capacidade de pilotagem social, necessita-se conseguir uma via alternativa à pilotagem central ou à auto-regulação pelo mercado: "O direito reflexivo, baseado não sobre o poder e o dinheiro, mas sim sobre o saber, poderia representar essa nova via com o fim de 'estabilizar os progressos do homem', correspondendo, assim, às necessidades de nossa sociedade pós-moderna."[65]

No entanto, questiona Roth: Como serão tomadas as decisões concretas? O Estado, estando em incapacidade para formular e impor soluções para problemas complexos, é um ator como qualquer outro, somente por meio de sistemas "de discursos" é que os representantes dos interesses afetados serão dirigidos para o descobrimento de interesses comuns e encontrarão as soluções de que necessitam.[66] Willke faz uma referência a Habermas e sua "razão discursiva":

> [...] pela qual os atores dos diversos subsistemas negociam, no primeiro nível do programa relacional, sobre metas legislativas e indicativas comuns, donde há 'interesses generalizáveis'. O segundo nível é um pro-

---
64. BERCOVICI, Gilberto, *op. cit.*, p. 41.
65. ROTH, André-Noël, *op. cit.*, p. 22 e 23.
66. *Ibidem*, p. 23.

cesso de auto-regulação interna em cada campo específico, que deve permitir um acordo por meio da busca de um consenso entre os atores sociais referidos.[67]

Com essa evolução, o direito estatal deixaria de promulgar proibições (direito negativo) para tomar uma forma mais positiva (leis de incitação), indicando e incitando os atores a tomar decisões em conformidade com as metas escolhidas. Esse sistema deve, assim, segundo André-Noël Roth, permitir a cada subsistema subsistir de maneira autônoma, no entanto, o direito volta-se como um instrumento que pode ser utilizado e não que deve ser utilizado. Para ele, a teoria do direito reflexivo legitima a multiplicação das instâncias de negociações entre os atores sociais, inclusive o Estado, o qual se limita:

> [...] por um lado, a dar indicações ou promover incitações (não coativas), quanto ao conteúdo das regras, e por outro lado, a controlar a conformidade dos procedimentos de negociações. O caráter democrático e racional da decisão está garantido, neste sistema, pela capacidade de discussão razoável (razão discursiva de Habermas), que deve dominar nos foros de negociações.[68]

Celso Campilongo relata que:

> Sempre que o direito deixa de decidir 'autoritariamente' o que caracteriza o interesse das partes – em relações trabalhistas, societárias e de consumo, por exemplo – e passa a criar estruturas procedimentais para que as organizações, 'autonomamente', definam seus propósitos, age reflexivamente.[69]

Destaca o autor que a característica da racionalidade reflexiva é um crescente processo de delegação de competências decisórias do Estado para organizações privadas, paralelamente ao brusco deslocamento no âmbito de aplicação da regra da maioria, especialmente no momento de crise do Estado social: "a maioria seria incapaz de refletir fielmente os particularismos das sociedades altamente complexas e diferenciadas. Com isso o Estado delega aos grupos particulares o poder decisório sobre muitas questões".[70]

---

67. *Apud* ROTH, André-Noël, *op. cit.*, p. 23 e 24.
68. ROTH, André-Noël, *op. cit.*, p. 24.
69. CAMPILONGO, Celso Fernandes. *Direito e Democracia, op. cit.*, p. 70.
70. *Ibidem*, p. 70 e 71.

Norbert Reich salienta que o papel organizativo (e função protetiva) do direito prevaleceu sobre sua função corretiva. Para ele, "se a juridificação se envolve na decisão do resultado da batalha pelo controle da sociedade e da economia, não faz muito sentido pedir 'deslegalização', 'desregulamentação' ou 'rearranjos semi-autônomos', com o propósito de evitar uma perda da legitimidade do direito". Destaca que isto ocorreu em todas as áreas onde o direito assumiu uma espécie de função protetiva[71], isto é, o direito do trabalho, o direito do consumidor, o direito ambiental, a proteção dos direitos iguais. Ademais, "deslegalização" nada mais é que um retorno ao *status quo ante* e a anulação do progresso mínimo feito pelo movimento de reforma. Campilongo então, conclui que:

> Se tomarmos livremente a teoria da 'reflexividade' de Teubner e Beck, a teoria dos direitos retorna a seu ponto de partida histórico no feudalismo, que se prestava, por um lado, a criticar privilégios da classe dominante *opostos à mudança* e, por outro, a transferir direitos de ação para a emergente burguesia, *em favor da mudança*.[72]

Nesse passo, Gilberto Bercovici salienta também que, o que se pretende é a volta ao Estado mínimo do liberalismo do século XIX, relegando o poder do Estado a "simples garantidor" do funcionamento das três instituições fundamentais do Direito Privado e da economia de mercado: a propriedade, o contrato e a responsabilidade civil. Nunca agente de políticas públicas.[73]

No plano jurídico-político, o pós-modernismo é normalmente associado ao esgotamento do projeto iluminista de sociedade, à descrença no poder emancipador da razão e do direito, à desconfiança em relação ao universalismo ético e ao diagnóstico

---

71. O autor complementa que na "teoria política do *Welfare State*, o governo assumiu essas funções protetivas em virtude do seu caráter de bem público ou para o fim de promover o 'interesse público'", *op. cit.*, p. 276.
72. REICH, Norbert, *op. cit.*, p. 275 e 280.
73. BERCOVICI, Gilberto, *op. cit.*, p. 42. O autor refere-se aos autores José Joaquim Gomes Canotilho e Diogo de Figueiredo Moreira Neto, que, segundo ele, para estes autores "[...] devemos substituir a determinação e realização exclusiva das políticas públicas e sociais por parte do Estado pela supremacia do chamado 'princípio da responsabilidade', baseado apenas na atuação da sociedade civil".

da impraticabilidade da regulação estatal de uma sociedade cada vez mais complexa e fragmentada.

No plano constitucional, o pós-modernismo tende a esvaziar a constituição do seu conteúdo substancial, convertendo-a em norma procedimental de uma era pós-intervencionista. Significa dizer que a constituição deixa de ser possível conceber-se com um pacto fundador e legitimador de uma ação prática racionalmente transformadora. Na síntese precisa de Canotilho, "a constituição deixa de inserir-se no processo histórico de emancipação da sociedade (quer como 'texto' de garantias individuais e arranjos organizatórios de tipo liberal, quer como 'programa dirigente' de cariz marxizante)". Canotilho, numa referência a Teubner e Ladeur afirma que a constituição pós-moderna, em termos tendenciais, caracteriza-se por ser:

> [...] um estatuto reflexivo que, através de certos procedimentos, do apelo a auto-regulações, de sugestões no sentido da evolução político-social, permite a existência de uma pluralidade de opções políticas, a compatibilização dos dissensos, a possibilidade de vários jogos políticos e a garantia da mudança através da construção de rupturas.[74]

Ademais, observa Canotilho que a idéia de constituição como "centro" de um conjunto normativo "ativo" e "finalístico", regulador e diretivo da sociedade, é posta em causa de várias formas. Segundo Teubner: "O direito só regula a sociedade organizando-se a si mesmo"; com isto, aponta o professor, surgiram os limites da regulação dos problemas sociais, econômicos e políticos por meio do direito. Para ele:

> Isso significa que o direito – desde logo, o direito constitucional – é, não um direito ativo, dirigente e projetante, mas um *direito reflexivo* autolimitado ao estabelecimento de processos de informação e de mecanismos redutores de interferências entre vários sistemas *autônomos* da sociedade (jurídico, econômico, social e cultural). Por isso se diz que o direito, hoje, – *o direito constitucional pós-moderno* – é um *direito pós-intervencionista* (= 'processualizado', 'dessubstantivado', 'neo-corporativo', 'ecológico', 'medial').[75]

Ao mesmo tempo em que se acredita na consciência projetante dos homens e na força conformadora do direito, Canotilho

---
74. CANOTILHO, J. J. Gomes. *OAB-Sociedade e Estado, op. cit.*, p. 107.
75. *Ibidem*, p. 107.

afirma que "relativisa-se a 'constitucionalização da programação da verdade'". Numa referência à J. Rawls e J. Habermas, sustenta que:

> [...] à constituição de um Estado de direito democrático terá de continuar a solicitar-se uma melhor organização da relação homem-mundo e das relações intersubjetivas (entre e com os homens) segundo um projeto-quadro de 'estruturas básicas da justiça' moldado em termos de uma racionalidade comunicativa seletiva.[76]

Valendo-se da teoria comunicativa de Habermas, a qual sustenta que os constitucionalistas possuem dois códigos, o código do direito e o código do poder – poder que institucionaliza, mas também precisa de um meio ordenador, que é o próprio Direito que acaba por estabelecer a comunicação final entre o momento da validez e o momento do fáctico –, Canotilho leciona que se possibilita uma reabilitação de um Direito Constitucional que não se dilua nem em teorias da justiça nem em considerações sociológicas, recuperando uma Teoria da Constituição que valorize o elemento da normatividade jurídica, que no caso do Direito Constitucional, é a norma constitucional. Significa dizer que o sujeito moderno projetante e conformador é quem estabelece uma comunicação e representa o movimento emancipador dentro da cidade e, com isto, as constituições ainda resultam insubstituíveis. Assim, estamos longe ainda dos desregulamentos de Luhmann e de Teubner. Canotilho acredita no regulamento dos homens com resultados não na direção econômica a partir de uma constituição dirigente, mas de uma constituição auto-sustentada em condições políticas e sociais. Segundo o autor, "não postular isto é defender outras propostas: a globalização, o desregramento, a destruição, o fáctico e a idéia de que a sociedade não deve estar minimamente organizada".[77]

Para Canotilho, a constituição é ainda o local próprio para ouvir o outro – *altera pares audiatur* –, isto é, "a auto-organização não dispensa um *diálogo*, uma *conversação*, uma conexão interativa entre os vários sistemas sociais". Sustenta o autor que a constituição irá interagir com os sistemas sociais (econômico,

---

76. *Ibidem*, p. 107 e 110.
77. In: GARCÍA, Eloy, *op. cit.*, p. 52.

científico, familiar, religioso, associações, *lobbies*, grupos neocorporativos, partidos políticos, multinacionais, laboratórios científicos, meios de comunicação, serviços secretos), se: as normas constitucionais revelarem-se aptas a:

> [...] conseguir uma articulação das preferências e interesses públicos dos 'produtores' de normas (o povo, os deputados constituintes, os eleitores) e as preferências e interesses dos destinatários (consumidores) dessas normas.[78]

Para isso, propõe Canotilho, deve haver um "grau de adequação do espaço normativo constitucional à constante redefinição interativa entre interesses públicos e privados".

Significa dizer que a Constituição deve continuar a aspirar a um papel integrativo e compensador da policontextualidade dos discursos próprios desses mundos (sistemas), por meio da garantia da dignidade pessoal, elemento básico do "diálogo" entre médicos, cientistas, biólogos, teólogos e juristas. A constituição é, então, o local do diálogo, ou seja, o espaço da interatividade entre os vários sistemas sociais e, ainda, "o diálogo é o instrumento destinado a abrir os *espaços de possibilidade* para, através da criação de 'contra-instituições', suavizarmos o discurso ultraespecializado dos vários subsistemas"[79], sustenta o professor Canotilho.

Os subsistemas (econômico, científico, familiar, religioso, associações, *lobbies*, grupos neocorporativos, partidos políticos, multinacionais, laboratórios científicos, meios de comunicação, serviços secretos) exigirão a institucionalização de formas de controle "débeis" ou a "distância" (por entidades independentes, comissões deontológicas, auditorias financeiras independentes, sistemas de responsabilidade, visibilidade de atos e dos haveres, declarações e registros públicos), que, "em vez de intervenções políticas autoritárias, diretas e hierárquicas, prefere procedimentos discursivos possibilitadores de um confronto dos controladores com as regras asseguradoras da reflexividade e estabilidade dos vários sistemas sociais". No entanto, destaca Canotilho que:

---
78. CANOTILHO, J. J. Gomes. *Direito Constitucional...* op. cit., p. 1.347-1.348.
79. *Ibidem*, p. 1.349-1.351.

[...] esses 'controles débeis' não dispensam os controles não-institucionalizados do povo. A existência de um espaço político público 'desconfiado, móvel, vigilante e bem-informado' (J. Habermas), que dinamize iniciativas populares, introduza alternativas nas escolhas políticas, domestique o poder dos media, imponha justificações rigorosas aos atos políticos, defenda o espaço dos cidadãos perante os privilégios neocorporativos, é hoje um controle insubstituível nos estados constitucionais.[80]

No que diz respeito ao modelo de regulação social oferecido pelo direito reflexivo, em última análise, concluímos que é pouco provável que as condições para uma discussão "razoável" (sem mentiras nem meias verdades), tal como a concebe Habermas, estejam reunidas no contexto social atual. Os resultados da negociação dependerão, em grande parte, da força e da organização de todos os interesses afetados (as relações de forças políticas e sociais), ou seja, de uma sociedade civil ativa e consciente de seus interesses e opressões, bem como de um acesso completo e igual à informação e ao saber. Sem uma instituição legítima, capaz de monopolizar um poder de coação jurídica efetiva na esfera internacional, são as empresas transnacionais que vão promulgando o quadro jurídico, em conformidade com seus interesses, a partir do qual se dará a regulação social.

---

80. *Ibidem*, p. 1.350-1.351.

Capítulo 5

O Poder Judiciário e a Efetividade dos Direitos Sociais: Aplicação e Limites do Direito Social à Moradia

> *"Não há, numa Constituição, cláusulas a que se deva atribuir meramente o valor moral de conselhos, avisos ou lições. Todas têm a força imperativa de regras."*
> (Rui Barbosa. Comentários à Constituição Federal Brasileira, tomo II, São Paulo, 1933, p. 489).

5.1 "Teoria Jurídico-Constitucional dos Direitos Fundamentais"

As constituições sociais elevam os direitos sociais e econômicos em nível de norma fundamental, havendo uma ampliação do leque de direitos fundamentais, somando-se estes ao núcleo liberal de direitos individuais e políticos. Entretanto, a leitura oferecida a estes direitos faz-se ainda numa perspectiva liberal. Os direitos individuais ainda são vistos como direitos contra o Estado e a liberdade fundamental existe se o Estado não intervém no livre espaço de escolha individual. Os direitos individuais e políticos são direitos de implementação imediata e os direitos sociais e econômicos aparecem como normas programáticas, de implementação gradual e quando necessário.

Com categoria, assegura Magalhães que:

> A implementação efetiva dos direitos sociais e econômicos em boa parte da Europa Ocidental traz consigo o germe da nova fase democrática do Estado social e a superação da visão liberal dos grupos de direitos fundamentais. O oferecimento, nesse primeiro momento, de direitos sociais – como saúde pública e educação pública – propiciará à população os mecanismos para se formar, informar e se organizar, exigindo agora a sua inclusão no sistema econômico e social, pressionando o Estado a efetivar políticas econômicas que venham gerar empregos e

salários justos. Essa combinação de fatores transformará o Estado social, de uma perspectiva clientelista, de manutenção da exclusão social, em um Estado social includente, pressionado pela população cada vez mais organizada e informada.[1]

Por outro lado, a luta pelos direitos humanos e sua efetividade exige a formulação, a implementação e a execução de programas emancipatórios em favor de práticas políticas comprometidas com os ideais de superação dos valores de justiça social, por meio da reconstrução ética dos vínculos jurídicos; da libertação da dignidade humana, presente no universo normativo-institucional e não apenas na fundamentação ético-constitucional dos direitos humanos; da afirmação da cidadania conferida a seres humanos, capazes de influir nas decisões fundamentais relativas à vida econômica e à construção de espaços à convivência social.

O direcionamento aponta para a reflexão da construção de um novo modelo de legitimidade ética para os direitos humanos. Parte-se do questionamento de que, no atual Estado Democrático de Direito, tornou-se insuficiente somente a positividade dos direitos, ainda que não desnecessária. Conforme salienta Bobbio, a proclamação constitucional dos direitos fundamentais, como o de não viver em um mundo poluído, não significa mais do que a aspiração a uma futura legislação; certamente, proclamar é uma coisa, desfrutar da efetividade do direito é outra bem diferente.[2]

No entanto, Canotilho aponta que "a teoria, a dogmática e a prática dos direitos fundamentais devem regressar ao espaço jurídico-constitucional e ser considerados como elementos estruturantes de uma comunidade jurídico-constitucional bem ordenada", isto por que os direitos fundamentais "têm sido subtraídos à dogmática jurídico-constitucional e deslocados para as teorias da justiça, as teorias sociais críticas, as teorias da fundamentação, as teorias da argumentação e as teorias econômicas do direito."[3] Segundo ele, a estraneidade em relação aos proces-

---

1. MAGALHÃES, José Luiz Quadros de. Tipos de Estado: globalização e exclusão. *Revista CEJ*, nº 6, p. 40-48, set./dez. 1998, p. 44 e 45.
2. BOBBIO, Norberto. *A Era dos Direitos, op. cit.*, p. 10.
3. CANOTILHO, J. J. Gomes. *Teoria Jurídico-Constitucional dos Direitos Fundamentais, op. cit.*, p. 36/38.

sos político-sociais paradigmaticamente transformadores, que se verificaram nas décadas de oitenta e noventa do século passado, é um dos indícios mais visíveis da saturação jurídico-dogmática dos direitos fundamentais.

Para o constitucionalista português, no Brasil, impera o *discurso jurídico-normativo* assente na idéia da auto-suficiência das normas constitucionais relativamente às respostas a dar aos problemas de garantia, proteção e realização dos direitos fundamentais.

Dito de outra forma, para Canotilho "o 'sistema' dos direitos fundamentais constitucionalmente consagrados concebe-se como um complexo normativo de hierarquia superior, no conjunto do 'sistema' jurídico em geral e do sistema jurídico-constitucional em particular", com isto:

> [...] consideravam-se os preceitos constitucionais definidores dos vários *status* do indivíduo como dotados de operacionalidade suficiente para 'regular', 'dirigir' e 'decidir' os problemas jurídicos (e também os problemas sociais e econômicos) levantados pela concretização-aplicação das normas às situações da vida.

Sustenta o autor que o discurso jurídico-normativo brasileiro defende a idéia de que:

> Bastava saber interpretar as normas da Constituição – o que implicava o 'saber-sábio' dos 'intérpretes juristas' – para delas derivarmos todas as respostas para os problemas do direito em ação atinentes aos direitos fundamentais. A forma mais acabada desta auto-suficiência normativa encontrar-se-á porventura nas constituições programaticamente dirigentes.[4]

Após algumas considerações, a partir das "críticas sociolegais" de José Eduardo Faria às "críticas sistêmico-funcionais" de Marcelo Neves, passando pelas "críticas da rua", irresignado, argumenta Canotilho que:

> [...] uma das atitudes a tomar seria a de os juristas – e, sobretudo, os juristas constitucionalistas – abandonarem as exigências do Estado, do direito do Estado e do direito político do centro e aceitarem a transformação das suas pretensões de racionalidade universal em simples sugestões de racionalidades locais.[5]

---

4. CANOTILHO, J. J. Gomes. *Teoria Jurídico-Constitucional dos Direitos Fundamentais*, op. cit., p. 37.

5. *Ibidem*, p. 38.

Nessa perspectiva, o Direito Constitucional, a Constituição, o sistema de poderes e o sistema jurídico de direitos fundamentais já não são o que eram, pois, segundo argumentos do professor Canotilho, "apresentam indisfarçáveis problemas de inclusão, problemas de referência, problemas de mal-estar, problemas de bem-estar, problemas de reflexão, problemas de reinvenção do território e problemas de competência de saber."[6]

Destarte, explica o professor Canotilho:

Problemas de inclusão no Direito, especialmente no Direito Constitucional, porque, com a mudança e inovação jurídica, causadas pela globalização, pela gestação paralela e informal de esquemas regulativos, pela ecologização, pela bioética, os esquemas formais normativos parecem insensíveis à materialização, à pluralização, às auto-referencialidades e às contingências dos sistemas sociais. A Constituição "não capta a necessidade de adequação da esfera jurídico-constitucional a diferentes âmbitos sociais e a diferentes práticas sociais".

Problemas de referência e de reflexão haja vista a impossibilidade de o "sistema regulativo central" gerar um conjunto unitário de respostas dotadas de racionalidade e coerência relativamente ao conjunto de demandas ou exigências, cada vez mais complexo e crescente, oriundo do sistema social, revelando a dominância das organizações nacional, internacional e supranacional e dos "atores coletivos normativos", os quais formarão "unidades comunicativas autônomas", uma vez que o centro político e o seu sistema de fontes geram um "vazio funcional", apenas parcialmente compensado pela absorção periférica do sistema político de algumas tarefas de prestação e de transformação social.

Destarte, os problemas de reflexão ocorrem, porque "a periferia absorve algumas das tarefas de prestação e transformação social com a conseqüente politização das esferas periféricas. O centro terá de contentar-se com o estatuto político de supervisor progressivamente despolitizado e reduzido ao papel de controlador".[7]

---

6. *Ibidem*, p. 38 a 40.

7. CANOTILHO, J. J. Gomes. *Direito Constitucional...* op. cit., p. 1.258.

Revendo posições anteriores, Canotilho defende que a Constituição deve evitar converter-se em lei da totalidade social, para não perder sua força normativa. Afirma que os textos constitucionais de cunho dirigente (como a Constituição portuguesa de 1976 e a brasileira de 1988) perderam a capacidade de absorver as mudanças e inovações da sociedade, não podendo mais integrar o todo social, tendendo a exercer uma função meramente supervisora da sociedade, não mais diretiva. A eficácia das constituições é, cada vez mais, contestada, podendo fazer com que passem a ser consideradas meramente como "constituições simbólicas".[8]

Problemas de mal-estar cívico-político que afetam a credibilidade das "tábuas da lei", causados pelos fenômenos da corrupção, clientelismo e do tráfego de influências, os quais geram a "crise da representação", "da política" e dos "partidos".

Problemas de bem-estar porque pretendendo dar uma resposta satisfatória ao problema da sociedade, – ou se se preferir, ao problema dos direitos econômicos, sociais e culturais – as Constituições do pós-guerra ampliaram o catálogo de direitos fundamentais, contudo, é "apenas uma narrativa emancipadora ilusória ou uma seqüela de uma leitura socialista dos direitos, hoje reconhecida e experimentalmente falida", pois que a cidadania social se conquista por meio da "civilização da política" e não da "estatalização da socialidade". De "Estado-Providência" que tenta resolver os problemas ligados à distribuição dos recursos, tem-se um "Estado-ativo", tutelar ou supervisionador que tem apenas a responsabilidade pela produção de "bens coletivos, indispensáveis à sociedade quando se tratar de segurança de bens essenciais, em seu núcleo básico."

Problemas de reinvenção do território, pois o "centro político" e o "esquema normativo" de direitos não estão em con-

---

8. Entre outras críticas às constituições dirigentes, Canotilho destaca a da "sociologia crítica", que "insiste na simbolização da constituição realçando que as suas normas não conseguem obter eficácia real [...] existiria mesmo uma relação inversamente proporcional entre o caráter ideológico das normas e sua eficácia, entre prática criadora e prática aplicadora do direito constitucional." In: *Direito Constitucional... op. cit.*, p. 1.262.

dições de captar as transformações e inovações jurídicas, em decorrência do fenômeno da globalização, deixando claro que as políticas – econômicas, sociais e culturais – se inserem em processos de decisões coletivas racionais desenvolvidas por organizações fora do Estado.

Problemas de competência e de saber, pois enquanto o Estado de direito pretendeu dar uma resposta ao uso ilegítimo do poder, o Estado social procurou resolver o problema da falta de dinheiro e, portanto, o problema da pobreza. Agora, o "Estado do saber", o "Estado educativo", o "Estado da ciência" preocupa-se com a ignorância científica. Bastará um platônico "direito à escola" e à "universidade", para resolver o problema básico do "Estado da ignorância".

Canotilho conclui, a partir daí, que "a constituição já não é o lugar do *superdiscurso social*".[9] Nesse sentido, "as normas de direitos fundamentais assentam na realização do princípio da universalização, porque uma norma não pode ter pretensão de validade a não ser que todas as pessoas que podem ser abrangidas por ela estejam de acordo enquanto participantes, numa discussão prática sobre a validade dessa norma". Todavia, isso não responde "à paradoxia da auto-suficiência normativa das normas jurídico-constitucionais", isto é, à aproximação absolutista:

> [...] aquela que, de uma forma acrítica e positivista, confia na simples interpretação das normas consagradoras de direitos para, de forma também subsuntiva, deduzir das normas direitos subjetivamente radicados, vivos e diretamente aplicáveis às situações carecidas de regulação normativo-decisória.[10]

---

9. Canotilho refere-se à constituição como *superdiscurso social* a partir de uma concepção unilateralmente racionalizada e piramidal da ordem jurídica, explicando que essa concepção justifica a *opacidade* que alguns autores atribuem ao direito constitucional: "'alheia-se' da mudança e da inovação jurídicas, desconhece a localização de materialização em áreas periféricas do ordenamento ou em ordenamentos periféricos." In: *Direito Constitucional... op. cit.* p. 1.260.

10. CANOTILHO, J. J. Gomes. *Teoria-Jurídico Constitucional dos direitos fundamentais*, op. cit., p. 40. Acrescenta que: "mediante um procedimento metódico de atribuição de um significado aos enunciados lingüísticos, deduz-se a própria efetividade de direitos fundamentais. Os resultados podem ser os contrários aos efetivamente pretendidos. Em vez de direitos diretamente aplicáveis podemos ter 'declinações de competência' e 'missões de concretização'."

A referência à paradoxia da auto-suficiência oferecida por Canotilho pode ser aplicada também aos direitos fundamentais, especificamente aos direitos econômicos, sociais (entre eles, o direito à moradia) e culturais, pois estes, segundo o professor:

> [...] não são verdadeiros direitos, mas, apenas, política ou economia. A consagração acoplada de *direitos sociais* e de *políticas públicas* sociais [...] pode originar sérias dificuldades, no plano normativo-concretizador. [...] Assim, por exemplo, consagra-se um direito à saúde e uma política de realização da saúde com base num serviço nacional de saúde universal e gratuito. [...] A positivação constitucional expressa de **políticas de direitos** sociais, econômicos e culturais coloca problemas referidos por alguns autores, como Teubner (o trilema regulatório) ou como R. Wahl (o triângulo mágico). Não há dúvida que a consagração concreta de políticas implica um **mandato constitucional de otimização** dos direitos, através de uma política predeterminada com a conseqüente restrição da liberdade conformadora do legislador e entrada do controle das políticas no circuito da constitucionalidade (ou inconstitucionalidade). Haverá, assim, o perigo de novas exigências das instâncias centrais a propósito de políticas econômicas, sociais e culturais sem se ter em conta a pluralidade da racionalidade dos mundos parciais (da economia, do ensino, da ciência) e a pluralidade da posição de observador. Assim, por exemplo, consagrar o direito ao trabalho através de uma política de pleno emprego, significa ou pode significar uma irrefletida ruptura de comunicação da esfera jurídico-normativa com a esfera da sociedade.[11]

Mais adiante salienta que, além disto:

> [...] a concepção racionalista e piramidal de uma política operada através de normas constitucionais não terá em conta quer as exigências de *responsividade* quer as dimensões de *reflexividade*. Por outras palavras: as políticas constitucionalizadas fecham a comunicação com o direito *responsável* expresso na criação jurídica através de pactos e de concertação social quer com o *direito reflexivo*, gerado na 'rua', no 'asfalto', no 'emprego paralelo', na 'economia subterrânea'. Terá, pois, aqui pleno cabimento a crítica de que um direito social, econômico e cultural não se concretiza, ou, pelo menos, não se realiza só através de *uma política constitucional* que outra coisa não é senão uma projeção imperativa sobre órgãos constitucionais do estado das *contingências* de várias esferas da sociedade.[12]

---

11. CANOTILHO, J. J. Gomes. *Teoria-Jurídico Constitucional dos direitos fundamentais*, op. cit., p. 41.

12. *Ibidem*, p. 41.

À guisa de conclusão, o consagrado constitucionalista afirma que "ao declarar-se o 'colapso do constitucionalismo' e das 'constituições dirigentes' lança-se um olhar profundamente céptico em relação à força normativa dos direitos fundamentais consagrados nas leis constitucionais nacionais".[13] Todavia, é fundamental defender-se a subsistência do Estado nacional com poderio suficiente para contrabalançar essa espécie de **neofeudalismo**, em que novos suseranos – os grandes grupos econômicos – afirmar-se-iam como fontes primordiais do poder político e da produção normativa, como sustenta Flávio Costa.[14]

5.2 "O Princípio da Proibição do Retrocesso Social e sua Função Limitadora dos Direitos Fundamentais"

A expressão direito fundamental, na primeira concepção que chega aos nossos sentidos, dá a idéia daquela espécie de direito que é mínimo, que é básico do ser humano e que, portanto, não pode ser afetado, molestado ou reduzido, sob pena de deixar de ser fundamental, de ser sólido, seguro e inabalável, dentro da visão constitucional.

O direito fundamental, numa análise sistemática e contextualizada, na verdade, não pode ser entendido como um direito absoluto e irrestrito, uma vez que o seu conteúdo, alcance e eficácia encontram limites em outros bens ou direitos igualmente protegidos.

Em consonância com a realidade positiva, o sistema jurídico estabelece restrições aos direitos fundamentais do homem justamente como forma de garanti-los, reconhecê-los e efetivá-los nas múltiplas relações jurídicas que os cidadãos constroem na sociedade.

Têm-se, então, com o professor Gilmar Ferreira Mendes que:

> [...] os direitos individuais enquanto direitos de hierarquia constitucional somente podem ser limitados por expressa disposição constitucional (**restrição imediata**) ou mediante lei ordinária promul-

---

13. *Ibidem*, p. 43.

14. COSTA, Flávio Dino de Castro e, *op. cit.*, p. 31.

gada com fundamento imediato na própria Constituição (**restrição mediata**).¹⁵

Nesse sentido, refere-se Canotilho que os *limites constitucionais imediatos* consistem naquelas restrições estabelecidas na própria norma constitucional garantidora do direito fundamental. Na espécie, a norma, além de declarar e garantir um determinado direito fundamental, traça também limites ao seu exercício e ao seu cumprimento.¹⁶

Na Constituição Federal de 1988 encontram-se vários exemplos da aludida espécie de restrição, valendo citar o caso do inciso XI do art. 5º: "a casa é asilo inviolável do indivíduo, ninguém nela podendo penetrar sem consentimento do morador, salvo em caso de flagrante delito ou desastre, ou para prestar socorro, ou, durante o dia, por determinação judicial." Veja-se, no exemplo, que o direito fundamental da *inviolabilidade do domicílio* sofre limitações na própria norma, já que a *inviolabilidade* é restringida em caso de *flagrante delito, desastre, prestação de socorro* e *determinação judicial*. Assim, é o próprio texto constitucional que consagra o direito de "reunir-se pacificamente, sem arma" (CF, art. 5º, XVI), a liberdade de "locomoção no território nacional em tempo de paz" (CF, art. 5º, XV).

A outra restrição, conhecida como *limites definidos em lei* ou *reserva de lei restritiva,* ocorre quando a norma constitucional garantidora do direito fundamental admite, de forma expressa, a restrição do direito por outra lei infraconstitucional. Gilmar Mendes salienta que "os diversos sistemas constitucionais prevêem diferentes modalidades de limitação ou restrição dos direitos individuais, levando em conta a experiência histórica e tendo em vista considerações de índole sociológica ou cultural". O autor cita que a Declaração dos Direitos do Homem e do Cidadão, de 1789, já possuía referências a restrições legais, por exemplo, seu art. 4º definia não só a idéia de limites dos direitos naturais, mas

---

15. MENDES, Gilmar Ferreira. Os direitos individuais e suas limitações: breves reflexões. In: MENDES, Gilmar Ferreira; BRANCO, Paulo Gustavo Gonet; COELHO, Inocêncio Mártires, *op. cit.,* p. 197-313.

16. CANOTILHO, J. J. Gomes. *Direito Constitucional... op. cit.,* p. 671 ss.

também a necessidade de intervenção legislativa para a sua fixação, contemplando assim, não só o problema relativo à colisão de direitos, mas também o princípio da supremacia da lei e da reserva legal.[17]

Da mesma forma, na Constituição Federal de 1988, encontra-se um bom número de exemplos do segundo tipo de restrição. É o caso do inciso XII do art. 5º:

> é inviolável o sigilo da correspondência e das comunicações telegráficas, de dados e das comunicações telefônicas, salvo, no último caso, por ordem judicial, nas hipóteses e na forma que a lei estabelecer para fins de investigação criminal ou instrução processual penal.

Nota-se que o homem tem direito ao sigilo da correspondência e das comunicações telegráficas, contudo, para fins de investigação criminal ou para instrução processual penal, a norma constitucional autoriza que a norma infraconstitucional estabeleça restrições aos referidos direitos. Veja-se também que a norma constitucional, ao ser estabelecida, nada mais fez do que remeter à outra lei a tarefa de *limitar* ou *restringir* o direito fundamental insculpido na Carta Magna.

A restrição denomina-se *limite imanente* ou *limite constitucional* não escrito e ocorre quando o texto da norma constitucional não estabelece nem remete a outra lei a restrição do direito fundamental que expressamente assegura. Na espécie, em que pese o direito fundamental não possuir limites expressos e específicos, sofre restrições pelo sistema jurídico como um todo e como forma de salvaguardar outros direitos e bens igualmente protegidos. Em outras palavras, o direito fundamental de uma determinada pessoa encontra limites nos limites do direito fundamental ou nos bens de uma outra pessoa.

---

17. MENDES, Gilmar Ferreira. *Os direitos individuais e suas limitações: breves reflexões*, op. cit., p. 228 e 229. Veja-se, a propósito, a redação do art. 4º da Declaração dos Direitos do Homem: "A liberdade consiste em poder fazer tudo aquilo que não prejudique outrem: assim, o exercício dos direitos naturais de cada homem não tem por limite senão os que asseguram aos outros membros da sociedade o gozo dos mesmos direitos. Estes limites apenas podem ser determinados pela lei".

Gilmar Mendes fornece um exemplo à espécie de reserva à lei restritiva ao analisar a colisão do direito de liberdade de expressão e comunicação (Constituição Federal, art. 5º, IV), em face do direito à honra e à imagem (CF, art. 59, X). O autor parte de casos concretos em que se coloca em jogo a aplicação dos mencionados direitos e chega à conclusão de que nenhum deles se exclui; ao contrário, convivem harmonicamente no sistema jurídico, um restringindo o outro. No caso, por meio da técnica da ponderação, o intérprete dará mais relevância a um direito em detrimento do outro, segundo os valores e os contornos do caso concreto. Em outras palavras, na colisão entre os dois direitos fundamentais, o intérprete não exclui nenhum deles do sistema, apenas o restringe para poder solucionar o conflito. Por conseqüência, dependendo do caso, poderá o direito à liberdade de expressão ser mais relevante do que o direito à imagem e vice-versa.

Ciente de que os direitos fundamentais representam conquistas históricas do homem consagradas pela ordem jurídica, a Constituição Federal, por isso mesmo, considera-os como *cláusulas pétreas* (art. 60, § 4º); com isso, o legislador e o intérprete não podem ter poder absoluto e irrestrito, no que tange à limitação dos direitos fundamentais, sob pena de torná-los *esvaziados* ou *despidos de eficácia* em face da subjetividade ou da arbitrariedade do agente limitador.

Para um melhor entendimento dos conteúdos essenciais das cláusulas pétreas, Márcio Iorio Aranha propõe a distinção entre limites internos ao núcleo essencial e seus limites externos: os primeiros revelam a conformação objetiva dos conteúdos essenciais decorrente do seu enquadramento no ordenamento jurídico, especificamente, como se apresentam no contexto constitucional; já os limites externos do conteúdo essencial significam as fronteiras impostas ao seu exercício no contexto social, cujo exemplo clássico está no limite do "financeiramente possível". Desta divisão conceitual entre limites internos e externos advém a constatação de que os limites internos afetam a extensão dogmática do conteúdo essencial, pois fazem parte dela. Os limites externos, por sua vez, não são conformadores dos núcleos essenciais das cláusulas pétreas, afetando, tão-somente, seu exercício, mas não sua própria extensão normativa. Realça, ainda:

O conteúdo essencial, portanto, refere-se aos limites internos, pois há de existir um parâmetro definidor da extensão do conteúdo essencial de uma cláusula pétrea para limitar sua expansão quando da paulatina eliminação dos limites externos.[18]

A respeito da função dos núcleos essenciais dos direitos fundamentais, Márcio Iorio Aranha destaca que a doutrina espanhola e alemã apresentam o valor da dignidade humana como guia básico na determinação do conteúdo essencial, mas que tal solução não poderia ser importada para o sistema brasileiro, pois os textos constitucionais, nesse particular, são distintos, uma vez que o alemão e o espanhol nitidamente privilegiam a dignidade humana frente aos outros valores constitucionais. Entretanto, ressalta que não se pode negar que a dignidade humana foi enunciada como princípio fundamental do sistema constitucional brasileiro no art. 1º, Inciso III, da CF/88 e, mesmo que sofra o estigma do caráter programático, é um valor nitidamente destacado na sistemática constitucional brasileira.[19] Nesse sentido, salienta Inocêncio Mártires Coelho não existir "uma hierarquia fixa, abstrata e apriorística, entre os diversos valores constitucionais, ressalvado, é claro, o valor da dignidade da pessoa humana, porque a pessoa é o *valor-fonte* de todos os valores ou o valor *fundante* da experiência ética".[20] Destaca Márcio Iorio Aranha que independentemente da adoção, ou rejeição, da dignidade humana, como valor mais fundamental do ordenamento jurídico brasileiro, o certo é que para delimitação da evolução jurisprudencial de sentido dos enunciados das cláusulas pétreas, haverá sempre a necessidade de remissão a valores transcendentais do ser humano, ou seja, deve-se remeter a evolução de conteúdos jurídicos sempre a valores essenciais à condição humana.

Márcio Iorio Aranha afirma que o conceito de conteúdo essencial é definido como o valor intrínseco de cada uma das cláusulas pétreas reconhecidas na Constituição Federal de 1988, no seu art. 60, § 4º, resultado da conjugação, no que couber, en-

---

18. ARANHA, Márcio Iorio. *Conteúdo essencial das cláusulas pétreas*. Não-publicado.

19. *Ibidem*.

20. COELHO, Inocêncio Mártires. *Interpretação Constitucional*. Porto Alegre: Fabris, 1997, p. 84.

tre o *valor da dignidade humana*, os *elementos conceituais* e o *núcleo radical*, os quais formam um *índice* seguro para determinação do âmbito de proteção das cláusulas pétreas. Salienta então, que o aspecto sociopolítico seria encontrado nos fins do Estado: na paz social, na dignidade humana, no livre desenvolvimento da personalidade, enfim, nas realidades estimativas da constituição. Afirma o autor:

> O conteúdo essencial das cláusulas pétreas é um **construindo histórico**, mas tal historicidade não percorre caminhos livres. [...] A interpretação constitucional constrói conteúdo, mas dentro de certas pautas, e o conteúdo essencial das cláusulas pétreas permite visualizá-las com maior nitidez, exigindo uma evolução de significado restrita a margens de segurança normativa. O primeiro passo para o estudo do conteúdo essencial advém da compreensão de que ele conforma e é conformado pela evolução do próprio ordenamento jurídico.[21]

Nesse sentido, o problema está em se estabelecer um procedimento que proporcione meios de *controlar* a atividade limitadora dos direitos fundamentais. Atentas à preocupação dos limites ou restrições, a doutrina e a jurisprudência desenvolveram dois princípios jurídicos que fundamentam a questão e proporcionam meios para atingir o objetivo limitador: o princípio da proporcionalidade e o princípio da proibição do retrocesso social, segundo propôs Rodrigo Goldschmidt.[22]

Quanto ao princípio da proporcionalidade, Gilmar Ferreira Mendes, fundamentado em Konrad Hesse, traz uma fórmula conciliadora, que reconhece no princípio da proporcionalidade uma proteção contra as limitações arbitrárias ou desarrazoadas, mas também contra a lesão ao "núcleo essencial dos direitos fundamentais". Para Hesse, a proporcionalidade não há de ser interpretada em sentido meramente econômico, de adequação da medida limitadora ao fim perseguido, devendo também cui-

---

21. ARANHA, Márcio Iorio. *Conteúdo essencial das cláusulas pétreas*. Não publicado.

22. GOLDSCHMIDT, Rodrigo. O princípio da proibição do retrocesso social e sua função limitadora dos direitos fundamentais. *Revista Justiça do Direito*, nº 14, p. 29-36, 2000.

dar da harmonização dessa finalidade com o direito afetado pela medida.[23]

Para Gilmar Ferreira Mendes, "cuida-se de aferir a compatibilidade da lei com os fins constitucionalmente previstos ou de constatar a observância do princípio da proporcionalidade, isto é, de se proceder à censura sobre a adequação e a necessidade do ato legislativo". Para ele, não se trata de invadir seara reservada ao Poder Legislativo, pois ao legislador reconhece-se o "poder de conformação" dentro de limites estabelecidos pela Constituição. Veda-se, porém, o excesso de poder, em qualquer de suas formas, bem como, o poder discricionário de legislar contempla, igualmente, o dever de legislar; nesse passo, a omissão parece ser equiparável ao excesso de poder legislativo.[24] No direito português, tal princípio "constitui um limite constitucional à liberdade de conformação do legislador".

Rodrigo Goldschmidt salienta que o princípio da proporcionalidade surgiu no século XVIII, ligado à idéia de limitação do poder; trata-se de uma medida que visa garantir a esfera de liberdade individual em face das ingerências administrativas. Para ele:

> Em sentido amplo, o princípio da proporcionalidade consiste numa análise objetiva dos meios e dos fins empregados, no sentido de verificar se ao legislador ou ao intérprete cabem utilizar os meios adequados, necessários e proporcionais para atingir um fim (no caso, a limitação dos direitos fundamentais) igualmente adequado, necessário e proporcional.[25]

Konrad Hesse sustenta que a tarefa de *concordância prática* entre meios e fins requer uma *coordenação proporcional* entre os direitos fundamentais e os bens jurídicos limitadores de direitos fundamentais. A tarefa de interpretação de limitações constitucionais ou da limitação com base em reserva legal tem por objetivo deixar que ambos cheguem a uma *eficácia ótima* em face do caso concreto.

Nesse sentido, como os direitos fundamentais são essenciais à ordem constitucional, a adequação proporcional nunca deve

---

23. MENDES, Gilmar Ferreira. *Os direitos individuais e suas limitações: breves reflexões, op. cit.*, p. 228 e 245.

24. *Ibidem*, p. 228, 246 e 247.

25. GOLDSCHMIDT, Rodrigo, *op. cit.*, p. 32 e 33.

ser realizada de forma que prive uma garantia jurídico-fundamental mais do que o necessário nem restrinja a sua completa eficácia na vida da coletividade. De outra sorte, a limitação de direitos fundamentais deve ser adequada aos fins que se pretende alcançar, não podendo ultrapassar o limite do estritamente necessário, sob pena de incorrer-se em ilegalidade ou arbitrariedade. Gilmar Ferreira Mendes estudando a definição do conteúdo e a imposição de limitações do direito de propriedade, realça que há de observar-se o princípio da proporcionalidade, pois "o legislador está obrigado a concretizar um modelo social fundado, de um lado, no reconhecimento da propriedade privada e, de outro, no princípio da função social".

Saliente-se, contudo, que a restrição deve ser proporcional, com adequação objetiva entre os meios e os fins empregados e a preservação do peso e do significado do direito fundamental restringido; nisto exatamente consiste a idéia do princípio da proporcionalidade.

De outra parte, o princípio da proibição do retrocesso social, de forma tímida, começa a despontar na doutrina e na jurisprudência pátrias como fundamento para o controle constitucional das restrições aos direitos fundamentais.

A elaboração do princípio da proibição do retrocesso social teve origem no seguinte questionamento: uma vez estabelecida no sistema jurídico a positividade de um determinado direito fundamental e tendo o Estado implementado medidas concretas no sentido de tornar efetivo o direito consagrado, poderia o mesmo ser suprimido ou restringido nas elaborações legislativas e interpretativas posteriores, ocasionando um retrocesso na área social atingida, por exemplo, nos direitos à educação, saúde, previdência, habitação?

Para Goldschmidt, "de acordo com o princípio da proibição do retrocesso social, uma vez reconhecido no sistema jurídico e definido como direito fundamental, esse não poderá ser suprimido ou restringido inadequadamente, a ponto de causar um retrocesso na sua atualização".[26]

---

26. GOLDSCHMIDT, Rodrigo, *op. cit.*, p. 33.

Suzana de Toledo Barros respondendo à interrogação acerca dos limites de disposição dos direitos fundamentais no espaço de liberdade de conformação do legislador quanto ao chamado "retrocesso da atualização dos direitos sociais", entende que a admissão do princípio da proibição do retrocesso social, como garantia dos direitos sociais perante a lei, conflituaria com o princípio da autonomia do legislador, uma vez que o nível de determinação constitucional dos referidos direitos parece ser nenhum. Segundo ela, "em conseqüência, muitos rejeitam-no, com o argumento de que não se pode converter o grau de realização legislativa de um direito social em dimensão constitucional material, contra a vontade do legislador".[27] Afirma Suzana de Toledo Barros:

> Embora estes estejam submetidos à chamada 'reserva do possível', questiona-se se, depois de atingido um grau de concretização fática, por meio de medidas legislativas pelas quais são asseguradas prestações materiais aos cidadãos, poderiam estas ser suprimidas, ocasionando o retrocesso na área social atingida, seja de educação, saúde, previdência, etc.[28]

A autora aponta que tal tese já foi defendida pelo suíço Paulo Müller e pelo alemão Konrad Hesse, mas foi em Portugal, como informa Canotilho, que o Tribunal Constitucional acolheu a tese quando do julgamento do Acórdão nº 39/84, *Caso do Serviço Nacional de Saúde*, declarando inconstitucional o DL nº 254/82, o qual revogara grande parte da Lei nº 15/79 instituidora do Serviço de Saúde, *verbis*:

> [...] a partir do momento que o Estado cumpre (total ou parcialmente) as tarefas constitucionalmente impostas para realizar um direito social, o respeito constitucional deste deixa de consistir (ou deixa de consistir apenas) numa obrigação positiva, para se transformar ou passar também a ser uma obrigação negativa. O Estado, que estava obrigado a atuar para dar satisfação ao direito social, passa a estar obrigado a abster-se de atentar contra a realização dada ao direito social.[29]

---

27. BARROS, Suzana de Toledo. *O Princípio da Proporcionalidade e o Controle de Constitucionalidade das Leis Restritivas de Direitos Fundamentais*. 2ª ed. Brasília: Brasília Jurídica, 2000, p. 163.

28. *Ibidem*, p. 162.

29. *Ibidem*, p. 162 e 163.

Nada obstante ao posicionamento doutrinário de Suzana Barros, Rodrigo Goldschmidt entende que a adoção do princípio da proibição do retrocesso social não conflita com o princípio da autonomia do legislador; ao contrário, estabelece limites à sua atividade no sentido de evitar que um determinado direito fundamental, já contemplado como conquista civilizatória e incorporado no sistema jurídico e patrimônio do homem, não seja extirpado ou inadequadamente restringido ou impedida a sua eficácia. Com efeito, a exemplo do princípio da proporcionalidade, o princípio da proibição do retrocesso social fornece um critério objetivo com o qual é possível controlar a adequação e a correção da atividade restritiva dos direitos fundamentais.

Nesse sentido, Canotilho, referindo-se ao acórdão nº 39/84 do Tribunal Constitucional Português, que julgou o *Caso do Serviço Nacional de Saúde*, sustenta que o princípio da proibição do retrocesso social, segundo o qual o legislador, uma vez reconhecido um direito social, não pode eliminá-lo posteriormente nem *retornar sobre* os *seus* passos; a jurisprudência portuguesa entendeu ser imediata a eficácia impeditiva e que, por si só, é capaz de assegurar o controle de sua aferição e eficácia constitucional.

Em suma, o posicionamento do tribunal português bem demonstra a função limitadora dos direitos fundamentais exercida pelo princípio da proibição do retrocesso social à proporção que fundamenta *uma barreira*, um *limite* à atividade do legislador e do intérprete, impedindo-os de implementar mudanças legislativas ou interpretativas, que determinem uma eficácia impeditiva de retrocesso social na área juridicamente protegida.[30]

Rodrigo Goldschmidt ressalta, então, que os direitos sociais, entre eles, o direito à moradia, uma vez conquistados, passam a constituir, simultaneamente, uma garantia constitucional e um direito subjetivo de cada cidadão que não pode ter a sua eficácia impedida pelo retrocesso social. Disso decorre, em última análise, a possibilidade de argüir-se, com base no princípio da proibição do retrocesso social, a *inconstitucionalidade* de norma legal ou constitucional que impede, suprime ou restringe um direito fun-

---

30. GOLDSCHMIDT, Rodrigo, *op. cit.*, p. 34.

damental reconhecido nas constituições anteriores.[31] Como bem observou Suzana de Toledo Barros, a dimensão da aplicabilidade do princípio da proibição do retrocesso social, no que diz respeito à função limitadora das restrições aos direitos fundamentais, esta a merecer o exame e o reexame dos órgãos jurisdicionais.[32]

Com base neste entendimento, apoiada em Nelson Saule Júnior e Maria Elena Rodriguez, concluo que um dos aspectos da obrigação do Estado brasileiro de promover e proteger o direito à moradia é reformular o Sistema Financeiro da Habitação, a fim de impedir a regressividade do direito à moradia, de impedir medidas e ações que dificultem ou impossibilitem o exercício desse direito, tais como impedir a existência de um sistema e uma política habitacional que acarrete a exclusão e medidas discriminatórias de impedimento de acesso ao mesmo direito para uma grande parcela da população, conforme expusemos no capítulo segundo quando estudamos "O direito Fundamental à Moradia" e "O Sistema Financeiro da Habitação".

5.3 O Regime Jurídico dos Direitos Sociais

A incorporação dos direitos sociais, econômicos e culturais nos textos constitucionais teve como objetivo oferecer-lhes uma efetiva garantia constitucional. A natureza particular destes direitos exigirá um tratamento jurisdicional diferenciado dos direitos civis e políticos: o tratamento individualista das ações constitucionais deve ceder diante das exigências de regulamentação legislativa dos direitos constitucionalmente protegidos e, sobretudo, diante do perfil transindividual dos novos direitos fundamentais.

É sempre bom lembrar que o Estado constitucional surgiu como uma solução, resposta, ao Estado absolutista. Sua proposta não seria, todavia, a de romper com o novo modelo de organização social baseada na presença do Estado, instituição. Era preciso dar um passo à frente, por um lado, preservar a segurança conquistada no absolutismo, por outro, defender o indivíduo dos

---

31. *Ibidem*, p. 35.

32. BARROS, Suzana de Toledo, *op. cit.*, p. 162.

humores do poder político concentrado. A Constituição para o Estado representou o primeiro passo de uma longa caminhada. Seu principal objetivo foi o de conter, limitar, circunscrever, o poder político. Procura-se prevenir o arbítrio pela delimitação constitucional de competências e atribuições, ou seja, pelo princípio da separação dos poderes. A preocupação está aqui dirigida à atuação dos governantes.

O passo seguinte estaria voltado para a relação entre governantes e governados. É certo que as Declarações de Direitos procuraram afirmar a prevalência do indivíduo diante da sociedade política. Porém, o valor moral, político, ético, desde logo a elas atribuído, diminuiria sensivelmente a sua força jurídica. Tratava-se, pois, de recomendações ou, de outro modo, de documentos de inspiração para a ação política. Não haveria necessidade de garantir-se o fiel cumprimento das recomendações ali previstas, mesmo por que se afirmava, então, tratar-se de questões que dependiam do alcance de um determinado estágio da organização social e política. Esta seria a condição *sine qua non* para o natural exercício dos direitos previstos nas Declarações. Queremos dizer que, num primeiro momento, se discutiu a real necessidade das garantias dos Direitos, pois, entendia-se, com o avanço – desenvolvimento – político e econômico da sociedade, esses Direitos seriam gradativa e naturalmente realizados.

O jurista Cláudio Ari Mello procurou demonstrar a possibilidade de responder afirmativamente às questões centrais que envolvem os direitos sociais, apontando duas situações: a) se os indivíduos, considerados singularmente ou como coletividade, possuem direitos subjetivos a prestações estatais e políticas públicas de conteúdo social; b) se o Poder Judiciário tem legitimidade e competência para assegurar a fruição de direitos sociais e provocar a execução das prestações e políticas sociais do Estado.[33] Sustenta sua tese na *pragmatic rum* do pensamento filosófi-

---

33. LOPES, José Reinaldo de Lima. Direito subjetivo e direitos sociais: o dilema do judiciário no Estado Social de Direito. In: FARIA, José Eduardo (Org.). *Direitos Humanos, Direitos Sociais e Justiça*. São Paulo: Malheiros, 1998, p. 113-143.

co operada desde o desenvolvimento da teoria do agir comunicativo pelo filósofo alemão Jürgen Habermas.[34]

A filosofia do direito desenvolvida por Habermas, deriva da sofisticação da razão prática em razão comunicativa, que apreende o caráter inescapavelmente comunicativo das relações sociais e converte-o em um mecanismo de produção de decisões públicas legítimas, a partir de pressupostos discursivos formais, que devem conduzir à prevalência do melhor argumento em um ambiente, onde discurso público seja aberto a todos e livre de coações externas e internas. No plano do direito, apenas uma teoria discursiva pode dar conta da conexão entre facticidade e validade.

Um dos aspectos nucleares da razão comunicativa de Habermas, segundo Cittadino, reside na compreensão de que o agir comunicativo é orientado para o entendimento mútuo dos participantes do discurso, mediante performances comunicacionais que utilizam a linguagem como *medium*, que veicula argumentos dotados de pretensões de validade. O agir comunicativo é dirigido por uma ética discursiva, cujo objetivo é explicar que é possível, ante um conflito normativo, obter um acordo racionalmente motivado, por meio de um modelo de diálogo aberto e irrestrito, ao qual todos os possíveis afetados pela decisão têm igual acesso e onde, o final, prevalece a força do melhor argumento.[35]

Para Cláudio Ari Mello, tal concepção preserva a norma no ponto estático do enunciado normativo, sem impulsioná-la a interagir com os fatores que lhe são inerentes, mas que lhe são também externos. Vale dizer, sem submetê-la a uma dinâmica normativa. Segundo o autor:

> [...] essa debilidade normativa pode ser superada a partir de uma concepção pragmática das normas constitucionais definidoras de direitos sociais, que a sujeite a um processo discursivo onde os participantes do debate apresentem racionalmente seus argumentos, de modo aberto e

---

34. MELLO, Cláudio Ari. Os direitos sociais e a teoria discursiva do Direito. *Revista de Direito Administrativo*, nº 224, p. 239-284, abr./jun.2001.

35. CITTADINO, Gisele. *Pluralismo, Direito e Justiça Distributiva: Elementos da Filosofia Constitucional Contemporânea*. 2ª ed. Rio de Janeiro: Lumen Juris, 2000, p. 110 e 111.

livre de coações, externas e internas, e visando ao mútuo entendimento, para que ao final prevaleça o melhor argumento.[36]

Com base na teoria do agir comunicativo de Habermas:

> [...] nenhum direito social é ineficaz na partida, no plano abstrato e estático do enunciado normativo. Todo e qualquer direito social previsto na Constituição Federal é normativamente capaz de gerar direitos subjetivos, e a garantia efetiva dos direitos deverá ser aferida, sem limites preestabelecidos dogmaticamente, dentro dos processos de discursos públicos e, para o que interessa mais de perto ao nosso tema, dentro de processos judiciais da jurisdição constitucional.[37]

Para melhor situar a teoria esboçada, vale-se de casos judiciais típicos, cujas soluções demonstram a viabilidade jurídica da garantia de direitos sociais por intermédio de processos judiciais, desde que submetidos à ética discursiva. Citemos, entre outros, a possibilidade de uma ação coletiva, proposta pelo Ministério Público ou por uma associação civil, visando à condenação da União, do Estado ou do Município a custear, gratuitamente, transplantes de medula óssea, a todos os portadores de leucemia. Fato idêntico tem-se com o problema da habitação pleiteado por todos que dela necessitarem. A questão ganha em complexidade porque, neste caso, a condenação implicaria custo financeiro significativo para o orçamento do ente federativo; certamente, exigiria a criação de um programa governamental.

Numa abordagem judicial conduzida pela teoria pragmática ou discursiva das normas constitucionais de direitos sociais, os autores que propuseram as ações poderão apresentar provas, por exemplo, da necessidade da habitação ou do programa e, ainda, segundo Claudio Ari Mello:

> [...] da viabilidade técnica, financeira e orçamentária do seu custeio através de recursos públicos, e o ente federativo poderá oferecer, se assim entender, argumentos e materiais em sentido contrário, no sentido da possibilidade de soluções alternativas mais acessíveis, ou da impossibilidade de custeio através de recursos públicos, em face das limitações orçamentárias, ou da existência doutras prioridades na aplicação de recursos públicos.[38]

---

36. MELLO, Cláudio Ari, *op. cit.*, p. 262.

37. MELLO, Cláudio Ari, *op. cit.*, p. 262 e 263.

38. *Ibidem*, p. 265 e 266.

Contudo, exige-se uma participação mais ativa e dialógica, mediante uma performance processual sofisticada e ética, destinada ao entendimento mútuo, ainda que, para tanto, se imponham e sofram essa imposição do juiz, limites a ações estratégicas que visem apenas ao êxito na ação. No processo judicial, a adoção da ética discursiva tanto exige das partes uma renovação da atitude estratégica convencional quanto do juiz uma postura exortativa, impositiva e controladora das condições ideais para a comunicação voltada para o entendimento.

5.3.1 Objeções à Justiciabilidade dos Direitos Sociais

Três são as objeções que poderiam levantar contra a justiciabilidade dos direitos sociais, a saber: "cobertura insuficiente", "ilegitimidade democrática" e "usurpação de competências"[39], esclarece Claudio Ari Mello.

À objeção quanto à cobertura insuficiente da capacidade das normas de direitos sociais gerarem efeitos imediatos sempre que submetidas ao procedimento discursivo, explica o autor, que esta teoria está voltada àquela categoria que a teoria do direito anglo-americano denomina de "casos difíceis" *(hard cases)*, nos quais a norma jusfundamental não permite que se extraia diretamente do enunciado normativo o direito social nela previsto e não para os "casos fáceis", em que a norma constitucional contém elementos normativos suficientes para ser aplicada diretamente (por exemplo, os direitos sociais do trabalhador, do art. 7º da CF) ou:

> [...] naquelas hipóteses em que a norma constitucional, embora vaga, fluída e imprecisa, contém suficiente regulamentação legal infraconstitucional, que assegura a tutela do direito social disposto no texto constitucional (como ocorre, por exemplo, com a maioria dos direitos sociais previdenciários).[40]

A mais forte objeção, todavia, é o seu caráter "não-democrático", na medida em que "transfere ao Poder Judiciário o debate e a decisão sobre a eficácia de normas que impõem ao Estado o provimento de prestações de matriz econômica aos indivíduos e à

---

39. *Ibidem*, p. 272 a 283.

40. *Ibidem*, p. 272.

sociedade". No entanto, a objeção é sustentada por uma concepção conservadora de divisão de poderes, que restringe a atuação do Poder Judiciário na tarefa de concretização da constituição. A separação de poderes e os demais elementos constitutivos da organização estatal somente têm sentido enquanto peças do sistema de proteção dos direitos fundamentais assegurados na constituição; "a divisão não tem um fim em si ou tampouco pode autorizar a invocação da comodidade do exercício das funções governamentais contra o objetivo da garantia dos direitos." No entanto, assevera-se que é no princípio da supremacia constitucional que reside a legitimidade da concretização dos direitos sociais pelo Poder Judiciário, pois, se a Constituição Federal de 1988 incorporou direitos sociais, dotando-os de auto-aplicabilidade (§ 1º, do art. 5º):

> [...] a garantia efetiva dos direitos sociais passa a ser um dever político compartido por todas as esferas de poder do Estado, e mecanismos destinados a otimizar a tutela do indivíduo, como a separação de poderes e a repartição de competências, não podem ser utilizados para restringir ou impedir a satisfação dessa classe de direitos.[41]

Além do mais, mesmo que aos poderes legislativo e administrativo compete o poder de conformação normativa dos direitos sociais (pela textura aberta com que estão dirigidos na Constituição Federal), a concretização ou não desses direitos não está à disposição da discricionariedade legislativa ou administrativa, pois os direitos sociais declarados na Constituição são mandamentos aos órgãos políticos do Estado e não meras exortações programáticas, a serem realizadas segundo critérios discricionariamente eleitos pelos poderes constituídos.

Nesse sentido, entende Claudio Ari Mello, sua abordagem termina por aproximar as teorias do direito desenvolvidas por Jürgen Habermas e Ronald Dworkin, bastando, para tanto, compreender que a teoria discursiva do direito de Habermas não representa um descompromisso com a garantia dos direitos fundamentais, mas, ao contrário, a elaboração de uma concepção procedimentalmente legítima para assegurar as melhores condições possíveis para fazê-los eficazes, e que a teoria construtivista

---
41. *Ibidem*, p. 275.

do direito de Dworkin é compatível com uma prática judicial que não atribua ao juiz um papel solipsista na construção da melhor solução para o caso, e que aceite uma elaboração discursivamente aberta e reflexiva da decisão, exatamente porque visa a criar condições racionalmente ideais para a garantia dos direitos fundamentais.

Quanto à objeção de usurpação de competências, em regra, argumenta-se que a garantia concreta dos direitos sociais depende da disponibilidade de meios financeiros pelo Estado e a impossibilidade econômica é um limite inescapável da pretensão de aplicabilidade direta dessa classe de direitos fundamentais.

Nesse passo é no entendimento de Bockenförde que os direitos sociais não contêm em si mesmo nenhum critério acerca da extensão da sua garantia e não se pode concluir a partir do seu enunciado se se deve garanti-los em um grau mínimo, médio ou máximo. E complementa:

> "Devido à impossibilidade de resolver esses problemas pela via da aplicação judicial do Direito, os direitos fundamentais se reduzem a tarefas constitucionais (Verfassungsaufträge). Vinculam o legislador e o poder executivo só objetivamente, como normas de princípio, mas não fundamentam nenhuma pretensão diretamente ante os tribunais para além da defesa ante uma inatividade abusiva em extremo."[42]

Para Cláudio Ari Mello, é uma leitura desiludida e resignada acerca da eficácia potencial dos direitos sociais, no sentido de que:

> [...] o Estado, sujeito passivo das prestações estatais correspondentes aos direitos fundamentais sociais, terá na esfera pública judicial condições de expor e provar amplamente todos os fatores econômicos, sociais e administrativos, que, porventura, desautorizem ou impeçam a concretização do direito, em um debate conduzido pela mediação qualificada de um juiz ou de um tribunal, representantes legítimos da soberania popular para fins de cumprimento da Constituição.[43]

O procedimento de criação da decisão consiste em um método construtivista, no estilo proposto por Dworkin, mas deixa de sobrecarregar a figura do juiz ou do tribunal, porque distribui

---

42. BÖCKENFÖRDE, Ernst-Wolfgang. *Escritos de Derechos Fundamentales*. Baden-Baden: Nomos, 1993, p. 67 e 68.

43. MELLO, Cláudio Ari, *op. cit.*, p. 279 e 280.

entre todos os participantes e interessados no caso os encargos de argumentação e produção de provas, dados e informações e o dever de atuar guiado para o entendimento. Para ele, o "solitário Hércules" é substituído por um arquétipo de juiz capaz de fazer a sinergia dos melhores argumentos e das mais relevantes evidências, restringindo, ao máximo, as ações estratégicas e estimulando as performances comunicativas.

No processo de deliberação poderão ser formulados os argumentos da reserva do possível, da reserva legal, dos limites orçamentários e outros destinados a demonstrar a impossibilidade de concretização judicial do direito social reclamado, pois será possível que o Estado demonstre a necessidade absoluta de legislação para disciplinar a forma e a extensão do direito social ou a incompatibilidade econômica da pretensão com os recursos financeiros de que dispõe o órgão público ou, ainda, a inexistência de estrutura administrativa que possa viabilizar a prestação estatal pretendida.

A partir da concepção principiológica da cláusula constitucional de auto-aplicabilidade dos direitos fundamentais e da idéia de impor ao Estado o ônus da prova da impossibilidade de garantir a fruição do direito social, pode-se inferir que os direitos sociais são direitos *prima facie*, que são justiciáveis e vinculam os tribunais e juízes, a menos que argumentos em contrário, apresentados pelo sujeito passivo da relação jurídica jusfundamental e submetidos ao debate dialético dos participantes do processo, demonstrem a inviabilidade de garanti-los por decisão judicial. Para Claudio Ari Mello, "Esse método discursivo de concretização dos direitos fundamentais sociais, guiado pela dogmática jurídica, trafega claramente no quadro teórico da ponderação de bens elaborado por Robert Alexy".[44]

Reconhece Cláudio Ari Mello, em última análise, que a aceitação dessa proposta de justiciabilidade dos direitos sociais, cabendo ao Estado devedor da prestação estatal correspondente ao ônus da prova da impossibilidade de satisfação da pretensão, depende de uma revisão da visão estática e semântica, que, tra-

---

44. MELLO, Cláudio Ari, *op. cit.*, p. 283.

dicionalmente, dirige a hermenêutica constitucional. Contudo, argumenta:

> A transição para um modelo dinâmico e pragmático, que incorpore a teoria discursiva do Direito no pensamento jurídico e nos procedimentos judiciais, agregando-lhe legitimidade democrática pela força da racionalidade inerente aos processos abertos e reflexivos de discussão pública, permitirá superar a atitude resignada e desiludida frente ao dilema da eficácia dos direitos sociais e criar condições para garantir-lhes efetividade, sem comprometer a Democracia e o Estado de Direito.[45]

O problema, entretanto, não se resolve por esta simples constatação, persistindo, agora, na pergunta de como se deveria comportar o magistrado, uma vez que defrontado por uma questão que envolva a concretização de direitos econômicos, sociais de necessária mediação pela Administração Pública ou, ainda, de normas programáticas? E mais, de que instrumentos se valerá o Judiciário, então, para decidir? Reforça Marcos Augusto Perez: Como coibir a Administração Pública a realizar uma política pública? Como fazer, no caso concreto, observar uma norma programática? Ou, mais concretamente, como compelir a Administração Pública a executar programas de erradicação da miséria (art. 3º, III da CF)? Como analisar e atuar para evitar os efeitos deletérios à economia nacional de uma lei que aprove um determinado "plano econômico", que aumente o fosso de desigualdade social ou o desemprego?[46]

Por todo o exposto, é possível concluir que a teoria desenvolvida por Cláudio Ari Mello afasta-se da teoria da ação comunicativa de Habermas, porquanto deseja atribuir ao Poder Judiciário o papel de regente da vida política de um Estado democrático, isto é, convertendo-o em um espaço público democrático que se utiliza de formas deliberativas na formação da vontade política do Estado, fazendo com que, então, desapareça o seu suposto *déficit* democrático, permitindo, com isto, extrair-se direitos subjetivos justiciáveis a partir das normas constitucionais definidoras de direitos sociais, sem, no entanto, segundo ele, violar o princí-

---

45. *Ibidem*, p. 283.

46. PEREZ, Marcos Augusto. O papel do poder judiciário na efetividade dos direitos fundamentais. *Cadernos de Direito Constitucional e Ciência Política*, nº 11, p. 237-246, dez. 2000.

pio democrático ou a separação de poderes, em virtude do fato da supremacia da constituição no sistema político de um Estado constitucional.

Habermas, em contrapartida, argumenta que "a decisão fundamentada e obrigatória sobre políticas e leis exige, de um lado, consultas e tomadas de decisão *face to face*"; tem-se, então, a partir desta visão, que a fonte de toda legitimidade do direito positivo está no processo democrático da legiferação; e esta apela, por seu turno, para o princípio da soberania do povo.[47] Deixa claro, portanto, que a atuação do judiciário deveria limitar-se aos casos "nos quais se trata da imposição do procedimento democrático e da forma deliberativa da formação política da opinião e da vontade", todavia, salienta:

> [...] temos que livrar o conceito de política deliberativa de conotações excessivas que colocariam o tribunal constitucional sob pressão permanente. Ele não pode assumir o papel de um regente que entra no lugar de um sucessor menor de idade. Sob os olhares críticos de uma esfera pública jurídica politizada – da cidadania que se transformou na 'comunidade dos intérpretes da constituição' – o tribunal constitucional pode assumir, no melhor dos casos, o papel de um tutor. A idealização desse papel, levada a cabo por juristas ufanos, só faz sentido quando se procura um fiel depositário para um processo político idealisticamente acentuado. Essa idealização, por sua vez, provém de um *estreitamente ético de discursos políticos*, não estando ligada necessariamente ao conceito de política deliberativa. Ela não é convincente sob pontos de vista da lógica da argumentação, nem exigida para a defesa de um princípio intersubjetivista.[48]

Ademais, junto dos direitos absolutamente fundados, expostos na colocação dos fundamentos da ação comunicativa e da distinção entre normas morais e jurídicas, Habermas menciona os *direitos sociais*, estes relativamente fundados porque a medida de sua concretização racional depende sempre da prática democrática. Vêm eles expressos no sistema dos direitos fundamentais, para que sejam garantidas as condições sociais, culturais e ecológicas de vida e assegure-se a cada tipo de direito, conforme

---

47. HABERMAS, Jürgen. *Direito e Democracia: entre facticidade e validade*, v. 1 RJ: Tempo Brasileiro, 1997.

48. HABERMAS, Jürgen, *op. cit.*, p. 346 e 347.

isto seja necessário, o desfrutar dos direitos fundamentais, reconstruídos pela tensão fática da ação comunicativa e desde que recebam validez em igualdade de oportunidades. Nesse sentido, afirma Habermas:

> O direito à positivação política autônoma do direito concretiza-se, finalmente, em direitos fundamentais, que criam condições para iguais pretensões à participação em processos legislativos democráticos. Estes têm que ser instaurados com o auxílio do poder politicamente organizado. Além disso, a formação da vontade política, organizada na forma do legislativo, depende de um poder executivo em condições de realizar e implementar os programas acordados. Isso atinge o aspecto central, sob o qual o Estado se transforma numa instituição para o exercício burocrático da dominação legal.[49]

Cabe, então, ao legislador democrático deliberar sempre com a maioria. Uma coisa só é conciliável com a outra se a regra da maioria conserva uma referência interna em busca da verdade, o discurso público tem de fazer a mediação entre ação e vontade, entre a formação de opinião de todos e a formação da vontade majoritária com um consentimento condicional, com o assentimento da minoria a uma prática que se orienta pela vontade da maioria.

Habermas pressupõe, para que haja uma ação comunicativa construtiva em termos da construção de uma democracia substantiva, a existência de formas de organizações de associações livres que se integram espontaneamente e que estejam livres de qualquer coerção. Para ele, a sociedade livre de coerção não mais precisa ser concebida com a ordem instrumental e, portanto, pré-política que se estabelece por contratos, isto é, por acordos motivados por interesses de pessoas privadas que agem orientadas para o próprio êxito.

É nesse universo que o autor vai construir sua Teoria da Ação Comunicativa, que é baseada numa concepção de racionalidade. O autor trava uma discussão teórica contra o discurso da modernidade (racionalidade) ilustrada, com um novo conceito de razão, que nada tem a ver com a visão instrumental que a modernidade conferiu à razão. Para ele, nos processos políticos

---

49. *Ibidem*, p. 171.

e sociais entra em cena o "argumento", que vai dar força a um discurso que se constitui socialmente nas interações entre os sujeitos sociais, onde os interlocutores suscitam uma pretensão de validade naquilo que expressam, de forma fundamentada, nas normas. Para além das normas, deve-se considerar os fatos e vivências onde os sujeitos da ação interagem.

Segundo Bárbara Freitag, em Habermas, a racionalidade não é uma faculdade abstrata inerente ao indivíduo isolado, mas um procedimento argumentativo pleno pelo qual dois ou mais sujeitos se põem em acordo sobre questões relacionadas com a verdade, a justiça e a autenticidade. Dessa forma:

> [...] a razão comunicativa circunscreve um conceito para o qual o questionamento e a crítica são elementos constitutivos, mas não sob a forma monológica, [...] e sim de forma dialógica, em situações sociais em que a verdade resulta de um diálogo entre pares, seguindo a lógica do melhor argumento.[50]

A formulação habermasiana recoloca a questão da transparência das relações sociais e, intersubjetividade possíveis a cada um dos sujeitos envolvidos numa ação comunicativa. Dessa forma, pode-se afirmar que a ação comunicativa se encontra no ponto de intersecção de três mundos: o mundo objetivo das coisas, o mundo social das normas e o mundo subjetivo dos afetos. É nessa singularidade que essa teoria se torna mais abrangente e menos autoritária que as demais formas de manifestação da razão, onde as formulações oriundas desta última eram questionáveis.

Para o filósofo da ação comunicativa, é na esfera social e cultural que devem ser constantemente fixados os destinos da sociedade, por meio do questionamento e da revalidação dos valores e normas vigentes no mundo do vivido, para que possamos assistir a descolonização desse mesmo mundo pelo sistema, onde é gerada a capacidade de agir comunicativamente por parte de todos os sujeitos. Retomarmos essas proposições para a implantação de um sistema habitacional, por exemplo, significa pressupor que os sujeitos sociais e políticos envolvidos no processo respeitam a democracia como um valor universal e as suas regras, necessárias para estabelecer o diálogo competente e ra-

---

50. FREITAG, Bárbara. *A teoria crítica, ontem e hoje*. SP: Brasiliense, 1988, p. 60.

cional entre governo e sociedade civil, devidamente preparados para construir algo significativo em torno de uma mudança da cultura política vigente, rompendo com o clientelismo, o autoritarismo, a coerção e a submissão de grupos à lógica de quem está com o poder institucional de Estado.

Assim, os instrumentos administrativos para implantar programas sociestatais não representam absolutamente um meio passivo, por assim dizer, sem qualidade. De fato, o Estado intervencionista fechou-se de tal forma num subsistema centrado em si e orientado pelo poder que deslocou de tal modo os procedimentos de legitimação para sua esfera, que é conveniente modificar também a idéia normativa de uma auto-organização da sociedade.

Para o insigne constitucionalista português Canotilho, uma das maiores dificuldades surgidas na determinação dos elementos constitutivos dos direitos fundamentais é esta: os direitos sociais só existem quando as leis e as políticas sociais os garantirem. Por outras palavras: é o legislador ordinário que cria e determina o conteúdo de um direito social. Este é o discurso saturado da doutrina e da jurisprudência. "Os direitos sociais ficam dependentes, na sua exata configuração e dimensão, de uma intervenção legislativa, concretizadora e conformadora, só então adquirindo plena eficácia e exeqüibilidade." Uma tal construção e concepção da garantia jurídico-constitucional dos direitos sociais equivale praticamente a um "grau zero de garantia."[51]

Quais são, no fundo, os argumentos para reduzir os direitos sociais a uma garantia constitucional platônica, questiona Canotilho. Para ele, em primeiro lugar, os custos dos direitos sociais. Os direitos de liberdade não custam, em geral, muito dinheiro, podendo ser garantidos a todos os cidadãos sem se sobrecarregarem os cofres públicos. "Os direitos sociais, pelo contrário, pressupõem grandes disponibilidades financeiras por parte do Estado. Por isto, rapidamente se aderiu à construção dogmática da reserva do possível para traduzir a idéia de que os direitos sociais

---

51. CANOTILHO, J. J. Gomes. *Direito Constitucional e Teoria da Constituição*. 3ª ed. Coimbra: Almedina, 1998.

só existem quando e enquanto existir dinheiro nos cofres públicos." Um direito social sob "reserva dos cofres cheios" equivale, na prática, a nenhuma vinculação jurídica.

Para atenuar esta desoladora conclusão adianta-se, por vezes, que a única vinculação razoável e possível do Estado em sede de direitos sociais se reconduz à garantia do *mínimo social*. Segundo alguns autores, porém, essa garantia do mínimo social resulta já do dever indeclinável dos poderes públicos de garantir a dignidade da pessoa humana e não de qualquer densificação jurídico-constitucional de direitos sociais. Assim, por exemplo, o "rendimento mínimo garantido" não será a concretização de qualquer direito social em concreto (direito ao trabalho, direito à saúde, direito à habitação), mas apenas o cumprimento do dever de sociabilidade imposto pelo respeito da dignidade da pessoa humana e pelo direito ao livre desenvolvimento da personalidade. Perante a agudeza desta crítica, desloca-se o cerne da questão para a indeterminabilidade jurídico-constitucional dos direitos fundamentais sociais.[52]

No entanto, segundo Andreas Krell, a teoria que liga a prestação do "mínimo social" aos direitos fundamentais de liberdade é fruto da doutrina alemã pós-guerra, que tinha de superar a ausência de qualquer direito fundamental social na Lei Fundamental de Bonn, sendo baseada na função de estrita normatividade e jurisdicionalidade do texto constitucional. Assim, a Corte Constitucional Alemã extraiu o direito a um "mínimo de existência" do princípio da dignidade da pessoa humana (art. 1º, I, Lei Fundamental), do direito à vida e à integridade física, mediante interpretação sistemática junto ao princípio do Estado Social (art. 20, I, Lei Fundamental). Não há dúvidas que ela parte de um direito fundamental a um "mínimo vital". Ao mesmo tempo, a Corte deixou claro que esse "padrão mínimo indispensável" não poderá ser desenvolvido pelo Judiciário como "sistema acabado de solução", mas por meio de uma "casuística gradual e cautelosa." No entanto, garante o autor:

---

52. CANOTILHO, J. J. Gomes, *op. cit.*, p. 451.

[...] a teoria do 'mínimo existencial', que tem a função de atribuir ao indivíduo um direito subjetivo contra o Poder Público em casos de diminuição da prestação dos serviços sociais básicos que garantem a sua existência digna, até hoje foi pouco discutida na doutrina constitucional brasileira e ainda não foi adotada com as suas conseqüências na jurisprudência do país.[53]

Para Canotilho, "a atuação legislativa nos direitos sociais não está balizada por uma reserva constitucional de conteúdo". Estes nunca legitimarão "pretensões jurídicas originárias", isto é, pretensões derivadas diretamente dos preceitos constitucionais. Assim, os direitos sociais dotados de conteúdo concreto serão os consagrados em "normas das regulações legais". Não haverá um direito fundamental à moradia ou à saúde, mas um conjunto de direitos fundados nas leis reguladoras dos serviços de saúde ou de política habitacional. Não existirá um direito fundamental à segurança social, mas apenas um conjunto de direitos legais sociais.[54]

Tal como os direitos, liberdades e garantias, também a realização dos direitos econômicos, sociais e culturais assenta na existência de esquemas organizativos e procedimentais funcionalmente adequados. Assim, por exemplo, aponta Canotilho que a Constituição Portuguesa considera a existência de um "Serviço Nacional de Saúde" como uma garantia da realização do direito à saúde. Da mesma maneira, a existência de um serviço de segurança social constitui a forma organizatória de dar concretização ao direito à segurança social. Embora a formatação estatal desses serviços seja criticada porque ela se insere já no âmbito das *políticas públicas*, reconhece-se que o acesso aos "bens sociais" é indissociável da preexistência de instituições, esquemas organizatórios e procedimentos que fornecem o suporte logístico, institucional e material assegurador da dinamização dos direitos sociais. Nesse sentido, a efetivação do acesso aos graus mais elevados de ensino impõe, pelo menos, a "maximização" dos estabelecimentos públicos existentes. A efetivação do direito à habitação aponta para

---

53. KRELL, Andreas J. Realização dos direitos fundamentais sociais mediante controle judicial da prestação dos serviços públicos básicos. *Revista Direitos, & Deveres*, nº 5, p. 133-171, 1999.

54. CANOTILHO, J. J. Gomes, *op. cit.*, p. 450.

políticas estatais, regionais e locais socialmente ativas no sentido da organização de parques habitacionais de "renda socialmente razoável".[55]

Destarte, em última análise, os direitos sociais só existem quando as leis e as políticas sociais os garantirem. Por outras palavras: é o legislador ordinário que cria e determina o conteúdo de um direito social; a sua efetivação está situada dentro de uma "reserva do possível", que aponta a sua dependência dos recursos econômicos, na lição do professor Canotilho. A elevação do nível da sua realização estaria sempre condicionada ao volume de recursos suscetível de ser mobilizado para esse efeito. A limitação dos recursos públicos passa a ser considerada verdadeiro limite fático à efetivação dos direitos sociais prestacionais[56]. Essa teoria, na verdade, realça Andreas Krell, é uma adaptação da jurisprudência Constitucional alemã (*Vorbehalt des Möglichen*), que entende que a construção de direitos subjetivos à prestação material de serviços públicos pelo Estado está sujeita à condição da disponibilidade dos respectivos recursos. Ao mesmo tempo, a decisão sobre a disponibilidade dos mesmos estaria localizada no campo discricionário das decisões governamentais e dos parlamentos (composição de orçamentos).

Nesse sentido, os direitos sociais naquele país (Alemanha) são vistos como uma decorrência de princípios como a dignidade humana e o direito à vida, típicos direitos de Primeira Geração, pois nenhum dos direitos sociais foi incorporado, em face dos traumas causados pela experiência nazi-fascista, fracasso atribuído à Carta de Weimar. Com efeito, o modelo de Estado Social alemão convive com a tensão própria do capitalismo nos países centrais: o de harmonizar as idéias neoliberais com a necessidade de intervenção do Estado para assegurar a igualdade entre os ci-

---

55. CANOTILHO, J. J. Gomes, *op. cit.*, p. 452.

56. Segundo Ingo W. Sarlet, para a Corte Constitucional Alemã, esses direitos a prestações positivas, "estão sujeitos à reserva do possível no sentido daquilo que o indivíduo, de maneira racional, pode esperar da sociedade." Para ele, essa teoria impossibilita exigências acima de um certo limite básico social; a Corte recusou a tese de que o Estado seria obrigado a criar tantas vagas nas universidades públicas para atender a todos os candidatos. In: KRELL, Andreas J., *op. cit.*, p. 148.

dadãos através da redistribuição de riqueza, problema agravado no contexto pós-unificação.[57]

No Brasil, segundo Andreas Krell, como em outros países periféricos, a questão é justamente analisar quem possui a legitimidade para definir o que seja "o possível" na área das prestações sociais básicas em face da composição distorcida dos orçamentos das diferentes entidades federativas.[58]

Quanto ao caráter acionável dos direitos econômicos, sociais e culturais, observemos as palavras de Flávia Piovesan:

> Acredita-se que a idéia da não-acionabilidade dos direitos sociais é meramente ideológica e não-científica. É uma pré-concepção que reforça a equivocada noção de que uma classe de direitos (os direitos civis e políticos) merece inteiro reconhecimento e respeito, enquanto outra classe de direitos (os direitos sociais, econômicos e culturais), ao revés, não merece qualquer reconhecimento.[59]

Deve-se, portanto, reforçar a idéia de que os direitos fundamentais da pessoa humana (enquanto interdependentes e indivisíveis), independentemente de sua natureza (civil, política, econômica, social ou cultural), tendo cumprimento juridicamente obrigatório, são perfeitamente acionáveis, sem exceção, embora a cultura da comunidade internacional ainda continue a ter maior tolerância em relação à violação dos direitos econômicos, sociais e culturais do que em relação a dos direitos civis e políticos.

É essa cultura que precisa ser alterada e, neste sentido, o conhecimento dos Pactos referentes aos direitos de segunda geração apresentam fundamental importância na concretização desse objetivo, uma vez que "Direitos sociais, econômicos e culturais devem ser reivindicados como direitos e não como caridade ou generosidade", na clássica lição de Flávia Piovesan.[60]

---

57. KRELL, Andreas J. Controle judicial dos serviços públicos na base dos direitos fundamentais sociais *in* SARLET, Ingo Wolfgang (org.). *A Constituição Concretizada: Construindo Pontes entre o Público e o Privado*. Porto Alegre: Livraria do Advogado, 2000, pp. 25-60.

58. *Ibidem*, p. 148.

59. PIOVESAN, Flávia. *Direitos Humanos e o Direito Constitucional Internacional*. 3ª ed. atual. São Paulo: Max Limonad. 1997, p. 198-199.

60. *Ibidem*, p. 199.

É certo que a implementação dos direitos sociais, econômicos e culturais depende de uma atuação positiva do Estado. O novo perfil do Estado caracterizado com a constitucionalização destes direitos exige uma clara definição das políticas públicas, ou seja, políticas de ação governamental, em vistas da realização destes novos direitos, direitos de obter do Estado as condições materiais para o pleno exercício da cidadania, permitindo-se o desenvolvimento integral da pessoa humana.

Pode-se dizer, que as constituições sociais definem um programa mínimo de governo, que deve ser controlado pelo cidadão, seja no momento da renovação dos governantes, diversos mecanismos: eleições livres, diretas e pelo sufrágio universal; instrumentos de participação direta do cidadão na vida política, tais como a iniciativa popular, o referendo ou a composição de conselhos de representação popular; orçamento participativo; e também por fiscalização da atividade governamental por meio de ações judiciais, sobretudo coletivas.

Nesse sentido, Clèmerson Merlin Clève, sobre de que maneira a efetividade dos direitos fundamentais sociais pode ser alcançada, indaga: Qual é o papel do Poder Judiciário nesse campo? Qual é a importância da participação popular nesse sítio?

O autor assegura que se pode afirmar que o Judiciário, de certo modo, no quadro da Constituição brasileira de 1988, conquanto seja absolutamente *necessário*, evidentemente não é *suficiente* para a integral efetividade dos direitos sociais, daí a necessidade, repito mais uma vez, da democracia participativa e da atuação da população. Nada obstante, um Judiciário ativo é condição para a efetivação progressiva dos direitos constitucionais. Neste ponto, cumpre, em determinadas circunstâncias e para determinadas situações, defender um certo ativismo judicial (conseqüente e responsável) fortemente articulado do ponto de vista da consistência discursiva (motivação) e da riqueza argumentativa (convencimento).[61]

---

61. CLÈVE, Clèmerson Merlin. *Desafio da efetividade dos Direitos Fundamentais Sociais*. Disponível na Internet: <http://www.mundojuridico.adv.br>. Acesso em 25 de agosto de 2005.

O autor assevera que, no caso da Constituição Federal de 1988, são encontráveis desde logo alguns direitos prestacionais originários.

É o caso do direito à proteção dos portadores de necessidades especiais, que, inclusive, têm direito a perceber um salário se a sua família não é capaz de sustentar-se e se não tem uma determinada renda. Podemos falar do ensino fundamental, que constitui um direito público subjetivo por decisão do constituinte e, portanto, tendo escola ou não, tendo orçamento ou não, é evidente que qualquer cidadão pode reclamar perante o Poder Judiciário a satisfação desse direito (os demais ciclos de estudo entram no campo dos direitos de eficácia progressiva). Da mesma forma, é caso de certa dimensão do direito à proteção da saúde, concebida enquanto direito prestacional originário, na Constituição; é o caso no direito previdenciário, da licença maternidade, e foi por isto que o Judiciário definiu que, mesmo com a falta de lei regulamentadora, a mãe tinha o direito à licença maternidade, que haveria eventualmente de ser satisfeita pelo empregador às custas da previdência. Portanto, temos aqui uma série de direitos prestacionais originários e há um esforço doutrinário hoje no direito brasileiro para definir, inclusive, o direito ao mínimo existencial, como um direito prestacional originário, que pode ser, desde logo, deduzido da Constituição Federal de 1988. Agora, a questão fica mais complexa quando estamos a tratar dos direitos prestacionais de outro tipo, porque produzem uma dimensão subjetiva fraca, necessitando, portanto, da atuação material, da criação de serviços públicos e da previsão de dotações orçamentárias. Naturalmente, o problema não se põe em relação aos direitos já devidamente regulamentados. Quanto àqueles previstos em disposições constitucionais insuscetíveis de criar imediatamente situações jurídicas positivas de vantagem, manifestando-se inércia do Estado (Legislador e/ou Administrador), emerge maior dificuldade para buscar-se, pelo Judiciário, a efetivação do direito. Aqui, neste campo, é necessário buscar uma alternativa para superar o discurso do *status quo*. É dizer, abortadas as promessas do mandado de injunção pelo entendimento majoritário do Supremo Tribunal Federal, não servindo para muita coisa a ação direta de inconstitucionalidade por omissão, manifestando-se incertezas, ainda, a propósito da real utilidade da argüição de descumprimento de preceito fundamental (ADPF) para a tutela dos direitos fundamentais contra a omissão do Poder Público, precisamos buscar meios para a satisfação judicial desses direitos.[62]

Para Clèmerson Merlin Clève, um bom caminho para cobrar a realização progressiva desses direitos (porque são direitos de eficácia progressiva) é o das ações coletivas, especialmente, das ações civis públicas. Tratar-se-ia de compelir o Poder Público a adotar políticas públicas para, num universo temporal definido (cinco ou dez anos), resolver o problema da moradia, do acesso ao lazer, à educação, etc. É claro que, neste caso, emerge o problema orçamentário. Todavia, cumpre compelir o Estado a contemplar no orçamento dotações específicas para tal finalidade, de modo a, num prazo determinado, resolver o problema do acesso do cidadão a esses direitos. Desta forma, tratar-se-ia de compelir o Poder Público a cumprir a lei orçamentária que contenha as dotações necessárias (evitando, assim, os remanejamentos de recursos para outras finalidades), assim como de obrigar o Estado a prever na lei orçamentária os recursos necessários para, de forma progressiva, realizar os direitos sociais. E aqui é preciso desmistificar a idéia de que o orçamento é meramente autorizativo. Se o orçamento é programa, sendo programa não pode ser autorizativo. O orçamento é lei que precisa ser cumprida pelo Poder Executivo. O papel do Ministério Público, neste particular, é da maior importância. Incumbe a ele, como defensor dos interesses da sociedade, tomar as medidas necessárias para a adoção, pelo Estado, das políticas públicas voltadas à realização dos direitos fundamentais, em especial, dos direitos fundamentais sociais de caráter prestacional. O controle da constitucionalidade das políticas públicas desenvolvidas pelo Estado, igualmente, pode ser suscitado pelo Ministério Público.[63]

---

62. *Ibidem.*

63. *Ibidem.*

Não queremos aqui retornar à antiga discussão sobre o "governo dos juízes", que entende que a simples possibilidade de demandas judiciais de cunho social ou econômico estaria transferindo ao judiciário a decisão política da definição das prioridades na implementação de políticas públicas. Queremos sim afirmar, que ao cidadão deva ser oferecido um instrumento de controle jurisdicional dos poderes do Estado, seja para evitar a violação de direitos, seja ainda para exigir que sejam tomadas medidas concretas que viabilizem a efetivação de direitos, cuja falta de efetividade compromete a vida em sociedade e o pleno exercício da cidadania. Ora, esta nova expectativa de prestação jurisdicional, espera que o processo, bem como a decisão final da Justiça, estejam adaptados à nova realidade social e política, ao novo perfil da cidadania, que não só deixa de ser individualista, como busca sua afirmação frente aos novos desafios de ordem planetária.

5.4 Aplicação e Limites do Direito Social à Moradia. A Relação Jurídica de Direito à Moradia. A Responsabilidade do Estado Brasileiro

Vimos no terceiro capítulo, fundamentado em Celso Lafer, que os direitos sociais, como o direito ao trabalho, saúde, educação e moradia, têm como sujeito passivo o Estado, porque, na interação entre governantes/governados, ao sujeito ativo, à coletividade, incumbe a responsabilidade de sua concretização; o titular dos direitos sociais continua sendo – como nos direitos de primeira geração – o homem, como objeto de sua destinação social, em sentido amplo. Cabe ao legislador, constitucional e ordinário, dar delineamento normativo e regulação social à efetividade dos direitos fundamentais sociais, tendo em vista a aplicabilidade das normas do ordenamento jurídico.

Conforme Konrad Hesse, referindo-se à Constituição da República Federal da Alemanha, as normas restringem as garantias jurídico-fundamentais, tanto na essência dos direitos clássicos do homem quanto o conteúdo de fundo dos próprios princípios fundamentais, sociais ou não, escritos ou não. O que ocorre é que os direitos fundamentais sociais, como direito ao trabalho, ao salário justo ou o direito à habitação, contêm estrutura diferente da estrutura dos direitos fundamentais clássicos. Os direitos fundamentais sociais diferenciam-se das normas que vinculam determinações relacionadas aos objetivos estatais das normas constitucionais que estabelecem obrigatoriamente prestações, tarefas, dirigidas à atuação do Poder Público.[64]

Hesse conclui que garantias como o direito à habitação é de estrutura diferente dos direitos fundamentais clássicos, uma vez que exigem ações estatais para a realização, a prestação do programa social neles contidos, e requerem, regularmente, uma dinâmica permanente, não somente do legislador, mas também dos órgãos da administração. A realização dos direitos sociais pelo Estado pode ultrapassar a capacidade econômico-financeira, porque o poder estatal mesmo, muitas vezes, não dispõe dos meios para a sua realização; assim, não poderá prometer na Constituição o que não poderá cumprir na realidade social.

Andreas Krell salienta que a Lei Fundamental da República Federal da Alemanha (de 1949) não incorporou nenhum ordenamento sistemático dos direitos sociais da "segunda geração" (dos trabalhadores, educação, saúde, assistência), fato que se deve às más experiências com a Carta anterior de Weimar. Essa Constituição de 1919 é tida, no mundo inteiro, como uma das primeiras Cartas que incorporaram os direitos sociais a prestações estatais no seu texto. No entanto, para a doutrina constitucional alemã pós-guerra, ela serve como modelo de uma Carta "fracassada", que, inclusive, contribuiu para a radicalização da política desse país nos anos vinte e a tomada do poder pelos nazistas em 1933. Os seus modernos artigos sobre direitos sociais foram "ridicularizados", por parte dos integrantes da extrema direita e esquerda política, como "promessas vazias do Estado burguês" e "contos de lenda".[65]

---

64. HESSE, Konrad. *Elementos de direito constitucional da República Federal da Alemanha, op. cit.*, p. 170 e 208.

65. KRELL, Andreas J., *op. cit.*, p. 144 e 145. Afirma ainda que "a maioria dos autores alemães se dirige contra Direitos Fundamentais Sociais na constituição, porque estes seriam, na sua maioria, não realizáveis na atualidade

Não se pode mais permitir a postergação da aplicabilidade e eficácia de qualquer nome do direito, principalmente do Direito Constitucional, afinal o direito é o instrumento pelo qual se faz da palavra vida e, na vida, a Justiça. É como o padre que transforma pelo milagre da transubstanciação, o pão em Corpo de Cristo – "eis o mistério da Fé" –, o profissional do Direito deve transformar, pelo milagre da vivificação da palavra, o verbo em vida – eis o desafio da Justiça humana.

Embora resultante de um impulso político, que deflagra o poder constituinte originário, a Constituição, uma vez posta em vigência, é um documento jurídico e, sendo normas jurídicas, tem caráter imediato e prospectivo, não são opiniões, meras aspirações ou plataforma política, até porque, em nível lógico, nenhuma lei, independentemente de sua hierarquia, é editada para não ser cumprida.

Ao longo da história brasileira, sobretudo nos períodos ditatoriais, reservou-se ao direito constitucional um papel menor, marginal. Nele buscou-se não o caminho, mas o desvio; não a verdade, mas o disfarce.

Cumpre lembrar que a eficácia de uma Constituição dependerá não só da sua fidelidade aos valores sociais e políticos consagrados pela sociedade, mas também – e principalmente – de uma correta interpretação daquilo que o texto prescreve.

Acontece que não existe um critério que permita identificar, com segurança, quais dispositivos constitucionais podem ser reputados auto-aplicáveis e quais dependem de regulamentação.

Contudo, marcando uma decidida ruptura em relação a doutrina constitucional clássica, apresenta-se Canotilho com a seguinte a lição:

> (...) pode e deve-se falar da 'morte das normas constitucionais programáticas. (...) O sentido destas normas não é, porém, o assinalado pela doutrina tradicional: 'simples programas', 'exportações morais', 'declarações', 'sentenças políticas', (...) 'programas futuros', juridicamente

---

por parte do Estado, provocando a impressão do cidadão de que todo o texto constitucional seria nada mais do que uma 'construção de frases' ou um 'catecismo popular, cheio de utopias' que resultaria na perda da normatividade da Carta e da sua força de estabelecer valores", *op. cit.*, p. 145.

desprovidos de qualquer vinculatividade. Às 'normas programáticas', é reconhecido hoje um valor jurídico constitucionalmente idêntico ao dos restantes preceitos da constituição.[66]

José Afonso da Silva, em obra famosa, trata somente da eficácia *jurídica* dos direitos sociais. Ele mantém a sua subdivisão das normas naquelas de eficácia imediata (plena), eficácia contida (mais restringíveis por lei ordinária) e – as mais interessantes para nós – as normas de eficácia limitada ou restrita – estas subdivididas em "normas declamatórias de princípios institutivos ou organizativos e de princípios programáticos".[67] Embora entenda José Afonso da Silva, que não há norma constitucional destituída de eficácia, muitas vezes, à sua eficácia jurídica falta base para sua aplicabilidade; isto não significa que os direitos sociais deixaram de irradiar efeitos jurídicos. O que se admite, portanto, é que a efetividade de certas normas constitucionais não manifesta na plenitude a força de seus efeitos jurídicos na ordem prática e, por esta razão, as normas constitucionais diferenciam-se quanto ao grau de seus efeitos jurídicos.

Especialmente quanto às normas constitucionais de princípio programático, o autor salienta que:

> O conjunto desses princípios forma o chamado conteúdo social das constituições. Vem daí o conceito de *constituição-dirigente*, de que a Constituição de 1988 é exemplo destacado, enquanto define fins e programas de ação futura no sentido de uma orientação social democrática. Por isso, ela, não raro, foi minuciosa e, no seu compromisso com as conquistas liberais e com um plano de evolução política de conteúdo social, o enunciado de suas normas assumiu, muitas vezes, grande imprecisão, comprometendo sua eficácia e aplicabilidade imediata, por requerer providências ulteriores para incidir concretamente. Muitas normas são traduzidas no texto supremo apenas em princípio, como esquemas genéricos, simples programas a serem desenvolvidos ulteriormente pela atividade dos legisladores ordinários. São estas que constituem as *normas constitucionais de princípio programático*.[68]

---

66. CANOTILHO, José Joaquim Gomes. *Direito Constitucional e Teoria da Constituição*, p. 1.140.
67. SILVA, José Afonso da. *Aplicabilidade das Normas Constitucionais, op. cit.*, p. 86. Esse sistema representa até hoje o mais aceito por parte dos tribunais brasileiros.
68. *Ibidem*, p. 136 e 137.

É fácil conferir-se que normas programáticas são normas definidoras de intenção, de uma posição, de uma dimensão a ser social e juridicamente atingida. Para elas, não se impõe propriamente uma obrigação jurídica, mas traduz o conteúdo de princípios que se incluem entre os fins do Estado. Assim, cabe à Constituição programar toda a orientação política, ideológica, social e econômica do desenvolvimento da sociedade, inclusive na fixação do programa dos direitos sociais à moradia, assegura Weisheimer.[69]

Segundo Inocêncio Mártires Coelho, as disposições constitucionais não auto-aplicáveis "são disposições constitucionais incompletas ou insuficientes, para cuja execução se faz indispensável a mediação do legislador, editando normas infraconstitucionais regulamentadoras". O autor, fundamentado no magistério de Rui Barbosa, enfatiza ainda que:

> [...] as disposições constitucionais, em sua maioria, não são auto-aplicáveis, porque a Constituição, não se executa a si mesma, antes impõe ou requer a ação legislativa, para lhe tornar efetivos os preceitos, o que não quer dizer, entretanto, que a Lei Maior possua cláusulas ou preceitos a que se deva atribuir o valor moral de conselhos, avisos ou lições; até porque todos têm a força imperativa de regras, ditadas pela soberania nacional ou popular aos seus órgãos.[70]

Por conseguinte, a norma constitucional vigente (Emenda Constitucional nº 26, de 14 de fevereiro de 2000) dispõe que não cabe a nenhum cidadão investir no poder jurídico para exigir prontamente uma prestação positiva do Estado. As garantias do direito social à moradia consubstanciam-se na capacidade do Estado em promover adequadamente condições materiais a seus habitantes, em sua dimensão individual e coletiva, associadas a fatores como a política de geração de riquezas no âmbito da sociedade e a forma de aplicação dessas riquezas, de fundos especiais de construção e a forma de distribuição dos direitos à casa própria em escala proporcional a toda a coletividade.

---

69. WEISHEIMER, José Álvaro de Vasconcellos. Direito à Moradia. *Revista Justiça do Direito*, nº 15, p. 257-287, 2001.

70. COELHO, Inocêncio Mártires. *Elementos de Teoria da Constituição e de Interpretação Constitucional*, op. cit., p. 41.

Referindo-se a direitos fundamentais enquanto direitos a prestações positivas de natureza programática, sua efetivação está submetida, segundo Gilmar Ferreira Mendes, dentre outras condicionantes, à reserva do financeiramente possível; são pretensões destinadas a criar os pressupostos fáticos necessários para o exercício de determinado direito e estão submetidas à reserva do possível.[71] No entanto, assegura o autor, que o constituinte, embora em capítulos destacados, houve por bem consagrar os direitos sociais, que também vinculam o Poder Público, por força inclusive da eficácia vinculante do mandado de injunção e da ação direta de inconstitucionalidade por omissão. Para ele, "Tais pretensões exigem não só ação legislativa, como, não raras vezes, medidas administrativas". Com isso, realça que:

> Se o Estado está constitucionalmente obrigado a prover tais demandas, cabe indagar se, e em que medida, as ações com o propósito de satisfazer tais pretensões podem ser *juridicizadas*, isto é, se, e em que medida, tais ações se deixam vincular juridicamente. [...] A submissão dessas posições a regras jurídicas opera um fenômeno de transmutação, convertendo situações tradicionalmente consideradas de natureza política em situações jurídicas. Tem-se, pois, a *juridicização* do processo decisório, acentuando-se a tensão entre direito e política.[72]

Não foi sem razões políticas internas que a Comissão brasileira relutou em incluir a expressão direito à moradia na Carta de intenções da Conferência Habitat II de Istambul de 1996; segundo Viana, um diplomata presente ao evento teria afirmado "Durante os debates, concluímos que o direito à moradia é um direito de natureza programática, será obtido progressivamente e não pode ser cobrado na justiça". É fácil concluir que foi, com esse pensamento, que se deu a promulgação da Emenda Constitucional nº 26; fundado em propósitos meramente retóricos, de proposta de intenções programáticas e ideológicas, o Congresso "enredou-se em cipoal intransponível". Para o autor, o legislador constitucional tentou rotular os direitos sociais de direitos

---

71. MENDES, Gilmar Ferreira. *Direitos fundamentais e controle de constitucionalidade: estudos de direito constitucional*. São Paulo: IBDC, 1999, p. 46.

72. MENDES, Gilmar Ferreira. *Os direitos individuais e suas limitações: breves reflexões*, op. cit., p. 203-205.

humanos de menor relevância, deslocando-se para o art. 6º da Constituição, como se fosse de menor expressão que os elencados no art. 5º; a manobra da política legisladora não retirou a relevância que os qualifica como imprescritíveis, irrenunciáveis, invioláveis, universais e dotados de efetividade à semelhança de quaisquer direitos fundamentais.[73]

Segundo Viana, o art. 5º, parágrafo 1º, da Constituição Federal, prescreve e cuida da exigência da cobrança estatal: "As normas definidoras dos direitos e garantias fundamentais têm aplicação imediata." Assim, incontroverso que o direito à moradia, embora inscrito em tratados internacionais reconhecidos pelo Brasil, é hoje um direito com *status* de um direito social constitucional e beneficia-se do dispositivo que prevê *aplicação imediata*.

A Constituição brasileira declara que todos têm direito, para si e sua família, a uma habitação, entendida essa como um espaço físico de dimensão adequada, em condições de higiene e conforto que preserve a intimidade pessoal e a privacidade familiar; não é apenas um direito subjetivo à moradia propriamente dito nem também é um direito subjetivo privado, que permita a qualquer indivíduo exigir do outro que lhe proporcione habitação, ou que lhe permita apropriar-se de qualquer coisa alheia ou, mesmo, ocupá-la; por fim, não se configura como um direito subjetivo público que justifique o comportamento de apropriação ou de ocupação em relação ao Estado ou em relação aos imóveis do Estado. O direito à moradia apenas integra um dever político imposto ao Estado no sentido deste adotar providências tendentes à realização, à prestação do direito de habitação própria, objetivo de cada cidadão.

Nesse sentido, o direito à moradia deve ser concebido como um direito subjetivo, direito a uma prestação não-vinculada, porque não se trata de mera pretensão jurídica; a sua concretização depende das opções que o Estado fizer em programas político-sociais de habitação, os quais estão condicionados à destinação de recursos econômico-financeiros próprios e dos quais o po-

---

73. VIANA, Rui Geraldo Camargo, *op. cit.*, p. 10.

der estatal possa dispor nos casos específicos; verifica-se, assim, que o direito em causa é um direito sob a reserva do possível; um direito que corresponde a um programa-fim que depende de realização gradual; a concretização do direito à moradia, a faculdade de cada pessoa possuir a sua moradia em condições constitui uma tarefa que a Constituição encarrega o Estado de executá-la.

Portanto, o Estado como devedor dos direitos sociais, incluído o direito à moradia, que se encontra no pólo passivo dessa relação, tem o dever de: a) editar normas jurídicas aptas à efetivação da Constituição; b) promover a satisfação desses direitos, mediante atuação judiciária ou administrativa (confisco – art. 243 da Constituição; distribuição de terras públicas; desapropriação; assentamentos, financiamentos, políticas e programas habitacionais, etc.).

Com efeito, segundo Canotilho, continuam a existir normas-fim, normas-tarefa, normas-programa que impõem uma atividade e dirigem materialmente a concretização constitucional. No entanto, para o constitucionalista português:

> [...] o sentido destas normas não é o que lhes assinalava tradicionalmente a doutrina: 'simples programas', 'exortações morais', 'declarações', 'sentenças políticas', 'aforismos políticos', 'promessas', 'apelos ao legislador', 'programas futuros', juridicamente desprovidos de qualquer vinculatividade. Às 'normas programáticas' é reconhecido hoje um valor jurídico constitucionalmente idêntico ao dos restantes preceitos da Constituição. Mais do que isso: a eventual mediação da instância legiferante na concretização das normas programáticas não significa a dependência deste tipo de normas da *interposio* do legislador; é a positividade das normas-fim e normas-tarefa (normas programáticas) que justifica a necessidade da intervenção dos órgãos legiferantes.[74]

À concretização constitucional dos direitos sociais (direito saúde, educação e habitação) impõe-se uma *política de solidariedade* social. Os direitos sociais realizam-se por meio de políticas

---

74. CANOTILHO, J. J. Gomes. *Direito Constitucional... op. cit.*, p. 482 ss.

públicas orientadas segundo o princípio básico e estruturante da solidariedade social, na lição de Canotilho.[75]

Assim, a concretude desses direitos impõe deveres positivos ao Estado, em primeiro lugar, para estabelecer uma adequada ordenação do uso do solo que não iniba o acesso à moradia e promover todas as medidas que assegurem esse direito.

À parte, no preâmbulo e seus títulos I e II – em que trata dos princípios, dos direitos e das garantias fundamentais em suas linhas mestras – a Constituição trata dos direitos sociais, especialmente nos Títulos VII ("Da ordem econômica e financeira") e VIII ("Da ordem social"), encimados por novas declarações de princípios.

Em nível de maior concreção, são objetivos da ordem social, entre outros, a proteção à família (arts. 203-I e 226), à infância e à velhice (arts. 203-I, 227, 230); assim como são princípios instrumentais da ordem econômica os referidos nos incisos do art. 170, dentre eles a função social da propriedade (III).

Em que pese a essencialidade do direito à moradia, nossa Constituição, malgrado a extensão e a minudência de suas proposições, deixou de lado esse direito fundamental. Somente em 14 de fevereiro de 2000, o Congresso Nacional supriu essa lacuna, promulgando a Emenda Constitucional nº 26, alterando o texto do art. 6º, da Constituição Federal, que contempla os chamados direitos sociais, resguardando-se de contemplá-lo na enumeração do art. 5º, que engloba os direitos humanos fundamentais. Todavia, há de se reconhecê-lo como um direito de eficácia jurídica que pressupõe a ação positiva do Estado, por meio de execução de políticas públicas, no caso, em especial, da promoção da política urbana e habitacional.

Resgata o compromisso firmado com a comunidade das nações, na Assembléia Geral da ONU, de 10 de dezembro de 1948,

---

75. *Ibidem*, p. 482/483. Para o autor, política de solidariedade social designa: "o conjunto de dinâmicas politico-sociais através das quais a comunidade política (Estado, organizações sociais, instituições particulares de solidariedade social e, agora, a Comunidade Européia) gera, cria e implementa proteções institucionalizadas no âmbito econômico, social e cultural".

em que estava previsto o direito à moradia como inerente à dignidade humana que requer e impõe a toda pessoa a faculdade de assegurar a si e a sua família, dentre outros, o direito à habitação (Declaração Universal dos Direitos do Homem, art. 25). Ademais, é na Declaração Universal dos Direitos do Homem, assinada em 10 de dezembro de 1948, e no Pacto Internacional de Direitos Econômicos, Sociais e Culturais[76], que estão presentes os fundamentos do reconhecimento do direito à moradia, como um direito humano e que deve ser promovido e protegido pelo Brasil. Vale transcrever com grifos nossos, os preceitos dos artigos 13 e 25, da Declaração Universal dos Direitos do Homem, de 1948:

> Art. 13 – Todos têm o direito de circular livremente e de escolher sua residência no interior de um Estado...
>
> Art. 25 – Todo homem tem direito a um padrão de vida capaz de assegurar, a si e à sua família, saúde e bem-estar, inclusive alimentação, vestuário, habitação, cuidados médicos e os serviços sociais indispensáveis, e direito à segurança em caso de desemprego, doença, invalidez, viuvez, velhice ou outros casos de perda dos meios de subsistência em circunstâncias fora de seu controle.

A partir da afirmação desse direito, alimentação, vestuário, habitação, saúde e segurança não são meramente componentes do direito a um padrão de vida adequado, estes são, na verdade, direitos reconhecidos na Declaração Universal, pelo qual a pessoa humana somente terá um padrão de vida adequado se os direitos à alimentação, vestuário, moradia, saúde e segurança forem assegurados e respeitados, uma vez que os direitos humanos são universais, indivisíveis, interdependentes e inter-relacionados.

Além dos importantes documentos de proteção internacional dos direitos humanos já mencionados, o direito à moradia está previsto na Declaração sobre Assentamentos Humanos de Vancouver (1976), Declaração sobre o Desenvolvimento (1986),

---

76. Especialmente o art. 11: "Os Estados Partes, no presente pacto, reconhecem o direito de toda pessoa a um nível de vida adequado para si próprio e sua família, inclusive à alimentação, vestimenta e moradia adequadas, assim como uma melhoria contínua de suas condições de vida".

na Agenda 21 (1992), e reconhecido como um direito humano em especial na Agenda Habitat adotada pela Conferência das Nações Unidas sobre Assentamentos Humanos, Habitat II[77], realizada em Istambul, na Turquia, de 3 a 14 de junho de 1996.

Na Agenda Habitat II, a primeira menção ao direito à moradia encontra-se no capítulo II referente a metas e princípios como parte do parágrafo 13, nos termos seguintes:

> Nós reafirmamos e somos guiados pelos propósitos e princípios da Carta das Nações Unidas e nós reafirmamos nosso compromisso de assegurar a plena realização dos direitos humanos a partir dos instrumentos internacionais, em particular neste contexto o direito à moradia disposto na Declaração Universal de Direitos Humanos, e provido pelo Pacto Internacional de Direitos Econômicos, Sociais e Culturais, [...] levando em conta que o direito à moradia incluído nos instrumentos internacionais acima mencionados deve ser realizado progressivamente [...].[78]

A Agenda Habitat II, documento resultante da Conferência das Nações Unidas sobre Assentamentos Humanos, apresentou como um dos temas globais a "Adequada Habitação para Todos", oferecendo em seu art. 43, o seguinte conceito do que seja adequada habitação:

> [...] adequada privacidade, adequado espaço, acessibilidade física, adequada segurança, incluindo segurança de posse, durabilidade e estabilidade estrutural, adequada iluminação, aquecimento e ventilação, adequada infra-estrutura básica, bem como o suprimento de água,

---

77. Relata Weisheimer que a ONU, sempre antenada com os problemas sociais, patrocinou a Conferência das Nações Unidas, que tinha como pauta Assentamentos Urbanos ou Habitat II; pretendeu o Encontro fazer um balanço de qualidade da vida nos centros urbanos do globo e apresentar soluções, a médio prazo, aos problemas da ocupação terrestre; entendeu a ONU que, mesmo levando em conta as disparidades de um país em relação ao outro, em 2025, dois terços da população mundial, estimada em oito bilhões de pessoas, estarão residindo em cidades. No Brasil, setenta por cento da população reside em cidades. Assim, tem-se uma visão dantesca quando se considera a demanda da população mundial por educação, transporte, moradia e emprego. Ao ensejo do encerramento da Conferência, o direito à moradia foi reconhecido na esfera dos direitos econômicos, sociais e culturais, como *direito de prestações, op. cit.*, p. 268.

78. SAULE JÚNIOR, Nelson. *O Direito à Moradia como responsabilidade do Estado Brasileiro, op. cit.*, p. 67.

saneamento e tratamento de resíduos, apropriada qualidade ambiental e de saúde, e adequada locação com relação ao trabalho e serviços básicos, devendo todos estes componentes ter um custo disponível e acessível.[79]

Além do mais, o direito à moradia está imbricado com a questão ambiental, associados que foram desde a Conferência Rio 92, sob os auspícios da ONU, sobre o Meio Ambiente e o Desenvolvimento. A Conferência das Nações Unidas sobre Assentamentos Humanos, Habitat II, dá ênfase a essa associação, ao definir a sustentabilidade como princípio e os assentamentos humanos sustentáveis como objetivo a ser perseguido. Nesse sentido, Rui Geraldo Camargo Viana observa que, hoje se tem por assente que a deterioração ambiental é conseqüência da urbanização, agressora dos ecossistemas e causa imediata da crescente contaminação dos recursos naturais. O resultado do processo de urbanização brasileiro, nas médias e grandes cidades, é desalentador: desvela desumana concentração de miséria e deterioração crescente da qualidade de vida pela degradação ambiental. Assevera ainda que:

> As estatísticas revelam que dos 113 milhões de pessoas que vivem no Brasil urbano, 75 milhões não possuem esgoto sanitário; 20 milhões não possuem água encanada e 60 milhões não possuem coleta de lixo; só 3% do lixo coletado tem disposição formal adequada, enquanto 63% são lançados em cursos de água e 34% a céu aberto, tudo a evidenciar a caótica situação de desequilíbrio de almejado desenvolvimento sustentável.

Para resolver ou, pelo menos, minimizar as estatísticas que denunciam um desenvolvimento insustentável quanto às condições de habitação, Viana sugere a aplicação de institutos novos, tais como: "a cessão de uso de bens públicos, os loteamentos populares, a locação social, o direito de superfície e outros mecanismos minimizadores da tensão social."[80]

Reconhecido como direito humano, em especial na Agenda Habitat II, adotada pela Conferência das Nações Unidas sobre As-

---

79. *Apud* SAULE JÚNIOR, Nelson. *O Direito à Moradia como responsabilidade do Estado Brasileiro*, op. cit., p. 75.

80. Viana, Rui Geraldo Camargo, op. cit., p. 13.

sentamentos Humanos, o direito à moradia deve ser promovido e protegido pelo Estado Brasileiro, obrigando-se a realizar progressivamente esse direito mediante planos e programas habitacionais, bem como a estabelecer sistemas eficazes de proteção do direito à moradia.

Neste sentido, no âmbito do sistema de proteção internacional dos direitos humanos pelo do Pacto Internacional dos Direitos Econômicos, Sociais e Culturais, de acordo com o art. 2º, item 1, o Brasil comprometeu-se a adotar medidas, até o máximo de seus recursos disponíveis, que visem assegurar progressivamente, por todos os meios apropriados, o pleno exercício dos direitos reconhecidos no pacto, dentre os quais se inclui o direito à moradia.

Sobre as obrigações e responsabilidades do Brasil, no tocante a implementar metas e programas que garantam a concretização do direito à moradia, Nelson Saule Júnior enfatiza que:

> A federação brasileira tem como característica fundamental a definição dos deveres e obrigações da União, Estados e Municípios, para assegurar os direitos e garantias fundamentais da pessoa humana, através da implementação de políticas públicas que atendam os objetivos fundamentais de promover a justiça social, erradicar a pobreza e reduzir as desigualdades sociais, assegurar a cidadania e a dignidade da pessoa humana.[81]

Nessa perspectiva, Nelson Saule Júnior menciona, com precisão, algumas medidas que deveriam ser tomadas pelo governo brasileiro para a realização progressiva do direito à moradia:

- adoção de instrumentos financeiros, legais, administrativos para a promoção de uma política habitacional;
- a constituição de um sistema nacional de habitação descentralizado, com mecanismos de participação popular;
- revisão de legislações e instrumentos de modo a eliminar normas que acarretem algum tipo de restrição e discriminação sobre o exercício do direito à moradia;

---

81. SAULE JÚNIOR, Nelson. *O Direito à Moradia como responsabilidade do Estado Brasileiro, op. cit.*, p. 71.

- a destinação de recursos para a promoção da política habitacional.[82]

Para Nelson Saule Júnior, a realização progressiva como obrigação produz, de imediato, os seguintes efeitos:

- A faculdade de o cidadão exigir de forma imediata as prestações e ações constitutivas desse direito, em face da inércia do Estado, que pode gerar a inconstitucionalidade por omissão;
- o direito de acesso à justiça, mediante ações e processos judiciais eficazes destinados à proteção do direito à moradia;
- o direito de participar da formulação e implementação da política habitacional.[83]

Segundo Viana, é preciso uma tomada de consciência, uma vontade política para suprir a deficiência crônica, estimada, no Brasil, em quinze milhões de unidades, que joga, literalmente, na rua da amargura multidões de famílias sem teto.[84] Para Luiz Paulo Conde:

> Sem um teto onde morar e vítima de um déficit habitacional estimado em 10 milhões de unidades, o brasileiro foi buscar nas favelas e nas construções clandestinas a solução de seus problemas de moradia. A ausência do poder público, extremamente burocratizado e elitizado, contribuiu para estimular o processo de favelização das cidades.[85]

A burocracia exige demais do candidato para um financiamento público, reclama Conde: "Ele quase tem que contratar uma empresa para satisfazer o número de papéis e solicitações feitas pelo estado. E só uma parcela mais organizada da sociedade, que tem

---

82. *Ibidem*, p. 71.

83. *Ibidem*, p. 70.

84. Rui Geraldo Camargo Viana denuncia que: "O problema da moradia não é só nosso; o déficit mundial de habitações é de um bilhão, chegando o pátrio a uma carência de 15 milhões, computadas nesta cifra aquelas moradias inadequadas por falta de água, luz, banheiro, coleta de lixo e demais equipamentos urbanos. Em São Paulo estima-se que 600 mil famílias vivem em cortiços, dois milhões em loteamentos clandestinos e dois milhões em favelas, em precárias condições de habitabilidade", *op. cit.*, p. 14 e 15.

85. In: *INSTITUTO CIDADANIA*. Projeto Moradia. Brasil, maio 2000, p. 13-15.

um padrão de renda mais alto, pode se dar ao luxo de atender a essas exigências."

No naufrágio dos bens sociais e dos serviços públicos, motivado pelos efeitos da globalização econômica, Plauto Faraco de Azevedo questiona "com que recursos o faria o Estado, se já não os tem?" Para ele, o que é mais cruel em tudo isso foi que: "'Este processo foi ainda mais agravado pela circunstância de que uma porção mais reduzida, mas não menos significativa da população, parece ter perdido todo contato com a esfera da cidadania'." Com isso, "As pessoas já não buscam solução, mas salvação".[86] Em outros termos, como bem afirmou o professor argentino Óscar Correas:

> O verdadeiro êxito do liberalismo do fim do século passado e início deste, não parece encontrar-se em seus êxitos econômicos, que não se vêem em parte nenhuma, mas sim em sua contribuição ao imaginário de um mundo suficientemente estupidizado para ter aceito seus motivos mais insossos.[87]

Mas o mais notável é ter o neoliberalismo "obtido o apoio entre suas vítimas. E o fez proclamando o fim das ideologias e da história", conclui Plauto Faraco de Azevedo:

A respeito da implementação do direito social à moradia, respondendo à pergunta: *Onde Buscar Recursos*, o Instituto Cidadania, por meio do Projeto Moradia, responde que:

> Estabelecido o direito à moradia digna como uma prioridade nacional, a adoção das propostas deste projeto permitirá a superação do déficit habitacional em um prazo máximo de 15 anos. Não existem recursos para uma tarefa tão gigantesca? Trata-se de um mito. Mesmo dentro das atuais limitações da economia brasileira, resultantes em grande parte de decisões desastrosas de política econômica, há possibilidade segura de avanços marcantes rumo à moradia digna. [...] Por exemplo, o FGTS, sozinho, poderia fornecer 4, 5 bilhões de reais por ano, somente como retorno de aplicações provenientes das operações de crédito. Mais recursos podem ser destinados à moradia a partir de iniciativas estaduais. São Paulo, por exemplo, obteve mais 600 milhões de reais graças ao aumento de 1% na alíquota do ICMS (Imposto sobre Circulação de Mercadorias e Serviços). O aumento da arrecadação pode ser obtido também com o combate à sonegação, campanhas educativas, engajamento da sociedade, revisão de mecanismos de incentivos fis-

---

86. AZEVEDO, Plauto Faraco de, *op. cit.*, p. 116.

87. *Apud* AZEVEDO, Plauto Faraco de, *op. cit.*, p. 117.

cais, entre outras, que cada Estado pode encontrar conforme suas particularidades. Se todos os Estados destinassem o equivalente a 1% do ICMS, a arrecadação de recursos para a moradia cresceria 1,3 bilhões de reais, totalizando 1,9 bilhão de reais. Além disso, a União destinaria cifra igual, isto é, uma contrapartida à aplicada pelos Estados em moradia, seria abatida das prestações pagas pelos Estados dentro dos acordos de rolagem de dívidas firmados com a União.[88]

Desse modo, os direitos econômicos, sociais e culturais têm eficácia plena, gerando a obrigação imediata do Brasil estabelecer as medidas necessárias para efetivar esses direitos, dentre os quais se inclui o direito à moradia, em razão principalmente da Constituição Federal e dos tratados internacionais de direitos humanos. Contudo, alerta Nelson Saule Júnior:

> Essa obrigação não significa de forma alguma prover e dar habitação para todos os cidadãos, mas sim de constituir políticas que garantam o acesso de todos ao mercado habitacional, constituindo planos e programas habitacionais com recursos públicos e privados para os segmentos sociais que não têm acesso ao mercado e vivem em condições precárias de habitabilidade e de vida.[89]

Durante muitas décadas acreditou-se que a defesa dos direitos individuais dos cidadãos, os chamados direitos de primeira geração, estaria assegurada com a omissão do Estado ou com a previsão de instrumentos voltados a impedir a invasão indevida do Estado na esfera da vida privada das pessoas. Hoje, contudo, tal concepção parece insuficiente para a garantia desses direitos. Tenha-se como impossível a garantia do direito de ir e vir, especialmente às pessoas pobres ou portadoras de limitações físicas, sem que o Estado disponibilize transportes dentro de valores acessíveis e devidamente adaptados. Da mesma forma hoje não estará garantido o direito à liberdade de pensamento sem que esteja assegurado a todos os cidadãos o acesso à educação formal de qualidade, assim também não estará assegurado aos cidadãos o direito de participar conscientemente das decisões políticas na

---

88. *INSTITUTO CIDADANIA, op. cit.*, p. 11.

89. SAULE JÚNIOR, Nelson. *O Direito à Moradia como responsabilidade do Estado Brasileiro, op. cit.*, p. 71.

sociedade, se não tiverem acesso a informações verdadeiras e de interesse público.

O espaço adequado para que todos esses direitos sejam garantidos é justamente aquele traçado pela Constituição de 1988, quando se refere aos seus objetivos fundamentais, que poderiam ser resumidos em dois valores norteadores: desenvolvimento e democracia.

Com efeito, segundo Paulo Ramos, a garantia do desenvolvimento nacional é condição sem a qual nem mesmo os direitos de primeira geração, considerados tradicionalmente direitos que independem de ação positiva do Estado, serão usufruídos. O desenvolvimento é pressuposto da liberdade. Sem que a sociedade produza riquezas suficientes e faça essa distribuição de forma justa entre os cidadãos que a compõem, dentro dos parâmetros traçados pela própria Constituição, que não somente reconhece o primado do trabalho, como também da livre iniciativa, não será possível garantir a todos os brasileiros nem mesmo aqueles direitos primeiramente conquistados pelo homem no final do século XVIII.[90]

Nesse sentido, na vida moderna, que é regida pela tecnologia e pela indústria, a prestação dos serviços públicos torna-se cada vez mais importante para o exercício dos direitos sociais (escolas, cultura, comunicações, fornecimento de energia, água, transporte, habitação). Onde o Estado cria essas ofertas para a coletividade, ele deve assegurar a possibilidade da participação do cidadão. Onde a legislação não concede um direito expresso ao indivíduo, o de receber uma prestação vital, ele pode recorrer ao direito fundamental da igualdade em conexão com o princípio do Estado Social, que tem a obrigação de controlar os riscos resultantes do problema da pobreza, que não podem ser atribuídos aos próprios indivíduos e restituir um *status* mínimo de satisfação das necessidades pessoais.[91]

---

90. RAMOS, Paulo Roberto Barbosa. O Ministério Público e a efetividades das Políticas Públicas. *Revista Consulex*, nº 129, p. 66, maio 2002.

91. KRELL, Andreas J., *op. cit.*, p. 149.

5.5 Direito Subjetivo e Direitos Sociais: O Dilema do Judiciário no Estado Social de Direito

5.5.1 Direitos sociais são direitos subjetivos?

Desde algumas décadas vem surgindo uma classe de direitos cuja tutela não parece existir. Trata-se dos direitos sociais. Diz a Constituição Federal, no seu art. 6º: "São direitos sociais a educação, a saúde, o trabalho, a moradia, o lazer, a segurança, a previdência social, a proteção à maternidade e à infância, a assistência social aos desamparados, na forma desta Constituição."

Os direitos sociais são compreendidos como autênticos direitos subjetivos inerentes ao espaço existencial do cidadão, independentemente da sua justicialidade e exeqüibilidade imediatas, segundo Canotilho. Para ele: "[...] o direito à segurança social, à saúde, à habitação, ao ambiente e qualidade de vida, à educação e cultura, ao ensino, à formação e criação cultural, à cultura física e desporto são direitos com a mesma dignidade subjetiva dos direitos, liberdades e garantias." Nem o Estado nem terceiros podem agredir posições jurídicas reentrantes no âmbito de proteção destes direitos.

Não obstante, sustenta Canotilho, a inequívoca dimensão subjetiva assinalada a estes direitos, a sua operatividade prática diverge, em muitos casos, dos direitos, liberdades e garantias. As normas constitucionais consagradoras de direitos econômicos, sociais e culturais modelam a dimensão objetiva de duas formas:

> (1) imposições legiferantes, apontando para a obrigatoriedade de o legislador atuar positivamente, criando as condições materiais e institucionais para o exercício desses direitos; (2) fornecimento de prestações aos cidadãos, densificadoras da dimensão subjetiva essencial destes direitos e executoras do cumprimento das imposições institucionais.[92]

Quais as ações que asseguram, garantem e viabilizam os direitos sociais? A quem corresponde o dever reflexo respectivo? Para responder a estas indagações será imprescindível a leitura de alguns procedimentos já anteriormente analisados por José

---

92. CANOTILHO, J. J. Gomes. *Direito Constitucional...* op. cit., p. 446.

Reinaldo de Lima Lopes, quais sejam: 1) será preciso analisar o sentido de direito social, trazendo a discussão para o plano da análise do direito subjetivo público; 2) daí será necessário inserir os direitos sociais na própria circunstância histórico-social, sendo que a organização do Estado continua, no essencial, definida à maneira do modelo liberal; 3) será preciso então perceber a limitação institucional ao exercício de tais direitos.[93]

5.5.2 Direitos sociais: da garantia da liberdade individual à promoção das condições de liberdade social

Ronald Dworkin distingue argumentos de princípios, que fundamentam direitos individuais, e argumentos de política *(policy)*, que fundamentam objetivos coletivos. Princípios, diz ele, são proposições que descrevem direitos, políticas são proposições que descrevem objetivos.[94] Os objetivos gerais coletivos destinam-se a distribuir, de certa forma, os benefícios da vida social, em torno de alguns objetivos maiores: eficiência econômica, igualdade ou proporcionalidade na distribuição, etc. Direitos e objetivos sociais podem ser mais ou menos absolutos. Assim, direitos fundamentais *(background)*, que dão consistência a uma ordem política, e direitos particulares *(institucional)*. Um direito a comer para sobreviver, mas não um direito a que o Congresso

---

93. LOPES, José Reinaldo Lima. *Direito subjetivo e direitos sociais. op. cit.*, p. 114.

94. DWORKIN, Ronald. *Los Derechos em Serio*. Barcelona: Ariel, 1997, p. 72-80. Para Robert Alexy, os princípios são mandados de otimização, são normas que ordenam que algo seja realizado na maior medida possível, conforme as possibilidades fáticas e jurídicas do caso, o que significa que podem ser satisfeitas em graus diferentes, de acordo com a necessária ponderação entre o princípio a ser satisfeito e os demais princípios do sistema. In: *Teoria de los Derechos Fundamentales*. Madrid: Centro de Estudios Constitucionales, 1997, p. 81 ss. Sustenta Andreas J. Krell que "os defensores de uma interpretação progressiva dos Direitos Fundamentais Sociais alegam a sua qualidade como direitos subjetivos perante o Poder Público, obrigando-o a prestar determinados serviços de bem-estar social, os quais devem ser realizados de maneira progressiva. Nesse contexto, os direitos sociais programáticos representam 'mandados de otimização' (R. Alexy) que devem ser 'densificados'; o seu cumprimento pode ser negado por parte do Estado somente temporariamente, em virtude de uma impossibilidade material evidente e comprovável", *op. cit.*, p. 149.

venha a abolir a propriedade privada para que ele possa comer. Os princípios também podem ser abstratos ou concretos. Princípio de liberdade de expressão (abstrato) que compete com o direito dos outros de não-interferência ou de respeito ou de segurança do futuro, que só se torna concreto quando definido no caso concreto (em concorrência com outros princípios).

Com isso, pergunta José Reinaldo de Lima Lopes: Os direitos sociais estão como proposições de direito ou de política? Se de direito, trata-se de direitos fundamentais ou particulares? Para responder, o autor cita alguns exemplos de direitos sociais expressos no art. 6º, da Constituição Federal de 1988:[95]

a) *Direito à educação* (art. 6º). No art. 205 ela vem definida como dever do Estado e da família. O art. 208 especifica que o dever do Estado será "efetivado mediante a garantia de...", enumerando uma série de metas ou objetivos a serem alcançados. O § 1º diz que o acesso ao ensino obrigatório e gratuito é *direito público subjetivo*. O § 2º diz que o seu não-oferecimento ou oferta irregular importam responsabilidade da autoridade competente. O art. 212 prevê a aplicação compulsória de receitas de impostos na educação, matéria que precisa ser inserida na interpretação do Capítulo de Finanças Públicas. A qualidade do ensino em todos os níveis depende, acima de tudo, da contratação de professores, do pagamento de um salário digno, da sua qualificação e reciclagem. Os prédios escolares devem ser mantidos em boas condições, aquisição de material escolar, limpeza, etc.

b) *Direito à saúde* (art. 6º). Dos arts. 196 a 200 não consta que o direito à saúde seja direito subjetivo público nem que haja responsabilidade da autoridade quando da falta ou insuficiência do serviço. Consta, do art. 196, que o dever do Estado será "garantido mediante políticas sociais e econômicas que visem à redução do risco de doença e de outros agravos e ao acesso universal e igualitário às ações e serviços para sua promoção, proteção e recuperação". A qualidade dos serviços públicos de saúde depende do fornecimento de re-

---

95. LOPES, José Reinaldo Lima. *Direito subjetivo e direitos sociais. op. cit.*, p. 124 ss.

médios, vagas e leitos nos pronto-socorros e hospitais, da contratação de médicos especializados, de enfermeiros suficientes etc.[96]

c) *Previdência social* (arts. 6º, 201-202). Também não existe qualquer previsão de garantia efetiva.

d) *Proteção à maternidade e à infância* (arts. 6º, 226 a 231, 7º, XVIII, XXV, XXXIII).

e) *Assistência aos desamparados* (arts. 6º, 194).

Mencionamos ainda, f) o *direito à moradia*, acrescentado ao rol dos direitos sociais previstos no art. 6º, da CF/88, pela Emenda Constitucional nº 26, de 14/2/2000. A Constituição Federal conferiu à União competência para instituir diretrizes para o desenvolvimento urbano, inclusive habitação, saneamento básico e transportes urbanos (art. 21, XX). No Inciso IX, do art. 23, dispôs sobre a competência comum da União, dos Estados, do Distrito Federal e dos Municípios, para "promover programas de construção de moradias e a melhoria das condições habitacionais e de saneamento básico".

Refletindo sobre os direitos inscritos na Constituição (art. 6º) como direitos sociais, José Reinaldo de Lima Lopes sustenta que é preciso perguntar qual a sua natureza ou, mais corretamente, qual o seu sentido analiticamente considerado. De maneira geral, os direitos previstos no art. 5º têm a natureza tradicional de direitos de liberdade: significam, antes de mais nada, imunidade, não-impedimento, permissão para fazer ou não fazer, tanto assim que, logo no início da lista, consta o princípio de ninguém ser obrigado a fazer ou não fazer algo senão em virtude da lei (inciso II), logo após o princípio inicial de igualdade perante a lei e entre os sexos (inciso I). Os outros direitos previstos no art. 5º são, muitas vezes, limites constitucionais ao poder do Estado

---

96. Andreas J. Krell relata que "os problemas do Serviço Único de Saúde (SUS) têm as suas principais causas na falta de controle operacional e abusos por parte dos seus integrantes (administradores, médicos, hospitais, laboratórios, fabricantes de remédios). A má prestação dos serviços preventivos e curativos por parte de muitos municípios e estados não constitui um argumento válido para pôr em dúvida a própria natureza do Direito Fundamental à Saúde", *op. cit.*, p. 140.

(como Administração, Legislador ou Juiz), no que diz respeito à vida privada dos cidadãos, assim como princípios gerais de relações privadas (propriedade, herança, contratos), que, por meio de instrumentos de justiça comutativa (de trocas entre sujeitos determinados) realizariam justiça distributiva (apropriação individualizada dos benefícios socialmente criados ou repartição de cotas de benefícios indivisíveis).[97]

Além disso, salienta o autor, os direitos preconizados no art. 5º estão definitivamente marcados pelo traço da liberdade compreendida como não-impedimento, a chamada liberdade geográfica. Por isto, os remédios característicos construídos para tais direitos são o mandado de segurança e o *habeas corpus* (art. 5º, LXVIII e LXIX e LXX). Os remédios têm caráter corretivo, mesmo quando usados preventivamente: a ameaça de direito de que fala a Constituição significa que é preciso corrigir, se não um ato já praticado, um ato a ser proximamente praticado pela autoridade.

Já os direitos coletivos têm outro caráter, entende José Reinaldo de Lima Lopes. Para ele, não se trata, na maioria dos casos previstos no art. 6º, de conservar-se uma situação de fato existente. Assim, tipicamente, o remédio ou a ação para proteger tais direitos não consiste na exclusão de outrem (Estado ou particular) numa esfera de interesses já consolidados e protegidos de alguém (indivíduo ou grupo). Trata-se de situações que precisam ser criadas. Assim, o direito à educação é mais do que o direito de não ser excluído de uma escola; é, de fato, o interesse de conseguir uma vaga e as condições para estudar (ou seja, tempo livre, material escolar, etc.). Ora, se a vaga não existe, se não existe o tempo livre, se não há material escolar a baixo custo, como garantir juridicamente tal direito? Como transformá-lo de um direito à não-interferência (permissão, dever de abstenção) em um direito à prestação (dever de fazer, obrigação) de alguém? Paradigmaticamente a mesma coisa ocorre com o direito à moradia: Como transformar o direito à propriedade (defesa de bens contra a injusta invasão ou apropriação de terceiros e permissão

---

97. LOPES, José Reinaldo Lima. *Direito Subjetivo e Direitos Sociais*. op. cit., p. 126.

para deter bens legitimamente adquiridos) em direito à moradia (acesso à propriedade, ou à posse – pela locação, por exemplo – de um local onde se estabelecer com a família numa cidade)? De quem exigir tal acesso, contra quem exercer seu direito e quem afinal está obrigado a que espécie de prestação?

O direito subjetivo individual é feito valer por meio do direito de ação, pelo qual aquele que tem interesse (substancial) provoca o órgão jurisdicional do Estado (Poder Judiciário) para obter uma sentença e, se necessário, sua execução forçada, contra a outra parte que lhe deve (uma prestação, uma ação ou uma omissão). O direito romano clássico era um direito de ação: dava-se uma ação para que uma parte pudesse obter de outrem, compulsoriamente, exercitando a violência necessária, sob a fiscalização do pretor, o que lhe parecia devido. Assim, como no caso do direito inglês tradicional, a ação antecede o direito *(remedy precedes right)*.

Dentro da esfera de liberdade individual, chamada de liberdade *geográfica* (significando um espaço de vida no qual a interferência de terceiros – particulares ou Estado – apenas ocorre se houver vontade do homem livre), os remédios também são tradicionais. Digamos que esta chamada esfera da vida privada constitui-se e organiza-se, atualmente, sob o signo das obrigações privadas: advindas dos contratos (de massa, de consumo, ou privados propriamente) ou da responsabilidade civil (relações involuntárias, como diziam os clássicos). Nestes casos, também o Judiciário tem um papel tradicional. Chamado a intervir por qualquer das partes para impor e executar as obrigações entre particulares. Mesmo que, hoje, em determinados campos, os direitos dos particulares deixem de ser individualistas (como no caso do direito do consumidor, do direito ambiental e urbano, etc.), ainda assim a controvérsia judicial pode ter um papel relevante e relativamente eficaz.

Para José Reinaldo de Lima Lopes, os direitos sociais e coletivos, que se incorporaram em diversas constituições contemporâneas, inclusive brasileiras anteriores a 1988, têm característica especial: não são fruíveis ou exeqüíveis individualmente. Salienta, todavia, que não quer isto dizer que juridicamente não possam, em determinadas circunstâncias, ser exigidos como se exigem judicialmente outros direitos subjetivos. Mas, de regra, dependem para sua eficácia, de atuação do Executivo e do Legislativo por terem o caráter de generalidade e publicidade. Assim é o caso da *educação* pública, da *saúde* pública, da *moradia*, dos serviços de *segurança* e justiça, do direito a um *meio ambiente* sadio, ao *lazer, à assistência aos desamparados, à previdência social* e outros previstos nos arts. 6º e 7º, sem contar as disposições dos incisos do art. 170, dos arts. 182, 193, 225, e muitas outras espalhadas ao longo do corpo de toda a Constituição de 1988. Para ele, não se trata de direitos individuais, não gozam, aparentemente, da especificidade de proteção proposta: qual a ação, quem o seu titular, quem o devedor obrigado?[98]

5.5.3 O Judiciário como arena de conflitos distributivos: a política pública como objeto de demandas populares

Destarte, pergunta José Reinaldo de Lima Lopes, quais os remédios existentes? Em primeiro lugar percebamos as diferenças: direito à moradia, por exemplo, distingue-se de direito de propriedade. Claramente, os direitos sociais, mesmo como direitos subjetivos, não são iguais aos direitos individuais. E isto porque sua fruição é distinta. Para o autor, são estes direitos que dependem, para sua eficácia, de uma ação concreta do Estado e não simplesmente de uma possibilidade de agir em juízo. Cláudio Ari Mello, fundamentado em José Reinaldo de Lima Lopes, enfrentou uma dupla série de questões jurídicas – veja-se o subtítulo "O regime dos Direitos Sociais", deste capítulo – para responder se: 1º) os cidadãos em geral têm ou não o direito de exigir, judicialmente, a execução concreta de políticas públicas e a prestação de serviços públicos; 2º) e como o Judiciário pode provocar a execução de tais políticas.

Quanto à exigibilidade concreta dos direitos, José Reinaldo de Lima Lopes cita alguns remédios constitucionais: a iniciativa popular de leis (art. 61, § 2º), contudo situa-se fora da esfera do judiciário; o mandado de injunção (art. 5º, LXXI), mas pare-

---

98. LOPES, José Reinaldo de Lima. *Direito subjetivo e direitos sociais. op. cit.*, p. 129.

ce mais apto à defesa tradicional (limitativa do Poder Público) do que à defesa ativa e promocional dos direitos sociais, muito embora seja o remédio previsto para os casos em que a falta de norma regulamentadora torne inviável o exercício de prerrogativas constitucionais inerentes à cidadania, por exemplo. Além do mais, frisa o autor, a prestação do serviço depende da real existência dos meios: não existindo escolas, hospitais e servidores capazes e em número suficiente para prestar o serviço, o que fazer? Prestá-lo a quem tiver tido a oportunidade e a sorte de obter uma decisão judicial e abandonar a imensa maioria à fila de espera? Seria isto viável de fato e de direito, se o serviço público pautar-se pela sua universalidade, impessoalidade e atendimento a quem dele mais precisar e cronologicamente anteceder os outros? Começam, pois, a surgir dificuldades enormes quando se trata de defender com instrumentos individuais um direito social.

Uma política pública, juridicamente, é um complexo de decisões e normas de natureza variada. Para promover a educação, a moradia ou a saúde, o que deve fazer a Estado? Quais os limites constitucionais? Quais as direções impostas pela Constituição? A falta de reflexão sobre o complexo de normas que aí se entrelaçam pode ser fonte de trágicos mal-entendidos. José Reinaldo de Lima Lopes, por conseguinte, afirma que ao Estado não são dadas muitas opções; uma política de educação ou de moradia ou de saúde dependerá de: gastos públicos de curto, médio e longo prazos e legislação disciplinadora das atividades inseridas em tais campos. A legislação terá o caráter de organização do serviço público ou promoção indireta do serviço de saúde ou moradia por particulares, o que exigiria a promoção de alguma legislação sobre o assunto, e exercer, de certa forma, o poder de polícia, seja autorizando, fiscalizando ou coordenando e estimulando a coordenação das atividades estatais, privadas e todas entre si.

Sem os planos, sem os orçamentos, nada de política pública pode ser implementada. Paradoxais e quase inúteis seriam, então, as decisões judiciais a respeito de qualquer direito social? Eventualmente não, argumenta José Reinaldo de Lima Lopes.[99] Para ele, as políticas públicas são um conjunto heterogêneo de medidas do ponto de vista jurídico. Envolvem elaboração de leis programáticas[100], portanto de orçamentos de despesas e receitas públicas. Imaginemos uma política habitacional: nela estão envolvidos vários dos assuntos já elencados. Para além disso, existem os atos concretos de execução de tais políticas, normalmente exercidos por órgãos administrativos centralizados e descentralizados (autarquias e empresas públicas), sem contar o poder de polícia, exercido por antecipação (na forma de autorizações e licenças) ou posteriormente (na forma de fiscalização).

Diante de tudo isso, é preciso lembrar a característica situação do Judiciário: trata-se de um poder distinto dos outros, pois só atua mediante provocação. Assim, se o Executivo e o Legislativo podem dar início *espontaneamente* (do ponto de vista jurídico-institucional) a reformas, o mesmo não se dá com o Judiciário. Este depende de provocação dos interessados. Naturalmente, hoje em dia, já existem mecanismos processuais, ainda novos para os padrões da tradição jurídica, que possibilitam o ingresso de substitutos processuais de interesses coletivos: os mandados de injunção, a ampliação da legitimidade para propositura da ação direta de inconstitucionalidade. Mesmo assim, não havendo ou não aparecendo interessados na propositura de tais ações, a questão ficará adstrita aos meios individuais de defesa de interesses, fazendo com que se fragmentem decisões que, a rigor, deveriam atingir toda uma política. Segundo José

---

99. LOPES, José Reinaldo Lima. *Direito Subjetivo e Direitos Sociais. op. cit.*, p. 133 e 134.

100. Inocêncio Mártires Coelho ressalta que, ao contrário dos preceitos *operativos* que são dotados de eficácia imediata ou, pelo menos, de eficácia não-dependente de condições institucionais ou de fato, os preceitos *programáticos*, são os "que definem objetivos, cuja concretização depende de providências situadas fora ou além do texto constitucional". In: *Elementos de Teoria da Constituição e de Interpretação Constitucional, op. cit.*, p. 40 e 41.

Reinaldo de Lima Lopes, o foro próprio dá-se no Executivo e no Legislativo.

Com isto, sustenta o autor, fica evidente o limite do Judiciário ao tratar de determinadas questões: Podendo impedir a aplicação de uma norma, poderia colocar outra em seu lugar? Sua função, neste caso, não seria sempre a tradicional: aplicar, num caso concreto, o direito vigente. Como criar direito geral e novo?

Imaginemos o direito à saúde (art. 6º e art. 196, da Constituição Federal) ou o direito à moradia (art. 6º, da Constituição Federal) ou o direito a um meio ambiente saudável (art. 225, da Constituição Federal). Como torná-los eficazes? Não se trata de aplicar uma norma qualquer entre indivíduos que disputam determinada coisa. Trata-se antes de garantir condições de exercício de direitos sociais e de gozo de bens não-submetidos ao regime da propriedade, da disponibilidade do consumo, da mercadoria. As contradições começam a surgir de maneira muito clara. E as contradições surgem quer pela deficiência do Judiciário em resolver problemas de caráter coletivo ou comum, quer pela falta de equilíbrio na aplicação de princípios aparentemente contraditórios.

A contradição básica a que podemos chegar, em muitos desses casos, é a de considerar que o Estado (Poder Executivo) deve responsabilizar-se por todos os prejuízos, deve comportar-se como uma agência seguradora geral de cidadãos e instituições, enquanto fica impedido de tomar providências no exercício de seu poder de polícia ou, mesmo, na aprovação de políticas públicas, planejando a médio e longo prazos.

Por isso, arremata o professor José Reinaldo de Lima Lopes: as garantias dos direitos sociais podem, por isso, ser efetivadas hoje por alguns caminhos que variam em natureza: quando se falar em direito público subjetivo, o cidadão está habilitado a exigir do Estado seja a prestação direta, seja a indenização; quando se tratar de garantia geral, os caminhos serão: por meio do Ministério Público[101] (art. 129, da Constituição Federal), promover a responsabilidade de autoridades que não estejam dando andamento a políticas e ações já definidas em lei (orçamentárias e programas) e regulamentos ou atos administrativos; as leis orçamentárias, incluídos os orçamentos da previdência social, poderão ser impugnadas por ação direta de inconstitucionalidade (art. 102, I) toda vez que contrariarem dispositivos constitucionais, como o art. 201 e seus parágrafos ou o art. 212 e sua respectiva hierarquia (lei complementar referida no art. 163, da Constituição Federal, plano plurianual, lei de diretrizes orçamentárias, orçamento anual); responsabilização do Presidente da República especialmente no caso do art. 85, VI, e do art. 167, § 1º.[102]

Contudo, este não é o entendimento de Gilberto Bercovici, que fundamentado nos autores José Afonso da Silva, Celso Antonio Bandeira de Mello, Paulo Bonavides e Luís Roberto Barroso, argumenta que aqueles que afirmam que as normas programáticas de uma constituição como a de 1988 não são jurídicas, estão equivocados, pois elas "possuem juridicidade, caráter vinculativo e são uma imposição constitucional aos órgãos públicos." Ao ângulo subjetivo, afirma Luís Roberto Barroso:

> [...] as regras em apreço conferem ao administrado, de imediato, direito a: (A) opor-se judicialmente ao cumprimento de regras ou à sujeição a atos que o atinjam, se forem contrários ao sentido do preceptivo constitucional; (B) obter, nas prestações jurisdicionais, interpretação e decisão orientadas no mesmo sentido e direção apontados por estas normas, sempre que estejam em pauta os interesses constitucionais por elas protegidos.[103]

---

101. Nesse sentido, é a lição de Paulo Roberto Barbosa Ramos, para quem "as políticas públicas são instrumentos imprescindíveis para que os objetivos traçados pela Constituição de 1988 sejam, efetivamente, cumpridos, cabendo ao Ministério Público utilizar os instrumentos jurídicos dos quais dispõe para vê-las implementadas, garantindo, com isso, o desenvolvimento e a democracia, pressupostos de uma sociedade livre, justa e solidária", *op. cit.*, p. 66.

102. LOPES, José Reinaldo Lima. *Direito Subjetivo e Direitos Sociais*. op. cit., p. 137.

103. BARROSO, Luís Roberto. *O Direito Constitucional e a Efetividade de suas Normas: Limites e possibilidades da Constituição Brasileira*. 8ª ed. atual. Rio de Janeiro: Renovar, 2006, p. 117.

Nessa perspectiva, Luís Roberto Barroso assevera que:

"embora resultante de um impulso político, que deflagra o poder constituinte originário, a Constituição, uma vez posta em vigência, é um documento jurídico. E as normas jurídicas, tenham caráter imediato ou prospectivo, não são opiniões, meras aspirações ou plataforma política."[104]

Assim, em Reaséns Siches, as regras de direito, "son instrumentos prácticos, elaborados y construidos por los hombres, para que, mediante su manejo, produzcan en la realidad social unos ciertos efectos, precisamente el cumplimiento de los propóstios concebidos".[105]

Com efeito, apoiado em Paulo Bonavides, arremata Luís Roberto Barroso que o drama jurídico das Constituições contemporâneas, "assenta precisamente na dificuldade de passar da enunciação de princípios à disciplina, tanto quanto possível rigorosa ou rígida, de direitos acionáveis, ou seja, passar da esfera abstrata da declaração de princípios à ordem concreta das normas que se fazem cumprir".[106]

Mais adiante o autor enfatiza "já não cabe negar o caráter jurídico e, pois, a exigibilidade e acionabilidade dos direitos fundamentais, na sua múltipla tipologia. É puramente ideológica e não científica, a resistência que, ainda hoje, se opõe à efetivação, por via coercitiva, dos chamados direitos sociais".[107]

Do que se escreveu a propósito dos direitos sociais como direitos subjetivos constitucionais, podemos ver em que é que reside a força jurídico-constitucional dos direitos econômicos, sociais e culturais. Canotilho cita alguns casos mais significativos em que o Tribunal Constitucional Português foi chamado a pronunciar-se sobre direitos sociais em sede de fiscalização abstrata: *Ac. 39/84, Caso do Serviço Nacional de Saúde, Ac. 151/92, Caso do Di-*

---

104. BARROSO, Luís Roberto, *op. cit.*, p. 60

105. *Apud*, Barroso, Luís Roberto, *op. cit.*, p. 60.

106. *Ibidem*, p. 71.

107. *Ibidem*, p. 102.

reito à Habitação, Ac. 148/94, Caso das Propinas Universitárias[108], nos quais se fixaram alguns traços juridicamente constitutivos das normas constitucionais consagradoras de direitos econômicos, sociais e culturais: (1) os direitos fundamentais sociais consagrados em normas da Constituição dispõem de *vinculatividade normativo-constitucional* (não são meros "programas" ou "linhas de direção política"); (2) as normas garantidoras de direitos sociais devem servir de *parâmetro de controle* judicial, quando estejam em causa a apreciação da constitucionalidade de medidas legais ou regulamentares restritivas destes direitos; (3) *as normas de legislar* acopladas à consagração de direitos sociais são autênticas imposições legiferantes, cujo não-cumprimento poderá justificar *a inconstitucionalidade por omissão*; (4) *as tarefas* constitucionalmente impostas ao Estado para a concretização destes direitos devem traduzir-se na edição de *medidas concretas e determinadas* e não em promessas vagas e abstratas; (5) a produção de medidas concretizadoras dos direitos sociais não é deixada à livre *disponibilidade do legislador*, embora este beneficie de uma ampla *liberdade de conformação*, quer quanto às soluções normativas concretas, quer quanto ao modo organizatório e ritmo de concretização.[109]

Em relação aos Acórdãos do Tribunal Constitucional Português, desejo apenas comentar o de nº 151/92, que julgou o *Caso do Direito à Habitação*: decidiu o Tribunal que o direito de ter uma moradia digna, como direito fundamental de natureza social situado no campo constitucional dos direitos e deveres sociais da Constituição portuguesa, constitui um direito a prestações. Conforme mencionamos anteriormente, na lição de Canotilho, está-se perante um direito cujo conteúdo não pode ser determinado no âmbito das opções constitucionais, antes pressupõe uma tarefa de concretização e de mediação do legislador ordinário, e cuja efetividade está dependente da chamada "reserva do possível";

---

108. Canotilho destaca que tais acórdãos poderão ser consultados na coletânea de Jorge Miranda. In: *Jurisprudência Constitucional Escolhida*. v. I, Lisboa: Universidade Católica, 1996, p. 895.

109. CANOTILHO, J. J. Gomes. *Direito Constitucional... op. cit.*, p. 451, 452, 483 e 484.

desta forma, ao direito à moradia não se confere um direito imediato a uma prestação efetiva, já que não é diretamente aplicável nem exeqüível por si mesmo. Entendeu, ainda, o Tribunal Constitucional Português que o direito à moradia não é um direito subjetivo propriamente dito, que permita a qualquer indivíduo exigir do outro que lhe proporcione habitação ou que lhe permita apropriar-se de qualquer coisa alheia ou, mesmo, ocupá-la, tanto em face de imóvel privado quanto público. O direito à habitação tão somente integrará um dever político imposto ao Estado no sentido de adotar providências tendentes à realização daquele objetivo.

Podemos concluir, então, que os tribunais não são órgãos de conformação social ativa[110], uma vez que os direitos fundamentais de natureza econômica, social e cultural dispunham de vinculatividade normativo-constitucional, impondo-se aos poderes públicos a realização destes direitos por medidas políticas, legislativas e administrativas concretas e determinadas. Embora não se possa, em geral, derivar diretamente das normas consagradoras destes direitos prestações sociais (excepcionalidade de direitos originários a prestações), tão pouco a produção dos instrumentos normativo-concretizadores é deixada à livre disponibilidade do legislador de dar operacionalidade prática a estas imposições sob pena de inconstitucionalidade por omissão. Se o legislador não é inteiramente livre no cumprimento destas imposições, dispõe, contudo, de liberdade de conformação, quer quanto às soluções normativas concretas, quer quanto ao modo organizatório e gradualidade de concretizações.

5.6 Nova compreensão da teoria da Separação dos Poderes; controle judicial de políticas e orçamentos públicos

Vimos que, em princípio, a estrutura do Poder Judiciário é relativamente inadequada para dispor sobre recursos ou planejar políticas públicas. Ele também carece de meios compulsórios para

---

110. CANOTILHO, J. J. Gomes. *Direito Constitucional... op. cit.*, p. 483.

a execução de sentenças que condenam o Estado a cumprir uma tarefa ou efetuar uma prestação omitida; não há meios jurídicos para constranger o legislador a cumprir a obrigação de legislar.[111]

Em certas condições, o incumprimento pelo legislador ou do governo das tarefas constitucionais ligadas aos direitos sociais é suscetível de desencadear uma inconstitucionalidade por omissão. Nesse ponto, vale ressaltar que os novos meios processuais do mandado de injunção (art. 5º, LXXI, CF) e da ação de inconstitucionalidade por omissão (art. 103, § 2º, CF) ainda não surtiram os efeitos desejados e intencionados pelos Constituintes da Carta de 1988, tema complexo que não pode ser aprofundado aqui.

Há omissão legislativa sempre que o legislador não cumpre (ou cumpre insuficientemente) o dever constitucional de concretizar imposições constitucionais concretas. Ele pode não agir (omissão total) ou tomar medidas insuficientes ou incompletas (omissão parcial); no último caso, têm relevo decisivo considerações de caráter material, que dependem do grau de densidade da norma impositiva.[112] Assim, os direitos sociais podem funcionar como verdadeiros direitos subjetivos e serem invocados judicialmente, por meio de ações de inconstitucionalidade por omissão e ação, na lição de Jorge Miranda.[113]

Sustenta José Eduardo Faria que a conseqüência do não atendimento aos preceitos constitucionais por omissão legislativa ou administrativa pode resultar numa inconstitucionalidade permanente, que leva à desestabilização política. Ao mesmo tempo, é incontestável o valor político de uma decisão judicial que declara que o Estado está em mora com obrigações constitucionais econômicas, sociais e culturais; essas sentenças assumem

---

111. SILVA, José Afonso da. *Aplicabilidade das Normas Constitucionais*, op. cit., p. 128 e 129.

112. SARLET, Ingo Wolfgang. *A Eficácia dos Direitos Fundamentais*, op. cit., p. 274, 286 e 325.

113. MIRANDA, Jorge. *Manual de Direito Constitucional*, op. cit., p. 105 s., 348 ss.

o papel de importantes veículos para canalizar as reivindicações da sociedade.[114]

Nesse sentido, Andreas Krell argumenta que:

> [...] o vetusto princípio da Separação dos Poderes, idealizado por Montesquieu, está produzindo, com sua grande força simbólica, um efeito paralisante às reivindicações de cunho social e precisa ser submetido a uma nova leitura, para poder continuar servir ao seu escopo original de garantir Direitos Fundamentais contra o arbítrio e, hoje também, a omissão estatal. O Estado Social moderno requer uma reformulação funcional dos poderes no sentido de uma distribuição para garantir um sistema eficaz de 'freios e contrapesos'.[115]

Cappelletti destaca que os juízes de muitos países têm assumido a posição de negar o caráter preceptivo ou *"self-executing"* de leis ou direitos programáticos de cunho social, que normalmente se limitam a definir finalidades e princípios gerais. No entanto, o Poder Judiciário, mais cedo ou mais tarde, teria que "aceitar a realidade da transformada concepção do direito e da nova função do estado, do qual constituem também, afinal de contas, um ramo". Para tal fim, os juízes devem controlar e exigir o cumprimento do dever do Estado de intervir ativamente na esfera social. A atividade de interpretação e realização das normas sociais na constituição implica, necessariamente, um alto grau de *criatividade* do juiz, o que, por si, não o torna um "legislador".[116]

Boaventura de Sousa Santos observa que, nos países periféricos como o Brasil, a atuação dos juízes caracteriza-se pela resistência em assumir a sua co-responsabilidade na ação providencial do Estado.[117] Nessa linha, exige-se um Judiciário "intervencionista", que, realmente, ousa controlar a falta de qualidade das prestações dos serviços básicos e exigir a implementação de

---

114. FARIA, José Eduardo (Org.). O Judiciário e o desenvolvimento sócio-econômico. In: FARIA, José Eduardo (Org.). *Direitos Humanos, Direitos Sociais e Justiça*. São Paulo: Malheiros, 1998, p. 19 s.

115. KRELL, Andreas J., *op. cit.*, p.162.

116. CAPPELLETTI, Mauro. *Juízes Legisladores?* Porto Alegre: Fabris, 1993. reimp. 1999, p. 53, 67, 74 ss.

117. *Apud* APOSTOLOVA, Bistra Stefanova. *Poder Judiciário: do Moderno ao Contemporâneo*. Porto Alegre: Fabris, 1998, p. 39.

políticas sociais eficientes. Nesse contexto, as decisões da administração pública não podem distanciar-se da "programaticidade principiológica" da Constituição.[118]

Sustenta Bistra Apostolova que a natureza político-social das normas jurídicas preconizadas na Constituição de 1988 impõe a necessidade de métodos de interpretação específicos. O modelo dominante no Brasil sempre foi de perfil "liberal-individualista-normativista", que nega a aplicação das normas programáticas e dos princípios da nova Constituição. Enquanto o positivismo jurídico formalista exigia a "neutralização política do Judiciário", com juízes racionais, imparciais e neutros, que aplicam o direito legislado de maneira lógico-dedutiva e não-criativa, fortalecendo, deste modo, o valor da segurança jurídica, o moderno Estado Social requer uma magistratura preparada para realizar as exigências de um direito material, "ancorado em normas éticas e políticas, expressão de idéias para além das decorrentes do valor econômico".[119]

Enfatiza, ainda, Bistra Apostolova que as expectativas e reivindicações de novos movimentos e grupos sociais da garantia dos seus direitos aumentaram a "visibilidade social e política" do Poder Judiciário, que se transformou, cada vez mais, num "espaço de confronto e negociação de interesses." A concretização desses direitos sociais exige alterações das funções clássicas dos juízes, que se tornam co-responsáveis pelas políticas dos outros poderes estatais, tendo que orientar a sua atuação para possibilitar a realização de projetos de mudança social, o que leva à ruptura com o modelo jurídico subjacente ao positivismo, a separação do Direito da Política.[120]

Para José Eduardo Faria, a Magistratura Brasileira, considerada a partir de seu *ethos* cultural, corporativo e profissional, "tem desprezado o desafio de preencher o fosso entre o sistema jurídico vigente e as condições reais da sociedade, em nome da 'segurança jurídica' e de uma visão por vezes ingênua do equilí-

---

118. PEREZ, Marcos Augusto, *op. cit.*, p. 241 ss.
119. APOSTOLOVA, Bistra Stefanova, *op. cit.*, p. 145 s., 169.
120. *Ibidem*, p. 182 s.; a autora vale-se, nesse contexto, das lições de José Eduardo Faria e do autor português Boaventura de Sousa Santos.

brio entre os poderes autônomos".[121] Para ele, os tribunais, apesar dos novos direitos consagrados pela Carta de 1988, continuam com uma cultura técnico profissional defasada – com métodos exclusivamente formais de caráter lógico, sistemático e dedutivo – incapazes de entendê-los e, por conseqüência, de aplicá-los.[122]

Entre as teorias existentes sobre os Direitos Fundamentais, são aceitas, no Brasil, a liberal e a institucional, enquanto a Teoria dos Valores (R. Smend), que entende os Direitos Fundamentais como expressão de uma "ordem objetiva de valores", ainda encontra fortes ressalvas. Segundo essa teoria – defendida pela Corte Constitucional Alemã – os Direitos Fundamentais atuam sobre as relações jurídicas diante dos poderes públicos e sobre as relações jurídicas dos cidadãos entre si. Assim, os valores assentados nos Direitos Fundamentais são capazes de impregnar toda a ordem jurídica, como o exercício da discricionariedade administrativa e o preenchimento das cláusulas gerais do direito civil (ex.: "boa-fé", "bons costumes"), segundo lição de Andréas Krell.[123]

Argumenta o autor que essa compreensão jurídico-objetiva também é de fundamental importância para os *deveres* do Estado, pois a vinculação de todos os poderes aos direitos fundamentais contém não só uma obrigatoriedade negativa do Estado de *não fazer* intervenções em áreas protegidas pelos direitos fundamentais, mas também uma obrigação *positiva* de fazer tudo para realizar os mesmos, mesmo se não existir um direito público subjetivo do cidadão.[124]

Segundo este entendimento, defende-se um novo tipo de Poder Judiciário e de compreensão da norma constitucional, e

---

121. FARIA, José Eduardo (Org.). O Judiciário e os direitos humanos e sociais: notas para uma avaliação da justiça brasileira. In: FARIA, José Eduardo (Org.). *Direitos Humanos, Direitos Sociais e Justiça, op. cit.*, p. 111.

122. FARIA, José Eduardo.(Org.). As transformações do Judiciário em face de suas responsabilidades sociais. In: FARIA, José Eduardo (Org.). *Direitos Humanos, Direitos Sociais e Justiça, op. cit.*, p. 56 e 65.

123. KRELL, Andréas, J., *op. cit.*, p. 158.

124. *Ibidem*, p. 159 e 160.

juízes "ativistas", vinculados às diretivas e às diretrizes materiais da constituição, voltados para a plena realização dos seus comandos e não apenas apegados aos esquemas da racionalidade formal e, por isto, muitas vezes, simples guardiões do *status quo*. Torna-se necessária, portanto, uma "mudança de paradigmas" na percepção da sua própria posição e função no moderno Estado Social de Direito.

Desse modo, para Menelick de Carvalho Netto:

> É tempo de nos conscientizarmos da importância não somente do que Pablo Lucas Verdú denomina sentimento de Constituição para a efetividade da própria ordem constitucional, mas que precisamente para se cultivar esse sentimento em um Estado Democrático de Direito, das decisões judiciais deve-se requerer que apresentem um nível de racionalidade discursiva compatível com o atual conceito processual de cidadania, com o conceito de Häberle da comunidade aberta de intérpretes da Constituição. Ou para dizer em outros termos, ao nosso Poder Judiciário, em geral, e ao Supremo Tribunal Federal, em particular, compete assumir a guarda da Constituição de modo a densificar o princípio da moralidade constitucionalmente acolhido que, no âmbito da prestação jurisdicional, encontra tradução na satisfação da exigência segundo a qual a decisão tomada possa ser considerada consistentemente fundamentada tanto à luz do direito vigente quanto dos fatos específicos do caso concreto em questão, de modo a se assegurar a um só tempo a certeza do direito e a correção, a justiça, da decisão tomada.[125]

O Poder Executivo, por sua vez, não somente "executa" as normas legislativas sobre direitos sociais, mas também cria as próprias "políticas" e os programas necessários para a realização dos ordenamentos legais. Esta função governamental planejadora e implementadora é decisiva para o próprio conteúdo das políticas e a qualidade da prestação dos serviços. O dilema do ní-

---

125. CARVALHO NETTO, Menelick de. A hermenêutica constitucional sob o paradigma do Estado Democrático de Direito. *Revista Notícia do Direito Brasileiro*. Brasília: Universidade de Brasília, nº 6, p. 233-250, 2º sem. 1998. O autor enfatiza ainda que: "sob as exigências da hermenêutica constitucional ínsita ao paradigma do estado Democrático de Direito, requer-se do aplicador do direito que tenha claro a complexidade de sua tarefa de intérprete de textos e equivalentes a texto, que jamais a veja como algo mecânico, sob pena de se dar curso a uma insensibilidade, a uma cegueira, já não mais compatível com a Constituição que temos e com a doutrina e a jurisprudência constitucionais que a história nos incumbe hoje de produzir", p. 250.

vel baixo de qualidade dos mesmos parece estar concentrado na não-alocação de recursos suficientes nos orçamentos públicos, seja da União, dos Estados ou dos Municípios e, parcialmente, da não-execução dos respectivos orçamentos pelos órgãos governamentais. No entanto, alerta Ricardo Lobo Torres, que "Se não houver lei ordinária concessiva, inexistirá a obrigatoriedade de o orçamento contemplar as dotações para a despesa, ainda que a Constituição, programaticamente, proclame o direito social."[126]

Para Gilberto Bercovici, as questões ligadas ao cumprimento das tarefas sociais, como a formulação das respectivas políticas, no Estado Social de Direito, não estão relegadas somente ao governo e à administração[127], mas têm o seu fundamento nas próprias normas constitucionais sobre direitos sociais; a sua observação pelo Poder Executivo pode e deve ser controlada pelo Poder Judiciário, observa Campilongo.[128]

Inocêncio Mártires Coelho defende que os tribunais constitucionais:

> (i) trabalham com fórmulas lapidares ou enunciados abertos e indeterminados, quais os que definem os direitos fundamentais nas constituições modernas; (ii) estão situados fora e acima da tradicional tripartição dos poderes estatais; e (iii) desfrutam de singular autoridade, os seus juízes, como intérpretes finais da constituição acabam positivando ou constitucionalizando a própria concepção de justiça – rigorosamente a sua ideologia – que outra não é senão aquela da classe social, hegemônica, que eles integram e representam.[129]

No entanto, dado o possível déficit de legitimidade democrática inerente a esse monopólio judiciarista de interpretação autêntica da constituição, fundamentado em Peter Häberle, com

---

126. TORRES, Ricardo Lobo, op. cit., p. 240.

127. BERCOVICI, Gilberto, op. cit., p. 36 s.

128. CAMPILONGO, Celso Fernandes. Os desafios do Judiciário: um enquadramento teórico. In: FARIA, José Eduardo (Org.). Direitos Humanos, Direitos Sociais e Justiça, op. cit., p. 47 s; para o autor, "o magistrado atua, no Estado Social, como garantidor da estabilidade e da dinâmica institucionais".

129. COELHO, Inocêncio Mártires. A dimensão política da jurisdição constitucional. Revista de Direito Administrativo, nº 225, p. 39-44, jul./set. 2001, p. 42.

sua visão "republicana e democrática" da interpretação constitucional, Inocêncio Coelho defende:

> [...] uma fórmula jurídico-política centrada na tese de que uma sociedade aberta exige uma interpretação igualmente aberta da sua carta política, até porque 'no processo de interpretação constitucional estão potencialmente vinculados todos os órgãos estatais, todas as potências públicas, todos os cidadãos e grupos, não sendo possível estabelecer-se um elenco cerrado ou fixado com *numerus clausus* de intérpretes da Constituição'.[130]

Respondendo ao problema central do *judicial review*, sobre se *"é jurídico ou político"* o método de que se utiliza a jurisdição constitucional para dar a *"última palavra"* sobre a Constituição, Inocêncio Coelho, em defesa da *legislação judicial*, sustenta que *"essa superlegislatura* acabará se mostrando instituição política das mais democráticas." Mauro Cappelletti, citado por Inocêncio Coelho argumenta:

> Não há dúvida de que é essencialmente democrático o sistema de governo no qual o povo tem o 'sentimento de participação'. Mas tal sentimento pode ser facilmente desviado por legisladores e aparelhos burocráticos longínquos e inacessíveis, enquanto, pelo contrário, constitui características *quoad substantiam* da jurisdição [...] desenvolver-se em direta conexão com as partes interessadas, que têm o exclusivo poder de iniciar o processo jurisdicional e determinar o seu conteúdo, cabendo-lhes ainda o fundamental direito de serem ouvidas. Neste sentido, o processo jurisdicional é até mais participativo de todos os processos da atividade pública.[131]

Em sentido contrário, no entanto, alerta Gustavo Amaral que:

> Pretender que as prestações positivas possam, sempre e sempre, ser reivindicáveis, pouco importando as conseqüências financeiras e eventuais impossibilidades do Erário é divorciar tais pretensões de qualquer fundamento de justiça, seja porque a falta de recursos provocará discri-

---

130. *Ibidem*, p. 42. Em suma, sustenta o autor: "se vivemos num Estado de Direito, que se pretende liberal, democrático e social, torna-se imperioso que a leitura da sua Constituição se faça em voz alta e à luz do dia, no âmbito de um processo verdadeiramente público e republicano, do qual participem os diversos atores sociais – agentes políticos ou não – porque, afinal, todos os membros da sociedade política fundamentam na constituição os seus direitos e deveres", p. 43.

131. *Ibidem*, p. 43 e 44.

minações arbitrárias sobre quem receberá a utilidade concreta e quem não receberá e, ainda, desequilíbrio entre as pretensões voltadas para a utilidade em debate e as pretensões voltadas para abstenções arrecadatórias e, ainda, com anseios difusos, voltados para um estado de equilíbrio social, incompatível com a total desestabilização das finanças públicas.[132]

Como bem destacou o professor Canotilho, tal visão pensa em arrogar à Constituição o papel de alavanca de Arquimedes com força para transformar o mundo. A experiência brasileira já demonstrou que, conquanto pudessem estar até bem intencionadas, as leis não conseguem, *per se*, gerar transformação social.[133]

Nessa perspectiva argumenta Gustavo Amaral:

> Ao Judiciário caberá apenas o controle da razoabilidade, do *due substantive process of law*, em cada caso. A postura de 'máxima eficácia' de cada pretensão, sobre o fato de não adentrar no conteúdo do direito a ser dada a eficácia, implica em negação da cidadania, à medida que leva à falência do Estado pela impossibilidade de cumprir todas as demandas simultaneamente e rompe com a democracia, pretendendo trazer para o ambiente das Cortes de Justiça **reclamos que têm seu lugar nas ruas, na pressão popular** e não na tutela paternalista dos 'sábios'.[134] (grifei)

Nesse sentido, destaca-se a posição do jurista alemão Ernst Forsthoff, que diz serem incompatíveis o Estado de Direito e o Estado Social no plano de uma mesma constituição e destaca que o Estado Social deve limitar-se ao âmbito administrativo, não podendo alçar-se à categoria constitucional, pois a Constituição não é a lei social, devendo, além de tudo, ser breve.[135]

Todavia, argumenta Gilberto Bercovici, a Constituição de 1988 é dirigente, pois define, por meio das chamadas normas constitucionais programáticas, fins e programas de ação futura, no sentido de melhoria de condições sociais e econômicas da população. Na mesma linha das Constituições de 1934 e 1946,

---

132. AMARAL, Gustavo, *op. cit.*, p. 99-120.

133. CANOTILHO, J. J. Gomes. *Rever ou romper com a Constituição dirigente? op. cit.*

134. AMARAL, Gustavo, op. cit., p. 118-119.

135. ORSTHOFF, Ernst. *Problemas Constitucionales del Estado Social*. Madrid: Centro de Estudios Constitucionales, 1986, p. 45.

a Constituição de 1988 construiu um Estado Social, ao englobar, entre as suas disposições, as que garantem a função social da propriedade (arts. 5º, XXIII, e 170, III), os direitos trabalhistas (arts. 6º a 11) e previdenciários (arts. 194, 195 e 204), além de uma ordem econômica fundada na valorização do trabalho humano e na livre iniciativa, tendo por objetivo "assegurar a todos existência digna, conforme os ditames da justiça social" (art. 170).[136]

Sustenta o autor que, a partir da Constituição de 1988, o Estado passou não apenas a conceder, mas também a fornecer os meios de garantir e efetivar os direitos sociais (entre outros, mandado de injunção e inconstitucionalidade por omissão). Significa dizer que:

> [...] o Estado não se limita mais a promover a igualdade formal, a igualdade jurídica. A igualdade procurada é a igualdade material, não mais perante a lei, mas por meio da lei. A igualdade não se limita à liberdade. O que o Estado garante é a igualdade de oportunidades, o que implica a liberdade, justificando a intervenção estatal.[137]

Para Gilberto Bercovici, a Constituição de 1988, além de estabelecer competências, estabelece também programas e define fins o Estado e a sociedade, passando a exigir a fundamentação substantiva para os atos dos poderes públicos. Tradicionalmente, essa fundamentação material é dada essencialmente pelos direitos fundamentais. Por outro lado, "as tarefas e fins do Estado inseridos no texto constitucional e os princípios constitucionais são propostas de legitimação material da Constituição de um país. A compreensão material da Constituição passa pela materialização dos fins e tarefas constitucionais".

No entanto, argumenta ainda o autor, que o caráter programático suscita problemas específicos, que põem em jogo a força normativa da Constituição, pois implica que se confie a concretização a instâncias políticas, dependendo da vontade dos detentores do poder político. Fundamentado em Hesse, sustenta que a norma constitucional não tem existência autônoma em

---

136. BERCOVICI, Gilberto, *op. cit.*, p. 36.

137. *Ibidem*, p. 37.

face da realidade e que, à medida que logra realizar a pretensão de eficácia, a constituição adquire força normativa para ordenar e conformar a realidade, ou seja, a norma só será efetiva quando seu objetivo for alcançado por força de sua eficácia (observância, aplicação, execução, uso) ou, em outros termos, quando ocorrer a concretização do comando normativo no mundo real.[138]

Por outro lado, Canotilho, como já anotamos alhures, defende que a Constituição deve evitar converter-se em lei da totalidade social para não perder sua força normativa, ou seja, perder a capacidade de absorver as mudanças e inovações da sociedade; não podendo mais integrar o todo social, tenderá a exercer uma função meramente supervisora da sociedade e não mais diretiva. Para o professor, as constituições dirigentes padeceriam de uma "crise de reflexividade", ou seja, não mais conseguiriam "gerar um conjunto unitário de respostas dotadas de racionalidade e coerência relativamente ao conjunto cada vez mais complexo e crescente de demandas ou exigências oriundas do ou constituídas no sistema social".[139]

Canotilho entende não existir uma teoria da Constituição capaz de satisfazer os novos fatos, e "as teorias dos anos setenta tampouco respondiam à nova situação". Para ele, o Direito Constitucional, transformou-se em um Direito muito positivista, estritamente normativista, baseado apenas na jurisprudência que termina sendo considerado um Direito Constitucional perfeito pelo fato de contar com um controle jurisdicional. Isto implica uma redução do próprio Direito Constitucional, porque põe muita ênfase no Direito Judicial Constitucional supondo acabar por fazer do Direito Constitucional o Direito da "patologia cons-

---

138. *Ibidem*, p. 39.

139. CANOTILHO, J. J. Gomes. *Direito Constitucional... op. cit.*, p. 1.258. Para Canotilho, a Constituição não tem mais capacidade para ser dirigente. Deve limitar-se a fixar a estrutura e parâmetros do estado e estabelecer os princípios relevantes para a sociedade; assim, os sistemas jurídico e político não podem mais ter a pretensão de supremacia e universalidade sobre os outros sistemas sociais (como o econômico), ou seja, não podem mais pretender regulá-los de maneira eficaz.

titucional" e de seu controle pelos juízes. Quando se fala em Direito Constitucional, argumenta o professor:

> [...] no se pude pensar solo en eso, es necesario pensar en la própria dimensión política, en la idea de construcción de una sociedad justa, en las propuestas organizativas, en el compromiso político que debe ser asumido. Y todo eso no está en el Derecho Constitucional Judicial.[140]

No entanto, Fábio Konder Comparato enfatiza que o conceito de política, no sentido de programa de ação, só recentemente foi descoberto pela teoria jurídica, por corresponder a uma realidade desimportante antes da Revolução Industrial. Argumenta que, "a política aparece, antes de tudo, como uma atividade, isto é, um conjunto organizado de normas e atos tendentes à realização de um objetivo determinado". O autor defende a tese que o Judiciário possui competência, apesar do princípio da Separação dos Poderes, para julgar "questões políticas" e alega que a "clássica falsa objeção à judiciabilidade das políticas governamentais" se deve ao mau entendimento da *political question doctrine* da Suprema Corte Americana.[141]

Com isso, questionou Norberto Bobbio, um direito ainda pode ser chamado de "direito", quando o seu reconhecimento e sua efetiva proteção são adiados *sine die*, além de confiados à vontade de sujeitos, cuja obrigação de executar um "programa" é apenas uma obrigação moral ou, no máximo, política.[142] A Constituição, no dizer de Hesse, não configura apenas expressão de um *ser*, mas também de um *dever ser*; ela significa mais do que o simples reflexo das condições fáticas de sua vigência, particularmente as forças sociais e políticas, procurando imprimir ordem e conformação à realidade política e social.[143]

Na Alemanha, como no Brasil, reconhece-se que promessas constitucionais exageradas, mediante direitos fundamentais sociais sem a possibilidade real da sua realização, são capazes de

---

140. In: GARCÍA, Eloy, *op. cit.*, p. 46.
141. COMPARATO, Fábio Konder. *Ensaio sobre o juízo de constitucionalidade de políticas públicas*, *op. cit.*, p. 351 ss.
142. BOBBIO, Norberto. *A Era dos Direitos*, *op. cit.*, p. 78.
143. HESSE, Konrad. *A Força Normativa da Constituição*, *op. cit.*, p. 15.

levar a uma "frustração constitucional", o que desacredita a própria instituição da constituição, como sistema de normas legais vigentes, e pode abalar a confiança dos cidadãos na ordem jurídica como um todo, salienta Paulo Lopes Saraiva.[144]

No mesmo sentido, argumenta Marcelo Neves que muitas normas constitucionais programáticas sobre direitos sociais, por não possuírem um mínimo de condições para sua efetivação:

> [...] servem como *álibi* para criar a imagem de um Estado que responde normativamente aos problemas reais da sociedade, desempenhando, assim, uma função preponderantemente ideológica em constituir uma forma de manipulação ou de ilusão que imuniza o sistema político contra outras alternativas.[145]

Nesse sentido, Eros Grau vê os direitos econômicos e sociais programáticos serem capazes de funcionar como "anteparo às expansões da sociedade, amortecida naquilo que seria expressão de sua ânsia de buscar a realização de aspirações econômicas e sociais", criando, assim, "mitos modernos para o povo" e assumindo o papel de "instrumentos de dominação ideológica".[146]

Luís Roberto Barroso sustenta que o direito social à moradia integra o conteúdo das normas constitucionais programáticas, que, sem especificar a conduta a ser seguida pelo agente público para a sua realização, a Constituição Federal deixa à "discricionariedade do agente público" a opção de conduta a ser adotada, e mais, referidas normas constitucionais normalmente não dão ensejo à exigibilidade de uma prestação positiva porque não especificam qual prestação é exigível. Segundo o autor, é possível, contudo, perante o Poder Judiciário, exigir "algumas coisas" com base em uma norma programática, mas não uma prestação positiva, justamente por não especificarem a conduta positiva a ser

---

144. SARAIVA, Paulo Lopo. *Garantia Constitucional dos Direitos Sociais no Brasil*. RJ: Forense, 1983, p. 63 ss.

145. *Apud* KRELL, Andreas J., *op. cit.*, p. 168.

146. GRAU, Eros Roberto, *op. cit.*, p. 25 s.

tomada. Nesse campo insere-se o direito de moradia, ou seja, falta-lhe a conduta positiva a ser adotada.[147]

Finalizando, averba o autor que, em um Estado de direito, o intérprete maior das normas jurídicas de todos os graus – individuais, difusos e coletivos – e titular da competência de aplicá-los aos casos controvertidos é o Poder Judiciário.[148]

---

147. BARROSO, Luís Roberto. *O Direito Constitucional à Moradia* (Seminário Sistema Financeiro da Habitação). In: *Anais AJUFE (Associação dos Juízes Federais do Brasil).* Belo Horizonte, 12 a 14 de setembro de 2000, p. 12-21.

148. BARROSO, Luís Roberto. *O Direito Constitucional e a Efetividade de suas Normas,* p. 123.

Considerações Finais

Para além da idéia de um hibridismo cultural, o indivíduo que habita a cidade habituou-se aos contatos contraditórios. As diferenças "naturais" existentes entre os indivíduos, no âmbito das cidades, passaram a ser encaradas, pelo discurso das ciências sociais, como diversidade cultural. As diferenças passaram a ter como pano de fundo a igualdade do gênero humano. A igualdade, como um conceito político moderno, deveria ser o sustentáculo teórico-político de dois conceitos importantes: a cidadania e a civilidade. Cidadania entendida como a garantia da participação e dos direitos políticos dos indivíduos; civilidade, como sentido de pluralidade. Ou seja, a civilidade seria a atividade que protege as pessoas umas das outras e ainda permite que elas tirem proveito da companhia umas das outras. Usar máscara é a essência da civilidade. As máscaras permitem a sociabilidade pura, separada das circunstâncias do poder, do mal-estar e do sentimento privado daqueles que as usam. A civilidade tem como objetivo a proteção dos outros contra serem sobrecarregados por alguém.

Hannah Arendt estabeleceu um vínculo entre a ação essencialmente política, expressa no conceito de cidadania, sendo essa ação a "única atividade que se exerce diretamente entre os homens sem a mediação das coisas ou da matéria", e a pluralidade, como condição e pressuposto de qualquer vida pública. Ou seja, o homem, considerado em seu caráter único, como idion, depende das relações que mantém com os outros, numa situação de convívio e de reconhecimento mútuo: "A pluralidade é a condição da ação humana pelo fato de sermos todos os mesmos, isto é, humanos, sem que ninguém seja exatamente igual a qualquer pessoa que tenha existido, existe ou venha existir."[1]

A cidadania sob a ótica da civilidade, ao contrário de uma comunidade destrutiva, significaria, então, um tipo de sociabilidade que busca não a harmonia nem a valorização da etiqueta social, mas sim a *inteligibilidade* das ações individuais, à medida que estas ações são concebidas num espaço social público e participativo: isto é, como princípio de *reciprocidade* numa sociedade que assume a democracia como valor fundamental.

Vimos que há uma renovada desconfiança quanto à capacidade de gestão da coisa pública pelo Estado. Nas concepções neoliberais, atualmente reinantes, está implícita uma veemente crítica à atuação dos poderes públicos e sugerida a quebra do consenso em torno do investimento do Estado nas fontes econômicas e sociais da desigualdade. Mais profundamente, divisa-se a diminuição da força simbólica do contrato social, o que põe em xeque as concepções absolutas e interdependentes da igualdade e da justiça. Com isto, percebe-se a erosão do bem público como valor universal que legitimava políticas compensatórias. As demandas sociais, provenientes dos excluídos, já não se enquadram dentro de uma lógica universalista de equalização de desigualdades. As diferenças socioculturais transformaram-se em desigualdades raciais, econômicas e não mais estimulam soluções políticas ou jurídicas traduzidas pelo consenso. As regras de comensurabilidade entre os indivíduos, agora considerados não em sua igualdade diante de uma ordem humana universal ou, mais especificamente, diante da lei, mas sim em suas diferenciações socioculturais, deixaram de ser perseguidas pelos poderes públicos. O consenso político não significa necessariamente uma postulação em torno da igualdade e da semelhança absolutas que deveriam estabelecer-se entre as pessoas nem que as diferenças consideradas particulares, subjetivas e culturalmente legítimas devessem desaparecer em favor de uma sociedade cada vez mais massificada.

---

1. ARENDT, Hannah. *A condição humana*. Rio de Janeiro: Forense, 2000, p. 15 e 16.

A *razão pública* desapareceu sob o peso dos interesses privados. À medida que houve vários retrocessos de um ponto de vista universalista da sociedade, expressos na ausência ou não-garantia dos direitos sociais das chamadas minorias raciais e étnicas, dos operários de fábricas, ou dos direitos básicos à vida, a idéia fundadora do direito natural ressurge na figura dos direitos humanos e do mínimo ecológico. Como bem lembrou Norberto Bobbio:

> [...] o mais forte argumento adotado pelos reacionários de todos os países contra os direitos do homem, particularmente contra os direitos sociais, não é a sua falta de fundamento, mas a sua inexeqüibilidade. Quando se trata de enunciá-los, o acordo é obtido com relativa facilidade, independentemente do maior ou menor poder de convicção de seu fundamento absoluto; quando se trata de passar à ação, ainda que o fundamento seja inquestionável, começam as reservas e as oposições.[2]

A cidadania e a civilidade, enquanto atributos daquilo que se diz respeito às condições da vida política nas cidades, fundar-se-iam menos em um direito absoluto e mais nos direitos pessoais que são exercidos quotidianamente num espaço público. Todavia, o espaço das decisões políticas foi transformado num *lugar* fora das preocupações cotidianas; a sociedade canalizou seus sentimentos para as necessidades da sobrevivência física e psíquica, em um mundo cada vez mais marcado pela dissociação entre esfera pública e do trabalho e voltado para as teatralizações privadas do eu. Daí a pensar em Tocqueville quando julgava que a igualdade, nas sociedades modernas, era um mal necessário – inevitável e irreversível. A questão que se coloca, então, é como fazer com que a paixão pela igualdade possa construir uma nova esfera pública. Segundo Bobbio, conforme já mencionado:

> Hoje, o próprio conceito de democracia é inseparável do conceito de direitos do homem. Se se elimina uma concepção individualista da sociedade, não se pode mais justificar a democracia. [...] O problema fundamental em relação aos direitos do homem, hoje, não é tanto o de justificá-los, mas o de protegê-los. Trata-se de um problema não filosófico, mas político.[3]

---

2. BOBBIO, Norberto. *A era dos Direitos*, op. cit., p. 24.
3. *Ibidem*.

Uma das conquistas mais clamorosas dos movimentos socialistas é o reconhecimento dos direitos sociais ao lado dos direitos de liberdade. A razão de ser de direitos sociais, como o direito à educação, ao trabalho, à moradia, à saúde, conforme aponta Bobbio, "é uma razão igualitária". Acrescenta que tais direitos começaram a ser incorporados às Constituições a partir do fim da Primeira Guerra Mundial e foram consagrados pela Declaração Universal dos Direitos do Homem e por outras Cartas Internacionais sucessivas, e objetivaram "reduzir a desigualdade entre quem tem e quem não tem ou colocar um número cada vez maior de indivíduos em condições de serem menos desiguais no que diz respeito a indivíduos mais afortunados por nascimento ou condição social".[4]

A realização dos direitos humanos gravita em torno do Estado, porquanto aqueles relativos à "cidadania social e econômica", em que se inclui o direito à moradia, requerem a atuação eficaz do Estado na regulação dos mercados e na implantação de políticas distributivas. Na implementação desses direitos, o Estado passa a ser agente estimulador, assumindo papel de sujeito ativo da relação jurídica entre Estado-indivíduos, exigindo-se daquele, por meio de seus órgãos, atitude de limitar ou controlar o poder econômico privado, por intermédio de políticas públicas ou programas de ação governamental.

Consoante bem-delineado por Chaim Perelman, incumbe ao Estado, além da obrigação de abster-se de ofender esses direitos, também a "obrigação positiva" da manutenção da ordem, no sentido "de criar as condições favoráveis ao respeito à pessoa por parte de todos os que dependem de sua soberania".[5] No sentido de organizar sua atuação, segundo Fábio Konder Comparato, o Estado estabelece políticas públicas, que são grandes planos e programas que deverão ser desenvolvidos e executados no decorrer da gestão governamental. Assevera que, "a elevação do nível de vida e da qualidade de vida das populações carentes supõe, no mínimo, um programa conjugado de medidas gover-

---
4. BOBBIO, Norberto. *Direita e Esquerda: razões e significados de uma distinção política*. São Paulo: UNESP, 1995, p. 109.
5. PERELMAN, Chaim. *Ética e Direito*. São Paulo: Martins Fontes, 2000, p. 401.

namentais no campo do trabalho, da saúde, da previdência popular, da educação e da habitação popular".[6]

Nesse sentido, a Conferência das Nações Unidas sobre os Assentamentos Humanos (Habitat II), realizada na cidade de Istambul, reconheceu que os objetivos sociais citados são indissociáveis, declarando que o desenvolvimento urbano e rural são interdependentes, e que "a melhoria do *habitat* urbano pressupõe uma infra-estrutura adequada, no tocante a serviços públicos de saneamento e transporte, o respeito aos ecossistemas, bem como a ampliação das oportunidades de emprego", salienta Fábio Konder Comparato. Em especial a Agenda Habitat II reafirmou como objetivos universais a garantia de uma habitação adequada para todos e o estabelecimento de assentamentos humanos mais seguros, saudáveis, habitáveis, equitativos, sustentáveis e produtivos. E mais, declarou no parágrafo 24, item A, que é responsabilidade dos governos capacitar as pessoas para obterem habitação, proteger e melhorar as moradias e vizinhanças, por meio de ações que promovam, protejam e assegurem a plena e progressiva realização do direito à moradia, conforme destacado no Capítulo Quinto, desta dissertação.

Importa dizer, pela Agenda Habitat II, que os Governos, sem exceção, têm a responsabilidade no setor de habitação, como, por exemplo, pela criação de ministérios de moradia ou agências, alocando fundos para o setor de moradia e por suas políticas, programas e projetos.

Assim, as políticas públicas devem constituir programas planejados e desenvolvidos pelo Estado, por intermédio do Poder Executivo e do Poder Legislativo, que, por sua natureza, poderão dar tratamento diferenciado a certas situações, na medida em que buscam promover e incentivar a redução das desigualdades e suprir as necessidades essenciais e indispensáveis para o desenvolvimento de ampla parcela da população brasileira, visando aos objetivos fundamentais da República. Como diretriz básica do estabelecimento dessas tarefas públicas, deve ser con-

---

6. COMPARATO, Fábio Konder. *A Afirmação histórica dos Direitos Humanos*, op. cit., p. 336.

siderado o conteúdo da declaração da Constituição Federal de 1988 relativo aos objetivos fundamentais, a saber: "de construir uma sociedade livre, justa e solidária, garantir o desenvolvimento nacional, erradicar a pobreza e a marginalização, reduzir as desigualdades sociais e regionais, promover o bem de todos, sem preconceitos de origem, raça, sexo, cor, idade e de outras formas de discriminação" (art. 3º), tendo por fundamento aqueles estabelecidos para o Estado brasileiro, a saber: "a soberania, a cidadania, a dignidade da pessoa humana, os valores sociais do trabalho e da livre iniciativa e o pluralismo político" (art. 1º).

Respondendo, então, às perguntas: Os direitos sociais estão como proposições de direito ou de política? Se de direito, trata-se de direitos fundamentais ou particulares? Em José Reinaldo de Lima Lopes, vimos que os direitos sociais e coletivos que se incorporaram em diversas constituições contemporâneas, inclusive brasileiras anteriores a 1988, têm característica especial: não são fruíveis ou exeqüíveis individualmente. Contudo, não quer isto dizer que juridicamente não possam, em determinadas circunstâncias, ser exigidos como se exigem judicialmente outros direitos subjetivos. Mas, de regra, dependem, para sua eficácia, de atuação do Executivo e do Legislativo por terem o caráter de generalidade e publicidade. Assim é o caso da educação pública, da saúde pública, da moradia, dos serviços de segurança e justiça, do direito a um meio ambiente sadio, o lazer, a assistência aos desamparados, a previdência social, e outros previstos nos arts. 6º e 7º da Constituição de 1988.

Concluímos, então, em relação ao direito à habitação, que se está perante um direito cujo conteúdo não pode ser determinado ao âmbito das opções constitucionais, antes pressupõe uma tarefa de concretização e de mediação do legislador ordinário, e cuja efetividade está dependente da chamada "reserva do possível". Desta forma, ao direito à moradia não se confere um direito imediato a uma prestação efetiva, já que não é diretamente aplicável nem exeqüível por si mesmo. Conforme vimos, o Tribunal Constitucional Português entendeu que o direito à moradia não é um direito subjetivo propriamente dito que permita a qualquer indivíduo exigir do outro que lhe proporcione habitação ou que lhe permita apropriar-se de qualquer coisa alheia ou, mesmo, ocupá-la, tanto em face de imóvel privado quanto público. O direito à habitação tão somente integrará um dever político imposto ao Estado no sentido de adotar providências tendentes à realização daquele objetivo.

É possível, por conseguinte, afirmar, fundamentada na lição do constitucionalista português, Canotilho, que os tribunais não são órgãos de conformação social ativa, uma vez que os direitos fundamentais de natureza econômica, social e cultural dispõem de vinculatividade normativo-constitucional, impondo-se aos poderes públicos a realização destes direitos, por meio de medidas políticas, legislativas e administrativas concretas e determinadas. Embora não se possa, em geral, derivar diretamente das normas consagradoras destes direitos prestações sociais (excepcionalidade de direitos originários a prestações), tão pouco a produção dos instrumentos normativo-concretizadores é deixada à livre disponibilidade do legislador de dar operacionalidade prática a estas imposições sob pena de inconstitucionalidade por omissão. Se o legislador não é inteiramente livre no cumprimento destas imposições, dispõe, contudo, de liberdade de conformação quer quanto às soluções normativas concretas quer quanto ao modo organizatório e gradualidade de concretizações.

Ademais, em Canotilho "os direitos sociais pressupõem grandes disponibilidades financeiras por parte do Estado. Por isso, rapidamente se aderiu à construção dogmática da reserva do possível para traduzir a idéia de que os direitos sociais só existem quando e enquanto existir dinheiro nos cofres públicos". A partir deste entendimento, concluo que os direitos sociais, entre eles, a moradia, nunca legitimarão "pretensões jurídicas originárias", isto é, pretensões derivadas diretamente dos preceitos constitucionais. Os direitos sociais dotados de conteúdo concreto serão os consagrados em "normas das regulações legais". Não haverá um direito fundamental à moradia ou à saúde, mas um conjunto de direitos fundados nas leis reguladoras dos serviços de saúde ou de política habitacional. Não existirá um direito fundamental à segurança social, mas apenas um conjunto de direitos legais sociais.

Considerando o est[...]eito sobre o princípio da proibição do retrocesso social e s[...] [...]ção limitadora dos direitos fundamentais, entendemos [...] [...]s direitos fundamentais, representam conquistas históri[...] [...]o homem consagradas pela ordem jurídica, a Constituiç[...] [...]deral, por isto mesmo, considera-os como *cláusulas pétrea*[...] [...] 60, § 4º); com isto, o legislador e o intérprete não poden[...] [...]oder absoluto e irrestrito, no que tange à limitação dos di[...] [...]s fundamentais, sob pena de torná-los *esvaziados* ou *despidos de eficácia*, em face da subjetividade ou da arbitrariedade do agente limitador, especialmente porque o "valor da dignidade da pessoa humana, porque a pessoa é o *valor-fonte* de todos os valores ou o valor *fundante* da experiência ética", conforme bem-destacado pelo professor Inocêncio Coelho, havendo, destarte, a necessidade de remissão a valores transcendentais do ser humano, ou seja, deve-se remeter a evolução de conteúdos jurídicos sempre a valores essenciais à condição humana, concluímos com Nelson Saule Júnior e Maria Elena Rodriguez que um dos aspectos da obrigação do Estado Brasileiro de promover e proteger o direito à moradia, é reformular o Sistema Financeiro da Habitação brasileiro, a fim de impedir a regressividade do direito à moradia, de impedir medidas e ações que dificultem ou impossibilitem o exercício do direito à moradia, tais como impedir a existência de um sistema e uma política habitacional que acarretem a exclusão e medidas discriminatórias de impedimento de acesso ao direito à moradia para uma grande parcela da população.

Nessa perspectiva, em última análise, como foi salientado, "o direito básico de ter o cidadão uma moradia, seja lá qual for, é mínimo", segundo T. H. Marshall. Daí decorre que fazer política habitacional é oportunizar aos cidadãos seus direitos de cidadania. Assim, resolver o problema da habitação é para o Estado, em relação à sociedade como uma coletividade, uma das mais sérias preocupações que tem de enfrentar. Neste sentido, é imprescindível levar a cabo o esforço de reconstruir um Estado que venha cumprir com as novas demandas que se pretendam e que sejam um fator promotor e facilitador do desenvolvimento de uma sociedade civil cada vez mais articulada, forte e ativa. Este novo Estado deve concentrar esforços em funções estratégicas para a sociedade e com um desenho institucional e um desenvolvimento de capacidades gerenciais, que lhe permitam concretizá-las com alta eficiência. Um "Estado-inteligente" na área social não é um Estado mínimo, nem ausente, nem de ações pontuais de base assistencial, mas que garanta moradia, educação, saúde, nutrição, cultura, orientado para superar as iniqüidades sociais e que seja capaz de impulsionar a harmonia entre o econômico e promova a sociedade civil, permitindo e incentivando a participação por meio de seus vários organismos.

Bibliografia

AGUIAR, Roberto Armando Ramos de. Direito do meio ambiente e participação popular. *Revista do Ministério do Meio Ambiente, dos Recursos Hídricos e da Amazônia Legal*. Brasília: IBAMA, p. 19-33, 1996.

AMARAL, Gustavo. Interpretação dos Direitos Fundamentais e o Conflito entre Poderes. In: TORRES, Ricardo Lobo (Org.). *Teoria dos Direitos Fundamentais*. 2ª ed. Rio de Janeiro: Renovar, 2001, p. 99-120.

APOSTOLOVA, Bistra Stefanova. *Poder Judiciário: do Moderno ao Contemporâneo*. Porto Alegre: Fabris, 1998.

ARANHA, Márcio Iorio. *Conteúdo essencial das cláusulas pétreas*. Não-publicado.

_____. *Interpretação Constitucional e as Garantias Institucionais dos Direitos Fundamentais*. São Paulo: Atlas, 1999.

ARAÚJO, Carlos Henrique. Migrações e Vida nas Ruas. In: BURSZTYN, Marcel. (Org.). *No Meio da Rua: Nômades, Excluídos e Viradores*. Rio de Janeiro: Garamond, 2000, p. 88-120.

ARENDT, Hannah. *A condição humana*. Rio de Janeiro: Forense, 2000.

ARGAN, Giulio Carlo. *História da Arte como História da Cidade*. São Paulo: Martins Fontes, 1998.

AZEVEDO, Plauto Faraco de. *Direito, Justiça Social e Neoliberalismo*. São Paulo: RT, 2000.

BARROS, Suzana de Toledo. *O Princípio da Proporcionalidade e o Controle de Constitucionalidade das Leis Restritivas de Direitos Fundamentais*. 2ª ed. Brasília: Brasília Jurídica, 2000.

BARROSO, Luís Roberto. O Direito Constitucional à Moradia (Seminário Sistema Financeiro da Habitação). In: *Anais AJUFE (Associação dos Juízes Federais do Brasil)*, Belo Horizonte, p. 12-21, 12 a 14 de set. 2000.

_____. *O Direito Constitucional e a Efetividade de suas Normas: Limites e possibilidades da Constituição Brasileira*. 8ª ed. Rio de Janeiro: Renovar, 2006.

_____. Doze anos da Constituição brasileira de 1988. In: *Temas de Direito Constitucional*. Rio de Janeiro: Renovar, 2002, p. 47.

BARRUFFI, Helder. *Metodologia da Pesquisa: Manual para a Elaboração da Monografia*. 2ª ed. rev. atual. e ampl. Dourados: HBedit, 2001.

BAUMAN, Zygmunt. *Globalização: As Conseqüências Humanas*. Trad. Marcus Penchel. Rio de Janeiro: Zahar, 1999.

BERCOVICI, Gilberto. A problemática da Constituição Dirigente: Algumas Considerações sobre o Caso Brasileiro. *Revista de Informação Legislativa*, nº 142, p. 35-51, abr./jun. 1999.

BERMAN, Marshall. *Tudo que é sólido desmancha no ar: A Aventura da Modernidade*. São Paulo: Cia. das Letras, 1999.

BOBBIO, Norberto. *A Era dos Direitos*. Trad. Carlos Nelson Coutinho. Rio de Janeiro: Campus, 1992.

_____. *Direita e Esquerda: razões e significados de uma distinção política*. São Paulo: UNESP, 1995.

_____. *O positivismo Jurídico: lições de filosofia do direito*. São Paulo: Ícone, 1995.

BÖCKENFÖRDE, Ernst-Wolfgang. *Escritos de Derechos Fundamentales*. Baden-Baden: Nomos, 1993.

BONAVIDES, Paulo. *Do Estado Liberal ao Estado Social*. 6ª ed. São Paulo: Malheiros, 1996.

_____. *Teoria do Estado*. São Paulo: Malheiros, 2001.

CADERNOS DE CIÊNCIA. São Paulo: FINEP, nº 28, jul./ago./set. 1992.

CADERNOS DE JUSTIÇA E PAZ: CIDADANIA E PARTICIPAÇÃO. Brasília, DF, mar. 1987.

CALDERÓN, Fernando e JELIN, Elizabeth. Classes Sociais e Movimentos Sociais na América Latina: perspectivas e realidades. *Revista Brasileira de Ciências Sociais*, nº 5, v. 2, p. 67-85, out. 1987.

CALVINO, Italo. *As Cidades Invisíveis*. São Paulo: Cia. das Letras, 1990.

CAMPILONGO, Celso Fernandes. *Direito e Democracia*. 2ª ed. São Paulo: Max Limonad, 2000.

_____. Os desafios do Judiciário: um enquadramento teórico. In: FARIA, José Eduardo. (Org.). *Direitos Humanos, Direitos Sociais e Justiça*. São Paulo: Malheiros, 1998, p. 30-51.

CANOTILHO, J. J. Gomes. Rever ou Romper com a Constituição Dirigente? Defesa de um constitucionalismo moralmente reflexivo. In: *Revista dos Tribunais: Cadernos de Direito Constitucional e Ciência Política*, nº 15, p. 7-17, 1998.

_____. Da Constituição dirigente ao Direito Comunitário dirigente. In: CASELLA, Paulo Borba (Org.). *Mercosul, Integração Regional e Globalização*. São Paulo: Renovar, 2000, p. 205-217.

_____. *Direito Constitucional e Teoria da Constituição*. 3ª ed. Coimbra: Almedina, 1998.

_____. OAB-Sociedade e Estado. In: *Anais da XIII Conferência Nacional da Ordem dos Advogados do Brasil*, Belo Horizonte, p. 105-115, set. 1990.

_____. Teoria Jurídico-Constitucional dos Direitos Fundamentais. *Revista Consulex*, nº 45, p. 36-43, set. 2000.

CAPPELLETTI, Mauro. *Juízes Legisladores?* Porto Alegre: Fabris, 1993. reimp. 1999.

CARDOSO, Sônia Letícia de Mello. A função social da propriedade urbana. *Revista CESUMAR/Centro de Ensino Superior de Maringá*, nº 1, p. 63-84, mar. 2001.

CARVALHO NETTO, Menelick de. *A contribuição do Direito Administrativo enfocado da ótica do administrado para uma reflexão acerca dos fundamentos do controle de constitucionalidade das leis no Brasil: um pequeno exercício de Teoria da Constituição*. Não publicado.

_____. A hermenêutica constitucional sob o paradigma do Estado Democrático de Direito. *Revista Notícia do Direito Brasileiro*. Brasília: Universidade de Brasília, nº 6, p. 233-250, 2º sem. 1998.

CHAUÍ, Marilena. Sociedade – Estado – OAB. In: *Anais da XIII Conferência Nacional da Ordem dos Advogados do Brasil*, Belo Horizonte, p. 115-121, set. 1990.

CITTADINO, Gisele. *Pluralismo, Direito e Justiça Distributiva: Elementos da Filosofia Constitucional Contemporânea*. 2ª ed. Rio de Janeiro: Lumen Juris, 2000.

CLÈVE, Clèmerson Merlin. *Desafio da efetividade dos Direitos Fundamentais Sociais*. Disponível na Internet: <http://www.mundojuridico.adv.br>. Acesso em 25 de agosto de 2005.

COELHO, Inocêncio Mártires. A dimensão política da jurisdição constitucional. *Revista de Direito Administrativo*, nº 225, p. 39-44, jul./set. 2001.

_____. Elementos de Teoria da Constituição e de Interpretação Constitucional. In: MENDES, Gilmar Ferreira, BRANCO, Paulo Gustavo Gonet e COELHO, Inocêncio Mártires. *Hermenêutica Constitucional e Direitos Fundamentais*. Brasília: Brasília Jurídica, 2000, p. 15-99.

_____. *Interpretação Constitucional*. Porto Alegre: Fabris, 1997.

COMPARATO, Fábio Konder. *A Afirmação Histórica dos Direitos Humanos*. São Paulo: Saraiva, 2001.

_____. Ensaio sobre o juízo de constitucionalidade de políticas públicas. In: MELLO, Celso Antonio Bandeira de (Org.). *Direito Administrativo e Constitucional*. São Paulo: Malheiros, 1997.

CORTÁZAR, Julio. *Histórias de Cronópios e de Famas*. 5ª ed. Rio de Janeiro: Civilização Brasileira, 1994.

COSTA, Flávio Dino de Castro e. Globalização e crise constitucional. *Revista da Associação dos Juízes Federais do Brasil*, nº 56, p. 28-32, ago./set./out. 1997.

CUNHA, Rubem Martinez. SFH – O impacto da inflação e dos juros no equilíbrio do sistema. *Revista CEJ*, Brasília, DF, nº 9, p. 88-94, set./dez. 1999.

_____. Sistema Financeiro da Habitação:Estrutura Legislativa. *Revista CEJ*, Brasília, DF, nº 2, p. 119-123, maio/ago. 1997.

CUNHA, Sérgio Sérvulo da. Direito à Moradia. *Revista de Informação Legislativa*, nº 127, p. 49-54, jul./set. 1995.

DINIZ, Eli (Org.). *Políticas Públicas para Áreas Urbanas: dilemas e alternativas*. Rio de Janeiro: Zahar, 1982.

DOBROWOLSKI, Sílvio. O pluralismo jurídico na Constituição de 1988. *Revista de Informação Legislativa*, nº 109, p. 127-136, jan./mar. 1991.

DONNELLY, Jack. Direitos Humanos, Democracia e Desenvolvimento. In: PINHEIRO, Paulo Sérgio; GUIMARÃES, Samuel Pinheiro (Org.). *Direitos Humanos no Século XXI*, Parte I. Rio de Janeiro: Instituto de Pesquisa de Relações Internacionais Fundação Alexandre de Gusmão, 1998, p. 167-208.

DRAIBE, Sônia Miriam. *O 'Welfare State' no Brasil: Características e Perspectivas*. Revista Ciências Sociais Hoje, p. 13-61, 1989.

DUDUCH, Jane Victal. Territorialidade e Permanência. *Revista de Arquitetura e Urbanismo* (PUC de Campinas), nº 01, p. 136-138, dez. 2000.

DWORKIN, Ronald. *Los Derechos em Serio*. Barcelona: Ariel, 1997.

_____. *Uma Questão de Princípio*. São Paulo: Martins Fontes, 2000.

ENGELS, Friedrich. *Para a Questão da Habitação*. Lisboa: Avante, 1984.

ESPADA, João Carlos. *Direitos Sociais de Cidadania*. São Paulo: Massao Ohno Editor, 1999.

FARIA, José Eduardo (Org.). *Direitos Humanos, Direitos Sociais e Justiça*. São Paulo: Malheiros, 1998.

_____. Declaração Universal dos Direitos Humanos: um cinqüentenário à luz da globalização econômica. *Revista CEJ*, nº 6, p. 49-56, set./dez. 1998.

_____. *Poder e Legitimidade*. São Paulo: Perspectiva, 1978.

FERRAZ, Hermes. *Cidade e Vida*. São Paulo: Scortecci, 1996.

FIGUEIREDO, Alcio Manoel de Sousa. *Cálculos no Sistema Financeiro da Habitação*. Curitiba: Juruá, 1998.

FIORATI, Jete Jane. Os direitos do homem e a condição humana no pensamento de Hannah Arendt. *Revista de Informação Legislativa*, nº 142, p. 53-63, abr./jun. 1999.

FORSTHOFF, Ernst. *Problemas Constitucionales del Estado Social*. Madrid: Centro de Estudios Constitucionales, 1986.

FREITAG, Bárbara. *A teoria crítica, ontem e hoje*. São Paulo: Brasiliense, 1988.

_____. ROUANET, Sérgio Paulo. *Habermas*. São Paulo: Ática, 1993.

GADAMER, H. G.; VOGLER, P. (Org.). *Nova Antropologia: o homem em sua existência biológica, social e cultura*. São Paulo: EPU/UDSP, 1977.

GARCÍA, Eloy. El Derecho Constitucional como un compromiso permanentemente renovado: conversación con el profesor José Joaquim Gomes Canotilho. In: *Anuário de Derecho Constitucional y Parlamentario*, nº 10, p. 7-61, 1998.

GASPARINI, Diógenes. Um Projeto para Nossas Cidades. *Revista Diálogos e Debates*, nº 1, p. 40-57, set. 2001.

GEDDES, Patrick. *Cidades em Evolução*. Trad. de Maria José Ferreira de Castilho. São Paulo: Papirus, 1994.

GIDDENS, Anthony. *Para Além da Esquerda e da Direita*. São Paulo: Unesp, 1996.

GOLDSCHMIDT, Rodrigo. O princípio da proibição do retrocesso social e sua função limitadora dos direitos fundamentais. *Revista Justiça do Direito*, nº 14, p. 29-36, 2000.

GRAU, Eros Roberto. *A Ordem Econômica na Constituição de 1988: interpretação e crítica*. São Paulo: RT, 1991.

GUIMARÃES, Samuel Pinheiro. Direitos Humanos e Neo-liberalismo. In: PINHEIRO, Paulo Sérgio; GUIMARÃES, Samuel Pinheiro (Org.). *Direitos Humanos no Século XXI*, Parte II. Rio de Janeiro: Instituto de Pesquisa de Relações Internacionais Fundação Alexandre de Gusmão, 1998, p. 1.031-1.045.

HABERMAS, Jürgen. *A Crise de Legitimação no Capitalismo Tardio*. Rio de Janeiro: Tempo Brasileiro, 1980.

_____. *Direito e Democracia: entre facticidade e validade*. v. 1. Rio de Janeiro: Tempo Brasileiro, 1997.

HESPANHA, Antônio M. *Panorama Histórico da Cultura Jurídica Européia*. Publicações Europa-América, 1997.

HESPANHA, Benedito. O político, o jurídico e o justo na constituição. *Revista Justiça do Direito*, Passo Fundo, nº 14, p. 15-28, 2000.

HESSE, Konrad. *A Força Normativa da Constituição*. Trad. de Gilmar Ferreira Mendes. Porto Alegre: Fabris, 1991.

_____. *Elementos de Direito Constitucional da República Federal da Alemanha*. Porto Alegre: Fabris, 1998.

IANNI, Octavio. *Teorias de Estratificação Social: leituras de sociologia*. São Paulo: Cia. Nacional, 1978.

INSTITUTO CIDADANIA. Projeto Moradia. Brasil, maio 2000.

KRELL, Andréas J. Realização dos direitos fundamentais sociais mediante controle judicial da prestação dos serviços públicos básicos. *Revista Direitos & Deveres*, nº 5, p. 133-171, 1999.

KRISCHKE, Paulo J. Movimentos Sociais e Democratização no Brasil: necessidades radicais e ação comunicativa. *Revista Ciências Sociais Hoje*, 1990.

KUHN, Thomas S. *A Estrutura das Revoluções Científicas*. 5ª ed. São Paulo: Perspectiva, 2000.

LAFER, Celso. *A reconstrução dos direitos humanos: um diálogo com o pensamento de Hannah Arendt*. São Paulo: Cia. das Letras, 1988.

LEFEBVRE, Henri. *O Direito à Cidade*. Trad. de Rubens Eduardo Frias. São Paulo: Centauro, 2001.

LEFORT, Claude. *Pensando o Político: ensaios sobre democracia, revolução e liberdade*. Rio de Janeiro: Paz e Terra, 1991.

LIMA, Rogério Medeiros Garcia de. Neoliberalismo e Globalização: para entender o mundo em que vivemos. *Revista de Direito Administrativo*, nº 225, p. 131-141, jul./set. 2001.

LOPES, José Reinaldo de Lima. Direito Subjetivo e direitos sociais: o dilema do judiciário no Estado Social de Direito. In: FARIA, José Eduardo (Org.). *Direitos Humanos, Direitos Sociais e Justiça*. São Paulo: Malheiros, 1998, p. 113-143.

_____. Justiça, Identidade e Liberdade: Uma Perspectiva Jurídico-Democrática. *Revista da Procuradoria Geral do Estado de São Paulo*, nº 42, p. 183-215, dez. 94.

_____. Cidadania e Propriedade: Perspectiva Histórica do Direito à Moradia. *Revista de Direito Alternativo*, nº 2, p. 114-136, 1993.

MAGALHÃES, José Luiz Quadros de. *Tipos de Estado: globalização e exclusão*. *Revista CEJ*, nº 6, p. 40-48, set./dez. 1998.

MARSHALL, Thomas Humphrey. *Cidadania, Classe Social e Status*. Rio de Janeiro: Zahar Editores, Biblioteca de Ciências Sociais, 1967.

MARTÍN, Nuria Belloso. Política y utopía democrática: los principios de libertat y de igualdad. In: OLIVEIRA JÚNIOR, José Alcebíades de. *O novo em direito e política*. Porto Alegre: Livraria do Advogado, 1997.

MELLO, Cláudio Ari. Os direitos sociais e a teoria discursiva do Direito. *Revista de Direito Administrativo*, nº 224, p. 239-284, abr./jun. 2001.

MENDES, Gilmar Ferreira. *Direitos fundamentais e controle de constitucionalidade: estudos de direito constitucional.* São Paulo: IBDC, 1999.

_____. Os direitos individuais e suas limitações: breves reflexões. In: MENDES, Gilmar Ferreira; BRANCO, Paulo Gustavo Gonet e COELHO, Inocêncio Mártires. *Hermenêutica Constitucional e Direitos Fundamentais.* Brasília: Brasília Jurídica, 2000, p. 197-313.

MIRANDA, Jorge. *Manual de Direito Constitucional.* 2ª ed. reimp. Tomo IV. Coimbra: Coimbra, 1998.

MOREIRA NETO, Diogo de Figueiredo. A Globalização e o Direito Administrativo. *Revista de Direito Administrativo*, nº 226, out./ dez. 2001, p. 265-280.

MUKAI, Toshio. O Estatuto da Cidade. *Revista de Direito Administrativo*, nº 225, p. 343-348, jul./set. 2001.

MÜLLER, Friedrich. Interpretação e Concepções Atuais dos Direitos do Homem. In: *Anais da XV Conferência da OAB*, 1995, p. 542-543.

_____. *Quem é o Povo? A questão fundamental da democracia.* São Paulo: Max Limonad, 2000.

MUMFORD, Lewis. *A Cidade na História: suas origens, transformações e perspectivas.* São Paulo: Martins Fontes, 1998.

NASCIMENTO, Elimar Pinheiro do. Dos excluídos necessários aos excluídos desnecessários. In: BURSZTYN, Marcel (Org.). *No Meio da Rua: Nômades, Excluídos e Viradores.* Rio de Janeiro: Garamond, 2000, p. 56-87.

NUNES JÚNIOR, Amandino Teixeira. Pluralismo Jurídico na União Européia. *Revista Consulex*, nº 123, p. 52-58, fev. 2002.

OFFE, Claus. *Problemas Estruturais do Estado Capitalista.* Rio de Janeiro: Tempo Brasileiro, 1984.

OLGIATI, Vittorio. Direito positivo e ordens sociojurídicas: um "engate operacional" para uma sociologia do direito européia. In: FARIA, José Eduardo (Org.). *Direito e Globalização Econômica: Implicações e Perspectivas.* São Paulo: Malheiros, 1996, p. 80-104.

PANIZZI, Wrana Maria. Entre cidade e Estado, a propriedade e seus direitos. *Revista de Estudos Regionais e Urbanos*, nº 26, p. 84-90, 1989.

PERELMAN, Chaim. *Ética e Direito*. São Paulo: Martins Fontes, 2000.

PEREZ, Marcos Augusto. O papel do poder judiciário na efetividade dos direitos fundamentais. *Cadernos de Direito Constitucional e Ciência Política*, nº 11, p. 237-246, dez. 2000.

PIOVESAN, Flávia. *Direitos Humanos e o Direito Constitucional Internacional*. 3ª ed. atual. São Paulo: Max Limonad. 1997.

PORTOGHESI, Paolo. Arquitetura da Reconstrução. *Folha de S. Paulo*, São Paulo, 09 dez. 2001. Caderno Mais, p. 5-10.

QUIRINO, Célia Galvão; MONTES, Maria Lúcia. *Constituições Brasileiras e Cidadania*. São Paulo: Ática, 1987.

RAMOS, Paulo Roberto Barbosa. O Ministério Público e a efetividades das Políticas Públicas. *Revista Consulex*, nº 129, p. 66, maio 2002.

REICH, Norbert. Intervenção do Estado na economia (reflexões sobre a pós-modernidade na teoria jurídica). *Cadernos de Direito Econômico e Empresarial (RPD)*, nº 94, p. 265-282, abr./jun. 1990.

ROCHA, Carmem Lúcia Antunes. *O princípio constitucional da igualdade*. Belo Horizonte: Lê, 1990, p. 12.

ROLNIK, Raquel. O sonho possível do povo oprimido nas vilas, filas, favelas... *Revista Diálogos e Debates*, nº 1, p. 58-61, set. 2001.

ROSSI, Aldo. *A arquitetura da cidade*. Trad. de Eduardo Brandão. São Paulo: Martins Fontes, 1995.

ROTH, André-Noel. O Direito em Crise: Fim do Estado Moderno? In: FARIA, José Eduardo (Org.). *Direito e Globalização Econômica: Implicações e Perspectivas*. São Paulo: Malheiros, 1996, p. 15-27.

SADER, Eder. *Quando Novos Personagens Entraram em Cena*. Rio de Janeiro: Paz e Terra, 1995.

SANT'ANA, Pedra, Anderson. Interpretação e Aplicação da Constituição: em busca de um Direito Civil Constitucional, *Revista FDCI*, p. 44.

SANTOS, Boaventura de Sousa. *Pela Mão de Alice: O social e o político na pós-modernidade*. São Paulo: Cortez, 1999.

_____. *A Crítica da Razão Indolente: Contra o desperdício da experiência. Para um novo senso comum: a ciência, o direito e a política na transição paradigmática*. v. 1, 2ª ed. São Paulo: Cortez, 2000.

_____. Notas sobre a história Jurídica social de Pasárgada. In: SOUSA JÚNIOR, José Geraldo de (Org.). *O Direito Achado na Rua*. Brasília: Universidade de Brasília, 1990.

SARAIVA, Paulo Lopo. A soberania popular e as garantias Constitucionais. In: SOUSA JÚNIOR, José Geraldo de (Org.). *O Direito Achado na Rua*. Brasília: Universidade de Brasília, 1990.

_____. *Garantia Constitucional dos Direitos Sociais no Brasil*. Rio de Janeiro: Forense, 1983.

SARLET, Ingo Wolfgang (Org.). *O Direito Público em Tempos de Crise: Estudos em homenagem a Ruy Ruben Ruschel*. Porto Alegre: Livraria do Advogado, 1999.

_____. *A Eficácia dos Direitos Fundamentais*. Porto Alegre: Livraria do Advogado, 2001.

SARMENTO, George. Ética, Direitos Humanos e Constitucionalismo. *Revista Direitos & Deveres*, nº 5, p. 73-90, 1999.

SAULE JÚNIOR, Nelson. O direito à moradia como responsabilidade do Estado Brasileiro. *Caderno de Pesquisa do CEBRAP – Centro Brasileiro de Análises e Planejamento*, nº 7, p. 65-80, maio 1997.

_____; RODRIGUEZ, Maria Elena. Direito à Moradia. In: LIMA JÚNIOR, Jayme Benvenuto; ZETTERSTRÖM, Lena (Org.). *Extrema Pobreza no Brasil: a situação do direito à alimentação e moradia adequada*. São Paulo: Loyola, 2002, p. 109-160.

SCHIMDT, Margrit Dutra. A questão da cidadania. In: SOUSA JÚNIOR, José Geraldo de (Org.). *O Direito Achado na Rua*. Brasília: Universidade de Brasília, 1990.

SILVA, José Afonso da. *Aplicabilidade das Normas Constitucionais*. 4ª ed. São Paulo: Malheiros, 2000.

_____. *Curso de Direito Constitucional Positivo*. 15ª ed. São Paulo: Malheiros, 1998.

SOUSA JÚNIOR, José Geraldo de (Org.). *O Direito Achado na Rua*. 3ª ed. Brasília: Universidade de Brasília, 1990.

_____. Ética, Cidadania e Direitos Humanos: A Experiência Constituinte no Brasil. *Revista CEJ*, nº 1, p. 76-81, jan./abr. 1997.

_____. Fundamentação teórica do direito de moradia. *Revista Direito e Avesso: Boletim da Nova Escola Jurídica Brasileira*, nº 2, p. 13-17, 1982.

_____. Fundamentos Ético- Jurídicos do Direito de Comer: a propósito de saques e do estado de necessidade. *Revista do SAJU – Serviço de Assessoria Jurídica Universitária da UFRGS*, nº 1, p. 59-69, 1999.

_____. Movimentos Sociais – Emergência de Novos Sujeitos: O Sujeito Coletivo de Direito. In: SOUTO, Cláudio e FALCÃO, Joaquim (Org.). *Sociologia e Direito: Textos básicos para a disciplina de sociologia jurídica*. São Paulo: Pioneira, 1999, p. 254-263.

_____. Movimentos Sociais e Práticas Instituintes de Direito: Perspectivas para a Pesquisa Sociojurídica no Brasil. In: *Conferências na Faculdade de Direito de Coimbra 1999/2000*. Universidade de Coimbra: Coimbra Editora, 2000, p. 233-253.

_____. Novas sociabilidades, novos conflitos, novos direitos. In: PINHEIRO, José Ernanne; SOUSA JÚNIOR; DINIS, Melillo; SAMPAIO, Plínio de Arruda (Org.). *Ética, Justiça e Direito: reflexões sobre a reforma do Judiciário*. Petrópolis: Vozes, 1997, p. 91-99.

SOUSA, Marcos Antonio Cardoso de. Contratos do Sistema Financeiro da Habitação (SFH). *Revista Consulex*, nº 40, p. 50-52, abr. 2000.

SOUZA, Marcelo José Lopes de. *Urbanização e Desenvolvimento no Brasil Atual*. São Paulo: Ática, 1996.

SOUZA, Maria Adélia de. *Governo Urbano*. São Paulo: Nobel, 1988.

TESSLER, Marga Barth. O Sistema Financeiro da Habitação na visão da Jurisprudência do Tribunal Regional Federal da 4ª Região. *Revista Jurídica*, nº 282, p. 69-75, abr. 2001.

TORRES, Ricardo Lobo. Os mínimos sociais, os direitos sociais e o orçamento público. *Revista Ciências Sociais*, edição especial, p. 227-241, dez. 1997.

VIANA, Rui Geraldo Camargo. O direito à moradia. *Revista de Direito Privado*, p. 9-16, abr./jun. 2000.

VIOLA, Luís Armando. O Direito Social "moradia" com o advento da Lei nº 10.257, de 10.07.2001 (Estatuto da Cidade). *Revista de Interesse Público*, Porto Alegre: Notadez, nº 37, p. 335-350, maio/junho/2006.

WEISHEIMER, José Álvaro de Vasconcellos. Direito à Moradia. *Revista Justiça do Direito*. nº 15, p. 257-287, 2001.

ZAGO, Lívia Maria Armentano Koenigstein. Uma leitura do Estatuto da Cidade. *Revista de Direito Administrativo*, nº 225, p. 327-341, jul./set. 2001.

Impressão e Acabamento
Prol
EDITORA GRAFICA